城市公共服务分类供给的机制建设与路径完善

陈娟 / 著

中国社会科学出版社

图书在版编目（CIP）数据

城市公共服务分类供给的机制建设与路径完善／陈娟著．—北京：中国社会科学出版社，2020.12
ISBN 978-7-5203-7722-5

Ⅰ.①城… Ⅱ.①陈… Ⅲ.①城市—公共服务—供给制—研究—中国 Ⅳ.①D669.3

中国版本图书馆 CIP 数据核字（2020）第 270850 号

出 版 人	赵剑英
责任编辑	赵　丽
责任校对	朱妍洁
责任印制	王　超

出　　版	中国社会科学出版社
社　　址	北京鼓楼西大街甲 158 号
邮　　编	100720
网　　址	http://www.csspw.cn
发 行 部	010-84083685
门 市 部	010-84029450
经　　销	新华书店及其他书店
印　　刷	北京明恒达印务有限公司
装　　订	廊坊市广阳区广增装订厂
版　　次	2020 年 12 月第 1 版
印　　次	2020 年 12 月第 1 次印刷
开　　本	710×1000　1/16
印　　张	18.5
字　　数	258 千字
定　　价	99.00 元

凡购买中国社会科学出版社图书，如有质量问题请与本社营销中心联系调换
电话：010-84083683
版权所有　侵权必究

目 录

第一章 城市公共服务供给：基本要素概述 …………………… (1)
  第一节 公共服务：内涵、属性和分类 …………………… (1)
  第二节 城市公共服务的属性、分类与供给 ……………… (13)
  第三节 公共服务分类供给的理论逻辑 …………………… (22)
  第四节 21世纪以来中国公共服务供给的制度变革 ……… (33)

第二章 城市公共服务分类供给的机制创新：浙江的实践探索 …………………………………………………… (46)
  第一节 公共服务市场化供给：民营化与公私合作机制探索 ………………………………………………… (46)
  第二节 社会组织参与公共服务供给：政府购买与政社互动 ………………………………………………… (61)
  第三节 政务类公共服务的政府改革：职权下放与职能整合 ………………………………………………… (77)
  第四节 政务服务优化："最多跑一次"改革 …………… (91)

第三章 现有制度安排下公共服务分类供给的限度分析 …… (105)
  第一节 政府层级间职责不明晰与城市公共服务供给压力 ………………………………………………… (106)
  第二节 政务类服务供给中的机制创新与体制限制之困 ………………………………………………… (116)
  第三节 公共服务市场化供给中的挫折与制度性限制 …… (127)

第四节　"体制型嵌入"下的社会力量不足与服务供给
　　　　　　之困 …………………………………………………（136）

第四章　公共服务分类供给的主体认定与责任关系构建 ……（152）
　　　第一节　公共服务分类供给的主体认定与生产方式 ………（152）
　　　第二节　公共服务分类供给中各主体的责任边界 …………（165）
　　　第三节　公共服务分类供给中的主体间关系构建 …………（180）

第五章　城市公共服务分类供给的机制建设逻辑 ……………（194）
　　　第一节　政府纵向间的职责分工和责任分担机制构建……（194）
　　　第二节　市场化供给中的契约性公私合作伙伴关系机制
　　　　　　构建 ………………………………………………（209）
　　　第三节　社会化参与中的政府购买和社会组织培育机制
　　　　　　构建 ………………………………………………（224）

第六章　完善公共服务分类供给保障机制的路径思考 ………（238）
　　　第一节　公共服务供给中"职权法定"的制度保障
　　　　　　建设 ………………………………………………（238）
　　　第二节　事权与支出责任相匹配的公共服务财政保障
　　　　　　机制构建 …………………………………………（247）
　　　第三节　深化简政放权推动公共服务供给监管路径
　　　　　　建设 ………………………………………………（256）
　　　第四节　公共服务供给中的公众有效参与机制建设 ………（266）

参考文献 ……………………………………………………………（276）

附件　"城市公共服务供给满意度"调查 ……………………（288）

第一章 城市公共服务供给：基本要素概述

20世纪中叶以来，作为世界范围内的一项重大社会实践，"公共服务"不仅成为学术界的重要理论研究命题，在实践领域内也随着民众生活水平的提高而不断拓展，涵盖了从国防安全到基本医疗、住房养老等关乎民众生活的几乎所有活动、行为和过程。"公共服务供给"已经成为现代政府的重要职能。作为研究的起点，本章从公共服务的内涵出发，重点分析公共服务的基本属性和学术研究分类；并结合城市公共服务的特殊社会属性，对城市公共服务的类型作初步剖析。在梳理公共服务分类供给的理论逻辑，从理论层面上回答公共服务分类供给"何以可能"的基础上，归纳21世纪以来中国在公共服务供给方面的顶层设计和制度发展变革。

第一节 公共服务：内涵、属性和分类

概念是问题研究的逻辑基础和方法论指引。本节从学术界对公共服务研究的丰硕成果中，深度概括和挖掘实践领域内"公共服务"的内涵；在与"公共物品"概念、属性辨析的基础上，主要从消费上的非竞争性、非排他性和服务供给的公共性三方面梳理和归纳公共服务的基本属性。依照公共服务的属性特征、供给水平和受益范围三个维度，介绍公共服务的学术分类。

一 公共服务的内涵概说

"公共服务"是一个不断发展演变的概念，它既是实践领域内的公共服务，同时也是理论和价值意义上的公共服务。① 作为世界范围内的一项重大社会实践，"公共服务"自 20 世纪 40 年代以来就成为政府公共行政和治道变革的核心职能之一。从理论研究上看，"公共服务"跨越了经济学、政治学和管理学等多个学科，至今仍是国内外学界学者们不懈研究的时代命题。在实践领域，福利社会国家的公共服务作为满足公民公共需要、保障公民生活和发展所必需的有形和无形的产品和服务，已经覆盖了从国防安全到社会公共秩序，从基本医疗到住房养老，从入学教育到失业救助、就业援助，从公共卫生到环境保护等关乎民众生活的几乎所有活动、行为和过程。在发展中国家，公共服务供给也已经成为政府满足民众基本公共需求、提升民众生活水平、增强获得感的重要追求目标。

从中国公共服务供给的实践发展来看，官方对公共服务的重视和倡导肇始于 21 世纪初的政府职能转变。2002 年党的十六大报告《全面建设小康社会，开创中国特色社会主义事业新局面》首次明确提出要"完善政府的经济调节、市场监管、社会管理和公共服务的职能"之后，"公共服务"成为政府的四大职能之一。2004 年 2 月 21 日温家宝总理在中央党校省部级主要领导干部研究班结业式的讲话中指出，公共服务就是"提供公共产品和服务，包括加强城乡公共设施建设，发展社会就业、社会保障服务和教育、科技、文化、卫生、体育等公共事业，发布信息等，为公众生活和参与经济、政治、文化等活动提供保障和创造条件"。② 这是官方较早的关于"公共服务"的定义和描述。2004 年 3 月 "公共服务" 和 "经济调节、市场监管、社会管理" 一起

---

① 娄兆锋、曹冬英：《公共服务导向中基本公共服务与非基本公共服务之研究》，《中国行政管理》2015 年第 3 期。

② 《总理眼中的政府职能与服务型政府建设》，《学习时报》2004 年 6 月 28 日。

被写入政府工作报告,并指出"在继续加强经济调节和市场监管的基础上,更加重视社会管理和公共服务"。自此,学界也开始围绕政府职能转变,对"什么是公共服务"这一核心命题,从公共物品的研究视角开始,结合政府职能、公共服务的相关属性和供给领域深入展开:如从公共服务的供给主体结构和政府职能出发,将公共服务界定为"由公法授权的政府和非政府公共组织以及有关工商企业"在纯粹公共物品、混合性公共物品以及特殊私人物品的生产和供给中所承担的职责,[①] 在公共服务的属性特征上,学者们普遍认为公共服务具有和公共物品相一致的基本属性,即消费的非竞争性和非排他性,同时也具备了公共产品的正外部效应、自然垄断性等特征。[②] 至于公共服务的供给领域,学界普遍在认同公共服务与公共物品所含相同内容的基础上,把公共服务的外延扩展到维护社会秩序稳定、推动经济发展和对社会进行再分配等政府职责范畴。[③]

近十年来,随着国家公共服务体系的逐渐完善、服务型政府建设和"基本公共服务均等化"国家发展战略规划的深入推进,国内学界将公共服务的研究逐渐聚焦在基本公共服务领域,围绕基本公共服务体系构建拓展到公共服务的供给过程,包括政府如何回应公共服务需求与公共服务供给[④]、基本公共服务供给的主体间

[①] 参见马庆钰《关于"公共服务"的解读》,《中国行政管理》2005年第3期;敬乂嘉《合作治理——再造公共服务的逻辑》,天津人民出版社2009年版。

[②] 参见张菀洺《政府公共服务供给的责任边界与制度安排》,《学术研究》2008年第5期;王千华、王军编著《公共服务提供机构的改革:中国的任务和英国的经验》,北京大学出版社2010年版。

[③] 参见唐铁汉、李军鹏《公共服务的理论演变与发展过程》,《新视野》2005年第6期;丁元竹、江汛清《公共服务供给与社会管理体制安排》,《理论与现代化》2006年第5期;陈振明《公共服务导论》,北京大学出版社2011年版;张序《公共服务供给的理论基础:体系梳理与框架构建》,《四川大学学报》(哲学社会科学版)2015年第4期。

[④] 参见李军鹏《公共服务型政府建设指南》,中共中央党校出版社2006年版;柏良泽《公共服务界说》,《中国行政管理》2008年第2期;张勇杰《从多元主体到程序分工:公共服务供给网链化模式的生成逻辑》,《党政干部学刊》2015年第10期。

关系构建、① 政府层级间的服务职责和财政事权关系调整、② 多元服务主体供给中的公共服务绩效评估等诸多领域，③ 公共服务的研究也日益向纵深方向发展。随着公共服务供给能力的增强，"公共服务"一词也被民众广泛接受并在社会舆论、公众场所频繁使用。

综合国内外公共服务在社会实践中已经覆盖的领域和范围，我们可以这样认为，公共服务是一个国家在具备了一定供给能力的基础上，为满足公民在经济、政治、社会等领域的公共需求，主要通过政府（中央政府和地方政府）及相关主体有效配置公共资源，向辖区内公民平等供给的公共产品和服务。从宏观来看，公共服务供给的领域既涵盖了国家意义上的诸如国防安全、法律制度、公共政策等制度性行为活动，也包括了与公民生存和发展息息相关的住房保障、基础设施、公共交通、娱乐休闲等公共产品，以及公共教育、公共医疗、社会保障、就业与社会救助等与公民基本权利密切相关的服务项目。公共服务供给的最终目的主要是利用公共权力在一定程度内对公共利益的平等分配和供给，实现公民相对公平的生存和发展权益，达到更加公平、公正的社会效益。相应地，公共服务的供给过程也更加强调公共部门（特别是政府）的职责以及在服务供给过程中公共权力使用的合法性。

二 公共服务的基本属性

公共服务从来都与公共物品密不可分，虽然有学者强调"公共物品"是经济学术语，"公共服务"是政治学和管理学术语，二者

---

① 参见中国（海南）改革发展研究院编《聚焦中国公共服务体制》，中国经济出版社 2006 年版；田永贤《公共服务供给的组织间合作网络》，《东南学术》2008 年第 1 期；敬乂嘉《合作治理——再造公共服务的逻辑》，天津人民出版社 2009 年版；高海虹、邢维恭《服务型政府建设与公共服务有效供给》，《东岳论丛》2015 年第 4 期。

② 参见沈荣华《提供政府公共服务能力的思路选择》，《中国行政管理》2004 年第 1 期；张云开《地方政府公共服务供给能力：影响因素与实现路径》，《中国行政管理》2010 年第 1 期。

③ 参见陈昌盛、蔡跃洲《中国政府公共服务：基本价值取向与综合绩效评估》，《财政研究》2007 年第 6 期；白秀银、祝小宁《公共服务供给的网格机制及其效能研究》，《求索》2016 年第 1 期。

分属不同的学科;① 但不可否认的是,二者不仅在内涵上相近,在外延上也有交叉,学界对公共服务的研究也是从公共物品理论中脱胎、发展而来的,不仅早期西方学者将二者作为可以互换的概念,国内一些学者也多把公共服务和公共物品相提并论,甚至合为一体。② 公共物品理论特别是经济学家萨缪尔森关于公共物品特性的研究也已经成为公共服务研究中的经典文献。从基本属性来看,公共服务也具有公共物品在消费上的"非竞争性"和"非排他性"基本特征,只不过相对于公共物品而言,公共服务更加强调服务的供给过程和结果价值呈现,即公平性、公正性、均等化结果,等等。

(一) 消费上的非竞争性

萨缪尔森对公共物品的定义是那些"每个人对这种产品的消费,都不会导致其他成员对该产品消费的减少"的物品。相反,如果一个物品能够分割并且各分割部分能够按可竞争的价格卖给不同的消费者,而且对其他成员不会产生外部效果,那么这个物品就是私人物品。③ 按照萨缪尔森的逻辑,国防安全、社会秩序、法律制度、环境保护、公共道路、灯塔等社会公共需求和服务都属于"公共物品"。对这些公共服务来说,集体成员在消费中存在着显著的非竞争性:在一个国家范围内,公民可以共同消费和共享这些服务,而且一个消费者对这些公共服务的消费并不会影响到其他消费者对该服务的消费,即经济学意义上的新增消费边际成本为零。换句话说,这些物品有着积极的正外部性,其消费不受质量或数量竞争的支配,消费范围对额外人员拥有无限的容纳能力,还远没有达到临界状态。④

---

① 黄新华:《从公共物品到公共服务——概念嬗变中学科研究视角的转变》,《学习论坛》2014年第12期。
② 马庆钰:《关于"公共服务"的解读》,《中国行政管理》2005年第2期。
③ Paul A. Samuelson, "The Pure Theory of Public Expenditure", *The Review of Economics and Statistcs*, Vol. 36, No. 4 (Nov., 1954), pp. 387–389.
④ [美] 弗雷德·E. 弗尔德瓦:《公共物品与私人社区:社会服务的市场供给》,郑秉文译,经济管理出版社2007年版,第17—18页。

(二) 消费上的非排他性

公共服务一定程度上的非排他性也主要是相对于私人产品和服务而言。萨缪尔森认为公共物品本身就具有巨大的正外部性，在消费中所产生的利益不能像私人物品那样可以专有，而且要排除某个人的消费不论是在技术上还是在经济上都要付出巨大的成本。对非排他性，奥尔森在《集体行动的逻辑》中也作了很好的注解："任何物品，如果一个集团 X_1、X_i……X_n 中的任何个人能够消费它，它就不能不被那一集团中的其他人消费"，即那些没有购买任何公共或集体物品的人不能被排除在对这种物品的消费之外。① 对此，世界银行也持相同观点，认为公共物品的非排他性就是"使用者不能被排除在对该物品的消费者之外"。② 在具体实践中，能够完全符合"非竞争性"和"非排他性"的纯粹的公共物品是非常少的（即使是国防等纯公共服务，也是有国界的）。公共选择学派集大成者布坎南对公共物品的上述两大特性进行了补充和完善，根据物品的非竞争性和非排他性程度将公共物品分为纯公共物品和准公共物品（又称"俱乐部物品"或混合性公共物品），学界由此又引申出纯公共服务或准公共服务（又称混合性公共服务）并加以论证，相关研究已十分丰富，这里不再赘述。

(三) 服务供给的公共性：政府的职责担当

公共服务的上述两大基本属性已成为学界普遍共识，但作为一种社会性服务，公共服务存在的首要条件就是社会的公共性和普惠性需求，这种公共性不仅需要在消费上显著体现为公共服务的非竞争性和非排他性，更多的是对个人生存、发展需要的尊重和体现，这是公共服务公共性的内在本质要求。因此我们认为，公共服务除具备公共物品的上述两大属性外，更加凸显的是对人的生存和发展

---

① [美] 曼瑟尔·奥尔森：《集体行动的逻辑》，陈郁等译，上海三联书店2010年版，第13页。
② 世界银行：《1997年世界发展报告：这个世界中的政府》，中国经济出版社1997年版，第26页。

权益的贡献，公共服务的供给更多的是为了公共利益和社会和谐发展的公共需求；公共服供给的目的也是达到更好的社会效益和社会公共价值，促进"结果公平"。

公共服务供给的公共性主要体现在：公共服务特别是国防安全等纯公共服务和社会保障、义务教育、医疗保险、就业等基本公共服务，不仅是在消费上具有显著的非竞争性和非排他性，同时更是社会公平、公正的直接体现，有其自身的公共性价值，即必须以有助于所有民众特别是弱势群体生存和发展条件的改善为最终结果体现。虽然有些公共服务在供给实践中具有了准公共服务的特征，拥有一定的排他性和竞争性（如民办小学和私立医院），但是仍不能排除其公共性的内在要求。公共服务的基本属性和内在要求基本上就决定了服务的生产和供给一方面需要成功组织大量的公共资源投入，另一方面要经得起"搭便车"行为的考验，因为排除其他消费者也是十分困难的。从公共服务的供给角度来看，公共服务的基本属性直接凸显出基本公共服务供给机制的第一重行动逻辑就是需要由政府全力提供，即公共服务首先是政府的职责；市场的逐利本性使其不适合也不愿意全部承担，社会机制也没有足够的财力来供给。也正因为此，公共服务特别是基本公共服务也成为政府的基本职能和责任底线。[①] 换句话说，也只有为民众提供"底线均等"的基本公共产品和服务，才能够有效维护社会公平正义、促进社会和谐发展。[②]

三 公共服务的分类概述

学界较早就开始了公共服务的研究，有学者曾将学界对公共服务的分类按公共服务特性、公共支出领域、政府职能体系、专业知识领域、公共需求内容、资本和劳动力投入比例以及公共消费空间

[①] 曾宝根：《基本公共服务供给机制的逻辑、误区与构想》，《中国行政管理》2013年第9期。

[②] 王彩云：《政治学视域中价值理性的回归》，《政治学研究》2013年第6期。

范围梳理出七种公共服务的分类框架。① 但整体来看，虽然内容大致相同，但由于分类标准并不一致，学界对公共服务的分类和界定也存在一定的分歧。

（一）按公共服务的属性分类

"纯公共服务"和"准公共服务"是学界根据公共服务自然属性做出的较为普遍的分类。对公共服的研究也始于公共物品的属性，早期学界根据公共服务的非排他性和非竞争性程度，将公共服务划分为纯公共服务和准公共服务两大类。② 纯公共服务多为政府提供的具有完全的非排他性和非竞争性的公共产品和国家公共决策等服务，包括国防、外交、公共管理、公共卫生、计划生育等服务；准公共服务则是介于公共服务和私人服务之间，这类服务虽然在供给方面具有显著的"公共"性质，但在消费上具有一定程度的排他性或竞争性，在享用时也需要缴纳部分费用，如教育、部分医疗服务等，其供给主体既可以是政府，也可以是市场或社会组织。事实上，究竟哪些公共服务和物品是"纯公共服务"，哪些是"准公共服务"，从来就没有一个既定不变的分类标准和划分界限，而是随着经济社会发展水平提升和阶段性需求变化，被国家和政府通过制度和政策性调整，人为地调整公共服务的属性和归类。③ 从发达国家的公共服务供给状况来看，纯公共服务的比例在下降，准公共服务的比例在显著上升。④

结合实践中公共服务供给的分布领域，学者又把公共服务分为维护性、经济性和社会性三大类。维护性公共服务主要是为维护国家主权、保证国家社会秩序正常运作的公共服务，如国防、司法、管理等一国之内民众所必需的服务。经济性公共服务是为促进经济

---

① 王海龙：《公共服务的分类框架：反思与重构》，《东南学术》2008 年第 6 期。
② 唐铁汉、李军鹏：《国外公共服务的做法、经验教训与启示》，《国家行政学院学报》2004 年第 5 期。
③ 童光辉：《公共物品概念的政策含义：基本文献和现实的双重思考》，《财贸经济》2013 年第 1 期。
④ 孙建军、何涛等：《公共服务供给理论的发展脉络：基于供给模式的分析》，《中共四川省委党校学报》2010 年第 3 期。

发展所提供的规模效益明显、在生产上具有一定的垄断性和弱竞争性的公共服务，如邮政、天然气、自来水、铁路建设等。社会性公共服务是指具有较强"民生"性质的，与民众生存和发展息息相关、具有较强的再分配功能，更能体现公平和公正价值的公共服务，包括义务教育、医疗、社会保障等。①

（二）按公共服务的供给水平分类

虽然从理论上讲，公共服务所涵盖的内容是相对稳定的，但从公共服务的供给实践来看，公共服务的供给水平与社会发展程度和政府的财政能力有着密切的关系。或者说，当对一种物品的需求关系到民众的生存状态和公共利益、政府又有能力来提供时，那么该物品就能够作为公共服务被政府提供。② 因此，公共服务的供给从来都是动态的、分层次和分阶段的。即使如此，仍有一些公共服务被认为是政府应该承担的责任底线，尤其是那些直接与民生问题密切相关的公共安全、义务教育、就业和社会救济等，应该是政府承担的、面向全体国民的底线公共服务。③ 也有学者将底线公共服务称为保障性公共服务，即在一定社会经济发展阶段，公民应该享有的最基本的、关系到公民人权的"最小范围"的服务，并认为这些公共服务的提供，是调节城乡间、区域间和社会成员间收入差距、促进社会公平正义的制度性手段。④

根据公共服务的供给水平，"基本公共服务"和"非基本公共服务"是当前中国最广为学界、官方所接受的公共服务分类。应该指出的是，"基本公共服务"概念的提出，是针对现阶段中国在经济发展取得阶段性成绩，全面建设小康社会过程中，特别是随着城市化进程的快速推进，按照民众对公共服务需求的重要性程度以及

---

① 唐铁汉、李军鹏：《公共服务的理论演变与发展过程》，《新视野》2005年第6期；丁元竹、江汛清：《社会公共服务供给与社会管理体制安排》，《理论与现代化》2006年第5期。
② 柏良泽：《公共服务研究的逻辑和视角》，《中国人才》2007年第3期。
③ 杨宏山：《公共服务供给与政府责任定位》，《中州学刊》2009年第4期。
④ 王海龙：《公共服务的分类框架：反思与重构》，《东南学术》2008年第6期。

根据政府能力能够满足的范围而设定的公共服务的供给标准。①"基本公共服务"也主要是指在一定社会经济条件下，政府为保持经济社会稳定，满足当前社会最迫切需要的、最基本的公共需求，保障社会全体成员基本生存和发展需求，向全体公民均等地提供的基础性公共服务。相对于基本公共服务而言，非基本公共服务则更多地表现为提高社会成员的生活质量和美好生活需要而提供的更高层次的公共服务。

至于当前社会发展阶段"基本公共服务"应该涵盖哪些内容，学界也有不同的观点，普遍认为基本公共服务所需覆盖的"最小范围"应包括基础教育、基本医疗、社会救助、就业服务等维护国家基本社会稳定、维持公民个人基本的生存与发展的公共服务。② 与此相呼应，基本公共服务的覆盖领域扩展到涵盖底线生存服务（就业服务、社会保障、社会福利等保障公民生存权）、公众发展服务（义务教育、公共卫生和基本医疗等保障公民发展权）、基本环境服务（公共交通、公共基础设施和环境保护等保障基本日常生活）、基本安全服务（国防安全、稳定的社会秩序等）四大类；③ 也有学者把基本公共服务分为"基本民生性服务""公共事业服务""公益基础性服务"和"公共安全性服务"四大类；④ 甚至有学者直接将基本公共服务分成满足人们"自然需求"的社会保障、社会救助和就业服务、治安安全等基本生活安全保障服务和满足人们"社会需求"的基础教育、公共文化、公共医疗卫生等基本社会需求服务两大类。⑤《国家基本公

---

① 张晓杰、王桂新：《基本公共服务供给的有限性与有效性研究》，《上海行政学院学报》2014 年第 1 期。
② 陈昌盛：《中国政府公共服务：体制变迁与地区综合评价》，中国社会科学出版社 2007 年版；丁元竹：《基本公共服务如何均等化》，《瞭望新闻周刊》2007 年第 22 期。
③ 陈海威：《中国基本公共服务体系研究》，《科学社会主义》2007 年第 3 期。
④ 叶航、王国梁：《排他性机制的重构和准公共产品受益的均等化——一种实现包容性增长的新路径》，《浙江大学学报》（人文社会科学版）2011 年第 6 期；贾康：《公共服务的分类及政府购买的边界》，《中国财经报》2014 年 9 月 27 日。
⑤ 沈亚平、李晓媛：《基本公共服务的疆域及其供给成效分析》，《河北学刊》2015 年第 1 期。

共服务体系"十二五"规划》中明确指出，基本公共服务范围，包括"保障基本民生需求的教育、就业、社会保障、医疗卫生、计划生育、住房保障、文化体育等领域的公共服务"，广义上还包括与人民生活环境紧密关联的交通、通信、公用设施、环境保护等领域的公共服务，以及保障安全需要的公共安全、消费安全和国防安全等领域的公共服务。

综上可以认为，基本公共服务的供给也是一个动态的发展过程，"基本"的内涵会根据社会发展阶段和政府的财政供给能力变化而进行调整。在社会发展到更高阶段（比如中等收入偏高水平），当一些必需的基本公共服务完成之后，因应社会发展的新需求，政府也会顺势而为，将新需求纳入职责范围，推动基本公共服务供给范畴的扩展，从而带动非基本公共服务领域的收缩和减少。即政府会将原先属于非基本公共服务致力于解决的某些问题纳入自己的管辖范围，推进公共服务均等化进程，扩大基本公共服务的覆盖领域，非基本公共服务的供给范围则相对收缩。[①]

（三）按公共服务的受益范围和供给主体分类

公共服务虽然是具有公共性的产品和服务，但公共服务的共享却会受公共服务受益范围的限制，城市公共服务在这一点上尤其明显。随着公共服务生产主体的增多与社会需求差异性的增加，公共服务的多元化供给与协同合作就更为普遍，成为实践中公共服务供给的客观事实存在。因此，按照公共服务的基本属性和供给主体进行分类也就成为一种客观需求。

首先，根据公共服务的受益范围和服务供给的主体责任，公共服务的分类体现在纵向间的政府职责分工，即中央政府供给的全国性公共服务、地方政府供给的区域性公共服务（包括城市服务）以及中央与地方合作供给的公共服务。国际经验表明：（1）受益范

---

① 娄兆锋、曹冬英：《公共服务导向中基本公共服务与非基本公共服务之研究》，《中国行政管理》2015年第3期。

围是全国性且各地方对公共服务的偏好没有明显差异的公共服务，如国防、外交、国家安全、社会保障、法制等这些具有高度外溢性的公共产品和服务，类属经济学上的纯公共物品，符合公共物品的非竞争性和非排他性特征，由中央政府提供符合国家的根本利益，也符合公平、公正、共享的理念。（2）受益范围具有一定区域性和地方差异，更多体现区域发展特征的，甚至具有一定排他性的"俱乐部"公共产品和服务，由地方政府负责提供更具活力。比如，地方交通、中小学教育、警察等市政服务和区域性服务，交给地方政府负责，既能满足地方政府的特殊需要，也能够更好发挥地方政府的积极性、自主性。（3）受益具有外溢性的地方公共产品和事务，由上级政府提供，或者上级政府对负责提供该项服务的地方政府进行补贴和辅助。[①] 在中国，公共服务供给主体责任的研究也逐渐兴起。唐娟等人很早就指出公共服务供给的制度安排包含主体结构和操作过程两方面，主体结构是解决由谁供给即政府间的职责分工问题，操作过程则讨论如何实现公共服务供给的问题。[②] 曾宝根也指出，政府基本公共服务职责是政府应该承担这项服务供给的责任与义务，政府部门可以采取多种途径和方式组合来贯彻公共服务的提供职能，从而履行公共服务的提供职责。[③]

其次，根据公共服务排他性程度和供给方式的差异，可以在横向上分为政府提供、企业生产和社会组织生产等供给模式，以及与此相对应的"政府—市场—社会"多元供给机制。随着公共服务在"生产"和"提供"上的分离，政府与市场、社会的职责边界发生了变化，市场化和社会化生产机制出现，政府在公共服务供给中的角色定位有了大幅调整并推动公共服务的供给方式日益多元。在西方国家，

[①] 徐阳光：《单一制、财政联邦与政府间财政关系》，《财政经济评论》2013 年第 1 期。

[②] 唐娟、曹富国：《公共服务供给的多元模式分析》，《华中师范大学学报》2004 年第 2 期。

[③] 曾保根：《基本公共服务供给机制的逻辑、误区与构想》，《中国行政管理》2013 年第 9 期。

公共服务市场化和社会化供给在20世纪90年代达到高峰。以英国为例，1979—1990年，英国政府将包括煤气、水、电、钢铁等46%的国有企业进行了私有化改革；在公共交通方面，改革公共汽车运营许可制度，引进私营部门在公交领域内参加竞争，开设私营性交通路线；1980—1988年有34个地方政府将垃圾收集服务承包给了私营部门，① 等等。一系列市场化和私有化改革推动了公共服务"政府—市场—社会"多元主体供给机制的形成，大大减轻了政府在公共服务领域的财政和供给包袱。民营化集大成者萨瓦斯在考察了40多个国家公共服务供给机制的基础上，将城市公共服务的供给方式分出政府提供、政府出售、政府间协议、合同承包、特许经营、政府补助、凭单制、自由市场、志愿服务、自我服务10种制度安排。② 随着公共服务供给在操作上的细化，公共服务志愿供给、自我服务等方式不断出现并成为社区公共服务供给的主要方式，并被公众广泛接受。

第二节　城市公共服务的属性、分类与供给

相对于"全国性公共服务"和"农村公共服务"而言，"城市公共服务"首先也是一种区域性公共服务，其受益范围也主要是城市所辖的行政区域，城市公共服务有着属于公共服务的一般属性和特征。同时，中国的城市也作为一级地方政府存在，因此城市公共服务也属于地方政府公共服务，会因城市自身的特点而呈现其显著的特殊性。

一　作为一级地方政府的城市与城市公共服务

在中国，"城市"与"农村"是两个相对的区域性概念，随着经济、社会的发展和城市化进程的加快，长期以来"大多数人

---

① 周学荣、沈鹏：《当代西方政府再造运动的兴起及其带来的启示》，《当代世界与社会主义》2009年第1期。
② ［美］E. S. 萨瓦斯：《民营化与公私部门的伙伴关系》，周志忍译，中国人民大学出版社2002年版，第69页。

生活在农村"的状况已经发生了根本性的变化。相对于农村而言，城市因其较高的开放程度、发达的经济水平和人口大量聚集而产生的规模效应，吸引着越来越多的人主动流入城市，城市日益成为经济和社会发展的中心；城市公共服务供给也被认为是城市政府职能的核心内容之一。在实践领域，公共服务供给程度和供给水平较高的区域也都主要分布在城市，特别是发达地区的城市。公共服务供给的改革创新也主要由城市发起。从供给机制来说，城市公共服务供给有着更加多元的供给主体和更加丰富的公共资源筹集渠道；城市的公共服务供给水平整体上也高于农村。与农村公共服务相对应，城市公共服务主要是指在城市辖区范围内供给的、受益对象主要是城市居民的公共产品和服务。相对于全国性和其他地区性公共服务而言，城市公共服务是一种区域性特征凸显的服务，是在"城市"这一特定空间内提供和消费的公共性产品和服务；城市公共服务的内容也更多地体现在为城市区域内居民提供的包括城市公共基础设施建设、公共安全维护、就业岗位提供、社会保障供给、义务教育、医疗卫生、文化科技服务等公共服务，其目的是给城市经济社会发展提供更加优越的环境，更好地发挥城市功能，为城市经济社会发展和居民更好的生活需要创造安全的外部环境，推动城市社会和人的全面发展。[1]概言之，城市因其在人口聚集、资源供应、发展速度等方面的优势使得城市公共服务的供给目标更加明确（如良好的居住环境、公共交通和生活品质），城市公共服务的供给水平也更加精细、高质（如更加良好的公共医疗、公共教育、充分就业和养老等），因此，城市公共服务供给的成本也相对高昂。

在国外，城市公共服务因其限定在特定的地理区域范围内而被称为地方公共物品，[2] 城市政府作为供给的主体与市场、社会

---

[1] 姜国洲：《城市政府社会管理和公共服务体制改革思路研究》，《中国行政管理》2008 年第 10 期。

[2] ［美］约瑟夫·E. 斯蒂格利茨：《公共部门经济学》，郭庆旺译，中国人民大学出版社 2005 年版，第 352 页。

主体间的分工与合作成为城市公共服务供给的主要内容。但是在中国，城市公共服务供给因城市的特殊性而变得复杂得多：虽然从规模经济、发展特征、目标定位和功能角色来看，城市与农村有着截然差异，但从中国的政治制度安排、行政管理体制和政府运作过程来讲，中国的城市是作为一级地方政府存在，城市公共服务供给在很大程度上仍然是地方政府供给。与西方国家和学术研究意义上的"市"或"自治市"不同，中国的城市在作为经济和社会发展单元的同时，更是作为一级地方政府存在，城市不分大小，都拥有一定的行政级别和相应的行政辖区。这就决定了中国城市公共服务供给从本质上来说仍是地方政府供给，城市公共服务供给也仍然遵循着国家的制度设计和安排。就行政级别而言，中国的城市有中央直辖市、计划单列市、副省级城市、省会城市、地级市、县级市等诸多级别；中央政府（和省级政府）给予的配套政策和资源配置的优先级也随着城市的行政级别不同而有着显著性差异。城市的行政等级越高，城市的规模越大，相应地，城市发展所拥有的行政、经济等资源也就越多。就行政辖区而言，城市下辖区、县及以下的乡、镇等行政区划，城市的公共服务并不仅仅是城区（通常意义上的城市市辖区）地理意义上的区域性公共服务供给，而是包含着其所下辖的县、郊区等整个行政辖区的供给。因此，城市公共服务供给本质上属于地方政府供给范畴，城市公共服务供给既遵循着当前中央政府和地方政府间的事权和支出责任划分，也同样会受政府层级间和职能部门间的事权划分和职责分工等体制制约，特别是在外来人口规模大幅增加的时候，城市公共服务供给就成了城市政府必须要面对和解决的"困点"和"难点"问题。

因此，中国的城市公共服务供给是一个立体结构，城市公共服务供给起码要解决这两大方面的问题：一是在中国的单一制中央集权与政府行政层级授权模式下，城市作为一级地方政府要根据事权与支出责任划分完成与上级政府及其下辖的政府层级间的公共服务供给职责分工，通过政府层级间公共服务供给职责的合理分工和主体责任划分,实现城市公共服务供给的内容界定,即"城市究竟应该提供哪些方面的服务";这是城市公共服务分类供给的首要前提和基础。二是在城市公共服务的具体供给方式选择和实践运行中,城市政府作为公共服务供给的一方主体,要通过制度构建明确各主体在各类公共服务供给的角色定位,完成政府与其他主体间的分工与协同合作,实现政府主体自上而下的主动作为和其他主体自下而上的全面有序参与多方合作,整合多方资源,实现公共服务有效供给,即"不同种类的城市公共服务究竟应该通过什么样的方式实现有效供给"。这两大问题是关系到城市公共服务分类供给和实现有效供给的核心问题,并形成本书的主要研究脉络和研究主线,相应地,本书的研究也主要是围绕这两大问题展开和进行。

二 城市公共服务的社会属性

(一) 城市公共服务有着需求的多元性和供给的异质性

公共服务的多元化和异质性是随着城市经济社会快速发展、物质财富丰富、民众生活水平提升和消费能力增强而顺势出现。城市公共服务需求的多元性主要体现在,相对于全国性公共服务和农村公共服务而言,城市社会结构、利益分配格局和需求结构的多样化导致城市公共需求的多样化;城市作为生产力和科技进步的重要发源地,为降低公共服务生产成本和排他成本,提高公共服务生产技能提供了便利,资源的大量聚集又为市场和社会资本介入公共产品和服务提供了更为广阔的空间。[①] 此外,城市相对宽松、灵活的管理制度和创新能力都使得城市公共服务市场化、社会化程度比较高,多样化需求和多元供给成为现实。这一点可以从近些年来城市公共服务消费需求的种类、政府公共服务投资、地方政府公共服务

---

① 贾智莲、孔春梅:《公共服务供给机制创新研究:兼评事业单位改革》,《中国行政管理》2009年第4期。

建设力度等多重需求来体现。公共服务需求的多元化也带来了公共服务供给的差异性，即使是在同一类公共服务内部，也出现了差异化供给。比如在城市公共交通服务领域，传统公交系统已经发展出除公交车、地铁、磁悬浮列车、轻轨列车、出租车等多种形式外，随着服务需求的多样化和公共产品生产主体的增多，在21世纪又出现了"公共自行车""网约车""共享单车"等新的服务生产方式和服务产业。同样，在医疗和教育服务领域，除了政府直接提供生产的公立医疗、教育服务外，还分化出了大量的适用于各类群体需求的私立医院、私立学校等特殊需求和层次的公共服务。与此相适应，因公共服务种类和异质性需求增加而产生的服务项目支出也随之增加。

（二）城市公共服务有着显著的区域差异性

城市公共服务的区域差异性主要通过城市公共服务供给实践的操作层面来呈现，而这也恰恰最能反映城市公共服务的本质社会属性。从人文地理层面来说，城市公共服务供给的差异性主要体现为因城市所在区域和发展水平不同而带来的差异。不同城市因发展水平、居民偏好、地理环境（如北方城市对冬季供暖的公共服务需求，南方沿海城市夏季对台风的预防和治理等）和文化风俗的影响，其城市居民和社会公共需求有着显著的差异，进而导致公共服务的需求种类和供给质量也有着显著的不同。从制度层面来讲，城市因其承载的制度设计和制度功能所造成的公共服务供给差异性，是公共服务"城乡差异"和"区域差异"的根本所在。虽然城市的某些公共服务供给如公园、路灯、公路、公共基础设施和其他一些公共服务具有很强的正外部性，能够外溢给城市辖区之外的消费者（如城市外来人口）；城市的开放性又使得这些外溢性从辖区内扩展到区域外，形成"免费便车"吸引着大量的人力、物力等资源涌向城市。但受城市的行政辖区、管理制度和承载能力所限，城市的一些关键制度性和保障性公共服务对城市辖区内的受益对象来说是公共物品，但对城市辖区之外的消费者来说，就可能是私人物品。因此，城市公共服务是典型的区域俱乐部公共物品。①

（三）城市公共服务有着显著的受益范围限定性，即公共服务供给的"拥挤性"

在美国学者弗尔德瓦看来，大部分的城市市政服务都是由政府提供的，市政服务都是区域性的，并且和拥挤性物品的使用之间有着紧密的内在联系。② 这种情况在中国城市公共服务供给中也同样存在。作为一种区域性公共服务，一方面对区域外的消费者来说是私人物品，另一方面，对区域内的消费者来说，城市公共服务也具有显著的受益范围限定性，即公共服务的"拥挤效益"。受城市政府服务能力的限制，城市公共服务供给也同样存在"拥挤点"（边际效益的临界点）：在城市辖区内，当该公共服务消费者的数目增加到该临界点之前，每增加一个消费者的边际成本是零，即经济学上的"帕累托改进"；当消费数量达到该临界点之后，每增加一个消费者，公共服务的边际成本就会上升，即"帕累托最优"。长期以来，城市公共服务供给中的拥挤效益已经成为用来计算城市人口增长规模与公共服务供给的有效工具，包括人口密度对义务教育、高等教育、高速公路的需求程度，特别是这些资源的需求程度以及该资源在人口增加过程中的拥挤效益。③

在中国，城市公共服务供给的"拥挤性"受制度影响非常明显。受户籍制度、财政制度和辖区管理制度的制约，一些具有一定排他性的公共服务如义务教育、公共医疗的受益范围被限制在固定的区、街道乃至社区，导致"学区房"、医疗成为罕

---

① 参见［美］弗雷德·E. 弗尔德瓦《公共物品与私人社区：社会服务的市场供给》，郑秉文译，经济管理出版社 2007 年版。
② ［美］弗雷德·E. 弗尔德瓦：《公共物品与私人社区：社会服务的市场供给》，郑秉文译，经济管理出版社 2007 年版，第 33—34 页。
③ 参见童光辉、赵海利《新型城镇化进程中的基本公共服务均等化：财政支出责任及其分担机制——以城市非户籍人口为中心》，《经济学家》2014 年第 11 期；江依妮、张光《财政资源错配：户籍区隔下的地方公共服务供给》，《经济体制改革》2016 年第 4 期。

见的高价产品。与此相对应,公共服务管理也有着显著的辖区限制。以城市道路的路灯服务为例,城市的同一条道路因为所属行政辖区不同而致使"同一条道路的路灯照明时间不同"现象普遍存在。此外,由于城市规模存在差异,城市公共服务供给的受益范围限定性也有显著的差异,相对来说,大规模城市的受益范围限定性比中小城市的限定性要显著,城市随着人口规模的增加拥挤度也会显著增加。在城市公共服务供给能力限定的情况下,城市发展速度越快,城市公共服务供给的受益范围限定性就愈显著。

三 城市公共服务的分类和供给

作为一种区域性公共服务,城市公共服务的受益范围主要是城市所辖的行政区域。在城市辖区内部,城市公共服务也包含了《国家基本公共服务体系"十二五"规划》中提到的"基本公共服务"和"一般性公共服务",但很显然城市公共服务因为服务的层次性、供给主体的多元化和供给机制的多样化,而出现显著的复杂性。因此,本书从城市公共服务的功能属性出发,在基本公共服务和一般性公共服务的大框架下,将城市公共服务细分为如下几大类型:

(一) 以维护城市公共秩序为主要特征的政务类基本公共服务

从政府职能上看,政务类基本公共服务又可以称为政权性公共服务。[①] 这既与城市的社会秩序稳定和经济发展密切相关,也与城市作为一级行政单位有关。与西方国家的城市仅仅是"自治市"并主要履行经济和社会发展职能有着明显不同的是,中国的城市首先是一个区域性政治中心,城市的行政级别和行政辖区就决定了城市首先是作为一级地方政府存在,城市政府作为国家意志的体现和中央政权在地方的延伸,其行政性或政务性服务就成为城市公共服务供给的重要内容,这也是城市存在和发展的重要

---

① 孙晓莉:《中外公共服务体制比较》,国家行政学院出版社2007年版,第9页。

前提。现在来看，政务类公共服务主要包括：城市社会治安管理和社会秩序维护、环境保护、行政司法建设等体现政府本质作用的管理和服务。针对整个城市政府而言，政务类服务既是城市政府的重要职责同时又是没有显著差异性的基础性公共服务，这些服务的供给主要由城市及其所属的政府来完成。从民众的感知而言，主要包括法律法规的运行、行政权力的规范执行、警察和社会综合执法等社会规章制度的维护、环境保护、基本人权维护等制度化供给的"纯公共服务"。

（二）以保障民生为目的的民生类基本公共服务

民生性基本公共服务主要发生在民生领域，与民众的生存和生活等基本权利直接相关，既属于民众个人生存和生活需要，同时又是一种公共需求的公共服务，通常意义上也就是《国家基本公共服务体系"十二五"规划》中提到的"保障基本民生需求的义务教育、就业、社会保障、医疗卫生、计划生育、住房保障、文化体育等领域的公共服务"，这已经成为当前基本公共服务均等化的重要内容，也已经成为普遍共识。相对于政务类公共服务而言，民生类基本公共服务是主要由城市政府提供的有着公共性、全民性和保障民生基本权益的公共服务，但由于受城市管辖和地域范围所限，这些民生类基本公共服务的受益范围也主要是城市辖区的民众，在当前的制度安排下更是指"本地户籍"民众才能够享有的公共服务，因此城市的民生类基本公共服务具有典型的地方性受益特征。虽然在基本公共服务均等化的战略实施中，城市的民生类公共服务也在逐渐向非城市户籍人员开放，而且在公共服务市场化的驱使下，一些基本公共服务如义务教育、医疗卫生等也已经出现了多元化供给的现象，但整体来说，城市的民生类基本公共服务依然是地方性受益特征明显的公共服务。

（三）以市政公共行业为主要内容的公用事业类服务

公用事业领域内的服务主要是涉及城市公共资源配置和城市公共基础设施和城市发展的经济性公共服务，包括了基础建设、公共交通、公共电力、通讯、自来水供应、污水处理、垃圾处理等通常所说的"市政公共行业"服务。这类公共服务类似于公共物品中的"准公共物品",同样与民生、社会发展息息相关,但是与民生性基本公共服务相比,却具有显著的规模经济效益和经营性、自然垄断性特征,在获得和享用方面更多地体现为个人购买和直接付费的特征。从供给主体和供给机制来说,虽然政府仍然是这类公共服务的主要提供者,但伴随着科技进步和生产能力水平提升,也已经出现了多元主体供给的特征,通常所说的"公共服务市场化供给"也主要适用在这一领域。相对于前述两大类公共服务,这部分公共服务供给的差异性和可供选择性空间要广泛得多,因此也要复杂得多。在公共服务供给主体多元化发展趋势中,公共事业类服务的供给主体从传统的政府、政府所属企业和事业单位越来越转向民营化经营和公私合作经营,市场主体的参与度越来越高,供给机制也越来越多样化;而且越是发达的城市和地区越是如此。

(四) 以社会救助、自助为特征的社会事业类服务

虽然城市是作为一级地方政府存在,但城市社会领域特别是公益慈善和社区自助服务等仍然是城市公共服务供给的重中之重。而且随着国家治理体系和治理能力现代化战略目标的实施,社会事业类服务特别是城市社区的公益类公共服务,已经成为政府职能社会化的重要组成部分。相对于上述三类公共服务而言,社会公益类服务是政府职能向社会组织转移、社会组织承接并协同政府共同供给的服务,也是各种非营利性社会组织、社区社会组织、慈善机构发挥作用比较明显的领域,大多以志愿性、公益性的形态出现,其受益人群主要是相对弱势的群体,供给的领域也多在城市的社区和家庭。因此,这类服务的供给除了离不开政府的扶持之外,还呈现出明显的公益性、志愿性和一部分自治性特征,公众参与的程度也比较高,未来的发展方向是自助服务和自治性服务供给。

表 1-1　　城市公共服务的分类和供给概览

服务类型	政务类基本公共服务	民生类基本公共服务	城市公用事业服务	社会事业类服务
分类标准和特征	公共性、全民性、保障基本权益	全民性、民生性、基本保障性	规模经济、自然垄断、可购买性	公益性、志愿性、非营利性
供给主体	政府及政府职能部门	政府、企业、社会组织	政府、企业	政府、社区自治组织、社会组织、企业、个人
供给机制	政府层级分工与生产	政府供给、政府购买、政社合作	政府投资生产、企业生产、公私合营	志愿提供、自治性生产、承接政府购买
包含内容	审批服务、社会稳定维护、行政执法、环境保护、科学技术、信息发布等	义务教育、医疗卫生、就业保障、社会保障、文体休闲等	基础公共设施、公共交通、供电、供水、天然气、垃圾处理等	环境保护、义务教育、医疗、居家养老、邻里互助、公益慈善等

第三节　公共服务分类供给的理论逻辑

从世界范围内看，公共服务多主体供给机制的格局于 20 世纪 80 年代就已出现并逐渐成形，公共服务多元供给也在社会层面达成共识。在公共服务多元主体供给格局中，政府生产、私人生产、非营利组织参与公共服务供给也都经历了实践的探索，并有着坚实的理论基础。本节主要通过回顾公共服务供给的学术探讨和发展脉络，从理论层面上回答公共服务分类供给"何以可能"，找出实践中公共服务多元主体参与和分类供给的理论依据。

一　公共服务政府供给的理论逻辑

（一）公共物品理论关于政府供给的理论阐释

公共服务为什么需要政府供给？这一命题最早同样来源于古典经

第一章 城市公共服务供给：基本要素概述

济学。古典经济学家关于公共物品理论的一个重要理论观点就是：公共物品因非排他性和非竞争性产生的正外部性会导致市场在供给中的失灵，公共物品应该由政府供给。在实践中，公共产品和服务供给也是政府的重要职能，并从学理上得到学者的充分论证和支持。

学界普遍认为，"萨缪尔森模型"完美地解释了私人物品和公共物品（集体物品）供给的一般均衡模型，该模型对政府提供公共产品和服务的合理性论证，具有划时代的意义。在模型中，针对公共物品的不可分割和非排他性、非竞争性特征，萨缪尔森用无差异曲线、一般均衡和帕累托效率等进行分析，指出只有在公共物品生产的边际转换率（即每增加一个物品的生产就会减少另一个物品的产量）等同于使用者的边际替代率（即放弃一定数量的某种物品以换取另一种物品）的时候，公共物品的最佳配置才能实现，即实现社会福利最大化。而市场机制自身的分散性决策特征，决定了市场没有一个精确的标准能够决定公共物品的价格和供给水平，因此政府供给成为必然选择。[1] 同一时期，"公地悲剧"[2]"囚徒困境"[3]和"集体行动'搭便车'逻辑"[4] 三大理论（模型）又充分阐释了

---

[1] Paul A. Samuelson, "The Pure Theory of Public Expenditure", *The Review of Economics and Statistics*, Vol. 36, No. 4 (Nov., 1954), pp. 387–389.

[2] 哈丁1968年在《The tragedy of the commons》一文中提出"公地悲剧"理论模型。哈丁认为，作为理性人的牧羊者都希望在公共草地上增加自己的牲畜，由此得出"这是一个悲剧：每个人都被锁定进一个系统。这个系统迫使他在一个有限的世界上无节制地增加他自己的牲畜。在一个信奉公地自由使用的社会里，每个人追求他自己的最佳利益，毁灭是所有的人趋之若鹜的目的地。"转引自沈满洪、谢慧明《公共物品问题及其解决思路——公共物品理论文献综述》，《浙江大学学报》（人文社会科学版）2009年第6期。

[3] "囚徒困境"是1950年美国兰德公司的梅里尔·弗勒德（Merrill Flood）和梅尔文·德雷希尔（Melvin Dresher）拟定出相关困境理论，后由艾伯特·塔克（Albert Tucker）以囚徒方式命名的一个理论模型。该模型描述了两个共谋犯罪的人被关入监狱，在不能互相沟通情况，出于自身利益最大化考虑做出的不利于二人的选择。该模型通过阐述"甚至在合作对双方都有利时，保持合作也是困难的"的原因，得出"最佳选择并非团体最佳选择"的结论。转引自金太军、汪波《中国城市群治理：摆脱"囚徒困境"的双重动力》，《上海行政学院学报》2014年第2期。

[4] 参见[美]曼瑟尔·奥尔森《集体行动的逻辑》，陈郁等译，上海三联书店2010年版。

理性个人在消费中为追求自我利益最大化的私人理性行为最终导致集体行动难以达成的原因,为政府提供公共物品的有效性进行了理论补充和完善。最终,公共物品供给的"市场失灵"成为政府干预经济提供公共物品的重要因由,政府被认为是"作为一种实现帕累托最优资源配置的机构,它的存在会减少人数众多时获取个人关于公共物品和外部性偏好的信息所需要的交易成本和谈判成本"。① 用政治学的话语来讲就是,消费者个人的"搭便车"心理使得每一个消费者对公共物品的真实需求隐瞒起来以减少支付费用,每个人应该分担的支出费用不能真实地评估和制定相应的价格,因此政府供给公共物品就成为必然的最优选择。②

(二) 政府纵向间公共服务职责分工的理论逻辑

政府如何才能有效地提供公共产品和服务?Tiebout 等西方学者最先扛起了这面大旗,从职责分工的角度,结合公共物品的受益范围展开了政府层级间公共服务分类供给的研究。早在1956年,Tiebout 就从政府结构与公共服务供给的关系出发,指出"分散的政府多中心"在为市民提供公共服务时是高效的。他认为:(1) 全国性公共物品和地方公共物品具有不同的属性,其适用的政府层级也应有所不同。(2) 就地方公共物品而言,不同区域内的公共物品存在着竞争关系,这种竞争使得地方性公共物品具有类似于私人物品的性质;那些税收和支出效益成本最大化的地方,最容易吸引居民。(3) 居民也会根据自身缴纳税收和享用的公共服务效用之间的最大化来选择居住地,即"用脚投票"能够推动地方政府改善当地公共服务的供给状况。③ 这可以说是公共服务属性与政府层级关系最有代表性的论述。Gordon Tullock 在谈论美国政府

---

① [美] 丹尼斯·缪勒:《公共选择理论》,杨春学等译,中国社会科学出版社1999年版,第44—45页。
② [美] 弗雷德·E. 弗尔德瓦:《公共物品与私人社区:社会服务的市场供给》,郑秉文译,经济管理出版社2007年版,第25页。
③ Charles M. Tiebout, "A Pure Theory of Local Expenditures", *Journal of Political Economy*, Vol. 64, No. 5 (Oct., 1956), pp. 416–424.

规模的时候也认为,政府的规模应该以其能够处理本区域内所有公共事务的最大限度为宜,由于公共物品具有受益范围的限制,对联邦政府来说,设立分权的地方政府很有必要。除公共服务的受益范围外,供给效率也成为划分层级间职责分工的纬度。George Stigler 就指出,相对于中央政府,地方政府更加了解当地居民的公共需求和偏好,供给的成本也比中央政府更少,供给效率会比中央政府更加高效;但从资源配置的有效性和公平性来看,中央政府比地方政府更好。①

对于如何保障公共服务的供给动力,西方学者多从财政分权角度给出答案。Richard M. Bird 等人认为,为提高公共服务的绩效,中央政府应该分给地方政府足够的财政自主权,实行分级财政促进地方政府提供更加灵活、充分的公共服务;同时,地方政府也要接受中央政府监督。② David L. Cingranelli 等人更是认为,在明确划分各级政府职责的基础上配置相应的财政管理权限,是公共服务有效供给的前提。③ 华莱士·E. 奥茨认为政府间财政支出职责划分应该遵循效率原则和地方政府优势原则,那些偏好一致的全国性的公共商品,由中央政府来承担是高效率的;但不同类型的公共物品的供给都有其最佳的规模经济,如果都由中央政府来承担反而会造成不经济,由与之相适应的多级政府承担能够更好地节约成本。④

应该说,在20世纪70年代以前,公共服务政府供给是主流研究。公共服务供给的理论分析也始终围绕着政府职能展开。尽管学界内部对政府职能的认知存在分歧,公共选择学派的布坎南等人已

---

① George Stigler, "The Tenable Range of Functions of Local Government", *Joint Economic Committee*, 1957, pp. 16 – 213.

② Richard M. Bird, Michael Smart, "Intergovernmental fiscal transfers: International Lessons for Developing Countries", *World Development*, 2002, Vol. 30, No. 6, pp. 899 – 912.

③ David L. Cingranelli, "Race, Politics and Elites, Testing Alternative Models of Municipal Service Distribution", *American Journal of Political Science*, Vol. 25, No. 4 (Nov., 1981), pp. 664 – 692.

④ [美] 华莱士·E. 奥茨:《财政联邦主义》,陆符嘉译,译林出版社2012年版,第58页。

经开始从纯公共物品扩展到准公共物品并从政府之外研究公共物品供给的可能性，其他学者也在实践领域提出了"生产"和"提供"的分离，但这一时期的研究始终是围绕政府作为唯一供给主体展开的，政府始终是公共服务供给的单一主体，对政府之外的工具选择如市场激励和社会力量参与，无论是理论界还是实践领域，都相对较少。关于市场机制和社会组织在公共物品供给中的作用，兴起于20世纪70年代中后期——随着公共服务的"生产"和"提供"在实践领域内的分离，公共服务市场化、政府与非营利组织的公私合作成为研究热点，多元供给成为研究热潮。即便如此，公共服务仍然被认为是政府的基本职能，政府仍然被视为公共服务供给的制度安排者和最终责任承担者。诚如斯蒂格利茨所言，虽然公共服务完全有可能由私人部门生产，但私人部门的生产需要遵循政府的规定，而且公共服务的私人生产并不能够也不应该完全取代政府，从而代替政府行使维护公共利益、达成公共目标的责任。[①] 即使是民营化集大成者Savas也认为，"对那些属于政府天职的公共服务，政府应该是个安排者……"[②]

相对于西方学者的研究，国内学者对公共服务纵向间职责分工的关注也由来已久，但更多的是从中国的中央与地方关系出发，同时结合中国政府机构改革和政府间关系变革、财政制度改革实践综合进行，在合理划分政府间职责和财权的研究方面也积累了很多研究成果。如沈荣华将公共服务供给分为主体、方式和过程三个层面，并强调政府在公共服务供给中应根据不同的公共服务类型选择最合适的主体来提供服务，并做出相应的制度安排。[③] 李军鹏从公共服务供给体系整体设计出发，指出"公共服务体制包括公共服务供给主

[①] ［美］约瑟夫·E.斯蒂格利茨：《政府为什么干预经济》，郑秉文译，中国物资出版社1998年版，第73页。

[②] ［美］E.S.萨瓦斯：《民营化与公私部门的伙伴关系》，周志忍等译，中国人民大学出版社2002年版，第5页。

[③] 沈荣华：《政府间公共服务职责分工》，国家行政学院出版社2007年版，第28—29页。

体在公共服务中的关系与格局、公共服务组织体系的建构与公共服务权责在各级政府之间的配置等内容，主要是解决哪级政府最适合提供何种公共服务与公共产品的问题。"①

二 公共服务市场供给的理论逻辑

（一）公共选择理论的"政府失灵"和市场供给逻辑

主张公共服务市场供给的逻辑起点源于公共服务供给中的"政府失灵"。政府失灵源自政府的一致性供给及官僚机构在公共决策中的政策失败。公共选择学派之父布坎南认为：政府提供公共物品更多的是一种规范意义上的理想结果，但实证中却难以达到规范论证中的高效，因为公共物品的供给和需求是并不是相互独立的。布坎南从交易和需求角度出发，对萨缪尔森的公共物品经典定义做出修正，把那些"通过市场制度实现需求与供给的"称为私人物品，把那些"通过政治制度实现需求与供给的"称为公共物品。② 在此该概念和方法论引导下，布坎南认为公共物品供给过程中有两个公共性，即公共物品自身的公共性和成本分担的公共性。就公共物品自身的公共性来说，根据物品和服务的不可分割性程度，对物品和服务的属性进行排序和分类，如极小规模的物品和服务与极大规模的物品和服务。③ 就成本分担的公共性而言，公共物品的需求数量会受到税费分担安排（即供给）的影响，而实际上由于"集体供给的优势来自物品或服务在不同的单个需求者之间的不可分性"，导致集体供给的不可分性恰恰忽视了物品和服务自身的公共性范围，进而影响到公共物品生产的效率。④ 虽然市场在供给中存在着失灵的现象，但公

---

① 李军鹏：《公共服务学——政府公共服务的理论与实践》，国家行政学院出版社 2007 年版，第 19 页。
② [美] 詹姆斯·M. 布坎南：《公共物品的需求与供给》，马珺译，上海人民出版社 2009 年版，第 1 页。
③ [美] 詹姆斯·M. 布坎南：《公共物品的需求与供给》，马珺译，上海人民出版社 2009 年版，第 162 页。
④ [美] 詹姆斯·M. 布坎南：《公共物品的需求与供给》，马珺译，上海人民出版社 2009 年版，第 171 页。

共选择理论认为,"市场的缺陷并不是把问题转交给政府去处理的充分理由",相反,市场不能解决的问题,政府也未必就能解决,因为"政府的缺陷至少和市场一样严重"。① 此外,政府的一致性供给不仅会造成公共物品的过度供给和公共资源的浪费,也会给政府自身带来失败,即"政府失灵"。

为更好地理解"政府自身的缺陷",布坎南等人把"理性经济人"假设从经济活动领域嫁接到政治活动领域,指出政府及官员等行为主体也具有经济人的特征,会受到权力、职位等资源和利益的驱使,在关于公共利益的决策中,即使出发点是公共利益,但由于公共利益的模糊性和不可计算性,政策制定者们会像在市场活动一样在政治活动领域中追求他们自己的最大利益,而不关心这些利益是否符合公共利益。② 尼斯坎南也认为,政府及其官僚组织不是一个超利益组织,他们的行为出发点和决策目标既不是公共利益,也不是政治家确定的政治目标,而是官僚系统自身能够在决策过程中获得的最大程度的利益。缪勒将政府在公共利益决策中的失灵概括为政府寻租、争取财政预算最大化、公共产品供给的低效率、机构自身扩张等多个方面。③

鉴于政府供给公共服务中的"失灵"和低效,学者们开始探讨由政府和市场"联合供给"的可能。针对集体供给影响公共产品生产效率的情况,布坎南就明确指出在公共部门内部引入竞争使拨款能够有效地利用,减少分配造成的效率损失。科斯认为,只要公共产品和服务在生产上存在可分性,那么通过价格机制,使该产品的生产能够在边际效益等于边际成本的资源配置最优条

---

① [美]詹姆斯·M.布坎南:《自由、市场和国家》,吴良健等译,北京经济学院出版社1988年版,第12页。
② [美]詹姆斯·M.布坎南:《自由、市场和国家》,吴良健等译,北京经济学院出版社1988年版,第59—61页。
③ [美]丹尼斯·缪勒:《公共选择理论》,杨春学等译,中国社会科学出版社1999年版,第281—325页。

件下完成市场交易，公共产品和服务的市场化就是可行的。① Kolderie 也认为，政府虽是公共服务的供给者，但是无须亲自生产所有的公共服务，为减轻政府负担，可以将那些能够私有化的服务转让给政府以外的部门生产。② 史卓顿进一步认为，在居民公共服务需求日益增加、政府失灵日益严峻的情况下，可以选择私人机构的民营企业生产部分公共服务或"准公共服务"；并将公共服务市场化改革的思路概括为三大方面：（1）明晰界定公共产品的产权；（2）在公共部门之间引入竞争机制，按市场经济原则组织公共产品的生产；（3）重构公共服务的偏好显示机制，使消费者最大限度地显示其真实偏好。③ 针对政府和市场在公共服务供给中的职能和角色，斯蒂格利茨做了谨慎的分析和思考，他认为政府的主要职能是宏观调控，他构建的"私有化基本定理"审慎地论证了市场供给公共服务的限度。他认为，在那些私人部门不能实现政府政策目标的公共产品，特别是具有规模经济性的自然垄断公共服务行业如自来水、天然气等，政府可以通过签订合同、授予经营权、经济资助和法律保障等手段，委托私人部门生产并提供，政府只要指定"生产多少"就可以了。即使是这样，斯蒂格利茨也警告说，虽然作为垄断部门的政府在干预中确实存在丧失"追求福利最大化动力"和无效率现象，但政府的作用绝对不能低估，更不能消失；反而是"市场失灵"的现象同样需要更加重视；只要在公共机构中引入创新、激励、竞争机制，就能够帮助其提高公共服务效率。④

---

① 转引自孙建军等《公共服务供给理论的发展脉络：基于供给模式的分析》，《中共四川省委党校》2010 年第 3 期。

② Ted Kolderie, "What Do We Mean by Privatization?" *Society*, Sep/Oct 1987, Vol. 24, Issue 6, pp. 46–51.

③ ［澳］休·史卓顿、莱昂内尔·奥查德：《公共物品、公共企业和公共选择》，费昭辉等译，经济科学出版社 2000 年版，第 8 页。

④ ［美］约瑟夫·E. 斯蒂格利茨：《政府为什么干预经济》，郑秉文译，中国物资出版社 1998 年版，第 72—74 页。

(二)新公共管理理论:注重服务效能的"企业化政府"逻辑

针对传统公共行政模式下公共服务供给低效,新公共管理理论进行批判并提出提升效能的"掌舵"良方。新公共管理理论认为,在中产阶级逐渐成为社会主体的现代社会,工业化时代形成的官僚主义行政模式已经十分低效,及时回应公民需求,改造政府流程,以效率为中心的"企业化政府"应该是未来政府的发展模式。简而言之,"企业化政府"就是把私营部门的管理理念和经营机制引入政府运作过程,强调政府管理中的"三 E"原则(Economy, Effectiveness and Efficiency)即经济、效益和效率。在盖布勒等人看来:(1)新公共管理中的政府角色首先是"掌舵"而不是"划桨",在管理过程中更加注意"授权"和职能重新定位,更加强调"竞争机制"在服务提供中的作用,降低服务成本。(2)服务供给中强调公共服务的"顾客导向",侧重于市场机制的作用和政府之外多元主体的参与,"顾客就是上帝",提高服务质量。(3)强调运用私营部门中比较成功的管理理念和方法,改变以往官僚机构的等级规制运行模式;主张公共服务机构的分散化和小型化,对公共组织进行专业化的管理。(4)更加注重公共服务供给的成本和效益产出,将公共服务"决策"和"执行"分离,提供公共服务供给质量和效率;在公共服务"决策"方面,通过对公共部门进行"任务分解"和引入竞争机制,减少官僚机构规模,再造政府流程。在公共服务执行方面,通过成立独立执行机构减少政府管理层级、加大政府采购引入多元供给主体、通过公共部门和私人部门之间的竞争等途径进行公共服务市场化改革,降低成本,提高服务供给效能。①

从西方国家政府绩效改革和新公共管理运动实践来看,新公共管理的"效率"观和"质量"观对传统公共行政来说具有革命性的意义,其倡导的绩效(效能)管理、专业化决策和扁平化组

---

① [美]戴维·奥斯本、特德·盖布勒:《改革政府——企业家精神如何改革着公共部门》,周敦仁等译,上海译文出版社2006年版,第16—18页。

织结构形态等至今仍然是政府机构改革的重要组成部分，在世界范围内也仍然被提倡和推崇。新公共管理理论倡导的"企业化政府"注意到了政府以外的多元主体，其企业化的经营方式和管理模式对传统的官僚制确实是一种强有力的革新，不仅弱化了传统的等级制管理模式，更通过竞争性的公共服务供给新方式，降低了公共服务供给成本，提高了公共质量和政府效能。但是，新公共管理运动片面注重效能，以顾客代替公民等理念也暴露了其致命的缺点和不足。特别是20世纪90年代以来发达国家公共服务市场化实践中造成的公共性缺失、管理碎片化等问题，也使得新公共管理理论招来许多尖锐的批评与反思。众多学者认为新公共管理理论在价值理念上忽视了公共服务的公共性特征，刻意忽略了政府作为公共部门存在的首要意义就是代表公共利益、坚持公共利益和承担公共责任，公共服务供给更是为了体现社会的公平、正义，而不是私营部门的满足"顾客"理念，因此，新公共管理的理念与公共行政的本质可谓背道而驰。[1] 新公共管理的"顾客导向""市场化理念"和"企业家精神"等主张也很可能会造成公共行政"价值理性"矮化，进而逐渐腐蚀和破坏"公平、正义、代表制和参与"等"民主和宪政价值"。[2] 这些批评和反思也推动着新的理论产生。

三 公共服务多主体参与和社会化供给的理论逻辑

（一）新公共服务理论：重新肯定对公共利益的价值追求

公共物品理论和新公共管理理论在各自论证公共服务供给的同时，也招来一些理论学者的质疑和反对。相对于公共物品理论的"政府单一中心"论和新公共管理理论的公共服务供给"效率至上"论，登哈特夫妇等新公共服务理论学派开始重新思考公共服务

---

[1] 唐兴霖、尹文嘉：《从新公共管理到后新公共管理——20世纪70年代以来西方公共管理前沿理论述评》，《社会科学战线》2011年第2期。
[2] 杨博、谢光远：《论"公共价值管理"：一种后新公共管理理论的超越与限度》，《政治学研究》2014年第6期。

的社会价值以及相应的供给体系。登哈特夫妇指出,新公共服务"指的是关于公共行政在以公民为中心的治理系统中所扮演的角色和一套理念",并将新公共服务具体阐释为:(1)公共服务的首要任务和目标是显现公共利益,是"服务"而不是"掌舵";政府必须回应全体公民的利益诉求;(2)公共服务供给过程中服务的是"公民"而不是"顾客",要更加重视公共利益准则和多元主体的协商对话;(3)强调公共服务中对符合公共价值和公共利益的决策和计划,要通过集体努力进行"战略思考"和"民主行动",侧重于思考公共服务供给中的共同责任和公平公正;(4)重视公民权利和公民价值,强调社区和市民社会在志愿服务、自我服务供给中的重要作用,更加注重在协商基础上的政府与公民、公民与公民之间的合作与对话。登哈特夫妇申明:"效率和生产力等价值观……是应被置于民主、社区和公共利益这一更加广泛的框架体系之中。……未来的公共服务将以公民对话协商和公共利益为基础,并与两者充分结合。"① 可以看出,新公共服务理论倡导的是对政府职能定位和公共服务价值理性的回归。

(二)市民社会理论:公共服务的自我提供逻辑

在新公共服务理论产生和发挥影响的过程中,西方社会在社区和基层领域内关于公共服务有效供给的探索和实践也悄然发生,这些新的改革运动和相关理论与新公共服务理论一起,相互催生和相互启发。② 其中,社区和市民社会理论就是比较有影响的一个。与新公共服务理论认为公共服务的目标是多元合作实现公共利益和利益整合相一致,随着社区在公共事务治理中作用的日益显现,社区被认为是促进利益整合和实现共同责任的有效路径。社区成为公民参与公共事务治理、协商公共利益冲突、实现公民权益的有效试验场地。随着社会利益的日益多元化,公民开始越来越深入地参与社

---

① [美]珍妮特·V. 登哈特、罗伯特·B. 登哈特:《新公共服务:服务,而不是掌舵》,丁煌译,中国人民大学出版社2010年版,第31页。

② [美]珍妮特·V. 登哈特、罗伯特·B. 登哈特:《新公共服务:服务,而不是掌舵》,丁煌译,中国人民大学出版社2010年版,前言部分。

区事务，博克斯通过20世纪末以来民众参与美国社区治理的实践，指出公民有效参与社区治理是"创建以公民为中心的治理结构的复兴试验过程"，其本质是公民自主治理价值的回归，社区治理制度将成为21世纪的一种强有力的工具。① 社区多主体之间的平等协商和自愿平等合作成为公共服务供给的新方式。与此相对应的是，国内有学者把市民参与社区公共服务供给的实践归纳为网络合作（借鉴跨部门、跨区域公共服务供给与治理问题）、② 参与式治理（与政策有利害相关的社会公众直接参与社会问题的解决）、协商对话（着重发挥民众在制定良好政策过程中的逻辑推理能力并致力于解决实际问题）、邻里组织等多种组织形态，将多重利益相关组织联合起来，以自治、互动等方式处理涉及个人切身利益的公共问题和服务。

第四节　21世纪以来中国公共服务供给的制度变革

改革开放以来，伴随着经济的飞速增长、社会的稳定发展和城市化进程的快速推进，民众的物质文化生活水平得到显著提升，中国也以稳健的步伐迈入中等收入国家行列。在这一进程中，"公共服务"自20世纪末开始逐渐成为政府的重要核心职能，"基本公共服务全覆盖和均等化"成为全面建成小康社会的重要战略目标。一系列的重大制度变革推动着公共服务体系的构建和公共服务质量的提升。

一　政府公共服务职能的强化与基本公共服务全覆盖

从时间序列来看，中国现代意义上的公共服务体系构建和全国范围内的基本公共服务全覆盖是从20世纪末政府职能转变开始的。

---

① ［美］理查德·C. 博克斯：《公民治理：引领21世纪的美国社区》，孙柏瑛等译，中国人民大学出版社2005年版，第37页。

② 李德国：《走向实践的新公共服务：行动指南与前沿探索》，《国家行政学院学报》2013年第3期。

改革开放之前计划经济体制下的公共服务是以"平均主义"理想为主要特征的一种低水平的服务体系；该服务体系还以户籍制度为载体，构建了一个城乡二元格局的福利制度体系。改革开放以后，"以经济建设为中心"的战略发展规划使得在很长一段时间内经济发展成为改革的主导思想和整个国家的工作重心，社会建设和福利制度建设远远滞后于经济发展水平和民众的需求。随着经济快速发展过程中社会问题的积累和社会矛盾的交织叠加，打破公共服务城乡壁垒、普及社会福利、提升公共服务水平才慢慢凸显并成为发展新阶段的时代命题。

从党的十六大报告《全面建设小康社会，开创中国特色社会主义事业新局面》中明确提出要"完善政府的经济调节、市场监管、社会管理和公共服务的职能"开始，"公共服务"作为政府的重要职能和重要议题逐渐真正进入改革和实践领域。党的十六届三中全会报告中进一步明确"完善社会管理和公共服务职能"是全面建设小康社会的强有力的体制保障。随后，伴随着2004年政府工作报告中"更加重视履行社会管理和公共服务职能"以及2005年政府工作报告中"服务型政府"建设要求的提出，"公共服务"职能逐渐得到强化并成为政府工作的重要内容；党的十六届五中全会和十六届六中全会"基本公共服务均等化"战略目标的提出，[①] 又为服务型政府建设提出了明确的目标和任务。政府职能转变也主要围绕公共服务供给展开，强化政府公共服务供给能力，回应民众的公共服务诉求、普及基本公共服务以及创新公共服务供给方式，提升公共服务质量等成为政府"公共服务"职能的重要内容。

在强化政府公共服务职能建设的同时，基本公共服务体系构建也日益提上日程。2007年党的十七大为公共服务供给体系建设注入了新的动力，十七大报告指出，要"加快推进以改善民生为重点的社会建设"，扩大公共服务，促进社会公平正义。2010年党的十

---

① 详情见《中共中央关于制定国民经济和社会发展第十一个五年规划的建议》和《高举中国特色社会主义伟大旗帜，为夺取全面建设小康社会新胜利而奋斗》。

第一章 城市公共服务供给：基本要素概述

七届五中全会首次提出，要"着力保障和改善民生，逐步完善符合国情、覆盖城乡、可持续的基本公共服务体系"，至此，"建立健全基本公共服务体系"成为公共服务改革的重点。值得注意的是，党的十七届五中全会报告还提出要"改革基本公共服务提供方式，引入竞争机制，扩大购买服务，实现提供主体和提供方式多元化"，① 并推进非基本公共服务市场化改革，这就为公共服务多主体分类供给提供了合法性依据。创新公共服务供给机制，提供多样化、多层次的公共服务成为公共服务改革的主旋律。2012年《国家基本公共服务体系"十二五"规划》更进一步，从操作层面上对基本公共服的基本概念、范围内涵、实现目标和基本义务教育、医疗、就业、社会保障等8个领域44项基本服务的内容和标准等都从国家层面上做了原则上的规定和相应的制度安排，为基本公共服务体系的构建指明了具体操作路径。

党的十八届三中全会关于中央和地方公共服务责任分工的专有论述使政府职能转变和公共服务体系建设迈上新的台阶。报告一方面明确指出，地方政府公共服务政府职能成为职能转变的重点："要加强中央政府宏观调控职责和能力，加强地方政府公共服务、市场监管、社会管理、环境保护等职责"。公共服务职责重心向地方转移成为明确导向；另一方面明确提出了中央和地方政府在公共服务分类供给中的事权和支出责任：适度加强中央事权和支出责任，合理划分中央事权和中央、地方共同事权，逐步理顺事权关系；区域性公共服务要作为地方事权，同时中央和地方要按照事权划分相应承担和分担支出责任。② 至此，公共服务供给的分工和责任分担的指导思想逐步明确。党的十八届五中、六中全会继续这一战略指导思想，强调要坚持共享发展，着力增进人民福祉，继续增加公共服务供给，创新公共服务供给方式，加大政府购买服务力度，广泛吸引社会资本参与。

---

① 详情见《中共中央关于制定国民经济和社会发展第十二个五年规划的建议》。
② 详情见《中共中央关于全面深化改革若干重大问题的决定》。

特别值得一提的是，政府层级间的职责分工和责任分担成为近年来改革的新导向。2016年《国务院关于中央与地方财政事权和支出责任划分改革的指导意见》中对中央与地方的财政事权和支出责任划分，不仅为中央和地方合理划分公共服务提供了前提和制度保障，同时在实践领域内做好公共服务的责任分工、为有效提供基本公共服务提供了操作性和实施性的指导意见。《指导意见》提出要根据基本公共服务受益范围合理划分中央与地方的事权职责，实现权责利相统一的过程中做到支出责任与财政事权相适应；在支出责任方面合理划分中央和地方各自承担的支出责任以及中央与地方共同的支出责任划分；要加快研究省以下的财政事权和支出责任划分。① 2017年党的十九大报告进一步强调要提高保障和改善民生水平，赋予省级及以下政府更多自主权；2018年党的十九届三中全会在《中共中央关于深化党和国家机构改革的决定》中更明确指出，要突出不同层级职责特点，理顺和明确权责关系，属于中央事权、由中央负责的事项，中央设立垂直机构实行规范管理，属于中央和地方协同管理、需要地方负责的事项，实行分级管理，中央加强指导、协调、监督。这无疑为今后如何更好地提供公共服务指出了更加明确的操作路径。

表1-2　21世纪以来党和国家关于公共服务的重大战略和相关制度决策

年度	党和国家的重要决定、决议	相关内容
2002	《全面建设小康社会，开创中国特色社会主义事业新局面》	"完善政府的经济调节、市场监管、社会管理和公共服务的职能，减少和规范行政审批。"

---

① 详情见《国务院关于推进中央与地方财政事权和支出责任划分改革的指导意见》。

续表

年度	党和国家的重要决定、决议	相关内容
2003	《中共中央关于完善社会主义市场经济体制若干问题的决定》	"完善政府社会管理和公共服务职能,为全面建设小康社会提供强有力的体制保障。" "按照中央统一领导、充分发挥地方主动性积极性的原则,明确中央和地方对经济调节、市场监管、社会管理、公共服务方面的管理责权。"
2004	《2004年政府工作报告》	"各级政府要全面履行职能,在继续加强经济调节和市场监管的同时,更加注重履行社会管理和公共服务职能。"
2005	《2005年政府工作报告》	"建设服务型政府,强化社会管理和公共服务职能。" "按照转变职能、权责一致、强化服务、改进管理、提高效能的要求,深化行政管理体制改革,优化机构设置,更加注重履行社会管理和公共服务职能。"
2005	《中共中央关于制定国民经济和社会发展第十一个五年规划的建议》	"按照公共服务均等化原则,加大国家对欠发达地区的支持力度,加快革命老区、民族地区、边疆地区和贫困地区经济社会发展。"
2006	《中共中央关于构建社会主义和谐社会若干重大问题的决定》	"完善公共财政制度,逐步实现基本公共服务均等化。" "健全公共财政体制,调整财政收支结构,把更多财政资金投向公共服务领域……进一步明确中央和地方的事权,健全财力与事权相匹配的财税体制。"
2007	《高举中国特色社会主义伟大旗帜,为夺取全面建设小康社会新胜利而奋斗》	"必须在经济发展的基础上,更加注重社会建设,着力保障和改善民生,推进社会体制改革,扩大公共服务,完善社会管理,促进社会公平正义,努力使全体人民学有所教、劳有所得、病有所医、老有所养、住有所居,推动建设和谐社会。"

续表

年度	党和国家的重要决定、决议	相关内容
2010	《中共中央关于制定国民经济和社会发展第十二个五年规划的建议》	"着力保障和改善民生,必须逐步完善符合国情、比较完整、覆盖城乡、可持续的基本公共服务体系,提高政府保障能力,推进基本公共服务均等化。" "改革基本公共服务提供方式,引入竞争机制,扩大购买服务,实现提供主体和提供方式多元化。推进非基本公共服务市场化改革,增强多层次供给能力,满足群众多样化需求。"
2012	《国家基本公共服务体系"十二五"规划》	"基本公共服务范围,一般包括保障基本民生需求的教育、就业、社会保障、医疗卫生、计划生育、住房保障、文化体育等领域的公共服务,广义上还包括与人民生活环境紧密关联的交通、通信、公用设施、环境保护等领域的公共服务,以及保障安全需要的公共安全、消费安全和国防安全等领域的公共服务。"
2012	《坚定不移沿着中国特色社会主义道路前进 为全面建成小康社会而奋斗》	"必须从维护最广大人民根本利益的高度,加快健全基本公共服务体系,……推动社会主义和谐社会建设。" "加快形成政府主导、覆盖城乡、可持续的基本公共服务体系。"
2013	《中共中央关于全面深化改革若干重大问题的决定》	"加强中央政府宏观调控职责和能力,加强地方政府公共服务、市场监管、社会管理、环境保护等职责。" "建立事权和支出责任相适应的制度……适度加强中央事权和支出责任;……逐步理顺事权关系;区域性公共服务作为地方事权。中央和地方按照事权划分相应承担和分担支出责任。"
2015	《中共中央关于制定国民经济和社会发展第十三个五年规划的建议》	"坚持共享发展,着力增进人民福祉。" "增加公共服务供给。……创新公共服务提供方式……广泛吸引社会资本参与。加快社会事业改革。"

续表

年度	党和国家的重要决定、决议	相关内容
2016	《国务院关于推进中央与地方财政事权和支出责任划分改革的指导意见》	"体现基本公共服务受益范围。体现国家主权、维护统一市场以及受益范围覆盖全国的基本公共服务由中央负责，地区性基本公共服务由地方负责，跨省（区、市）的基本公共服务由中央与地方共同负责。""完善中央与地方支出责任划分。……加快省以下财政事权和支出责任划分。"
2017	《不忘初心，牢记使命，高举中国特色社会主义伟大旗帜，决胜全面建成小康社会，夺取新时代中国特色社会主义伟大胜利，为实现中华民族伟大复兴的中国梦不懈奋斗》	"完善公共服务体系，保障群众基本生活，不断满足人民日益增长的美好生活需要"……"履行好政府再分配调节职能，加快推进基本公共服务均等化，缩小收入分配差距"……"建立全国统一的社会保险公共服务平台。统筹城乡社会救助体系，完善最低生活保障制度。"
2018	《中共中央关于深化党和国家机构改革的决定》	"突出不同层级职责特点……理顺和明确权责关系，属于中央事权、由中央负责的事项，中央设立垂直机构实行规范管理，健全垂直管理机构和地方协作配合机制。"

以上内容表明，21世纪以来，基本公共服务全覆盖和均等化已经成为全面建成小康社会战略目标的重要内容。在党和国家重大战略决策的指导下，中国的公共服务体系逐渐完善，公共服务供给规模也有了大幅的改进和提升，国家在公共教育、基本医疗、养老、就业等服务领域内的公共支出持续逐年大幅增加。表1-3的数据显示，从2007年到2015年，全国在教育、社会保障和就业、医疗卫生、住房保障等领域内的公共财政支出从14559.44亿元增加到63040.77亿元，全国基本公共服务较改革开放前有了较大的改善。

表1-3 2007—2015年国家在医疗、社会保障等领域的财政支出

单位：亿元

年度	教育	社会保障和就业	医疗卫生与计划生育	住房保障	总计
2015	26271.88	19018.69	11953.18	5797.02	63040.77
2013	22001.76	14490.54	8279.90	4480.55	49252.75
2011	16497.33	11109.40	6429.51	3820.69	37856.93
2009	10437.54	7606.68	3994.19	725.97	22764.38
2007	7122.32	5447.16	1989.96	—	14559.44

资料来源：《中国统计年鉴》（2008、2010、2012、2014、2016）。

二 创新公共服务供给机制与政府购买公共服务改革

公共服务市场化改革在中国的起步不算太早，20世纪80年代中后期开始先后在教育、卫生、住房、公共交通等领域逐渐放开了公共服务市场供给的尝试，特别是住房领域，实现了由福利分房到商品化货币购房的转变，并同步开始尝试经济适用房制度和住房公积金制度改革。在医疗卫生和教育领域先后引入私立医院自负盈亏和民营化教育模式，逐步改革公费医疗和教育制度，付费享用的公共服务供给模式逐渐进入民众的生活领域。但到了90年代中后期，随着教育、卫生等领域的产业化和商业化倾向不断凸显和公共交通民营化改革尝试的失败，公共服务市场化带来的社会问题开始日益凸显、累积，① 成为后续的社会改革难题。

针对公共服务市场化改革遇到的瓶颈，中国于21世纪初开始了公私合作伙伴关系的尝试，特别是加大了政府购买公共服务改革的力度，同时也积极推进公共部门绩效制度改革。2001年国家发展计划委员会出台《关于印发促进和引导民间投资的若干意见的通

---

① 郁建兴：《中国的公共服务体系：发展历程、社会政策与体制机制》，《学术月刊》2011年第3期。

知》，鼓励和引导民间资本以独资、合作、联营、特许经营等方式，参与经营性的基础设施和公益事业项目建设；鼓励和引导民间投资参与供水、污水和垃圾处理等城市基础社会建设。2003年《中华人民共和国采购法》正式实施，政府采购特别是城市政府的采购规模越来越大，财政资金使用效率显著提高。2005年《国务院关于鼓励支持和引导个体私营等非公有制经济发展的若干意见》明确指出，要加强竞争机制建设允许非公有资本进入"电力、电信、铁路和民航"等垄断行业，支持非公有资本以特许经营等方式积极参与到城镇自来水、天然气、暖气的供应，参与运营公共交通、污水处理等市政公用事业和基础设施；到教育科研、文化卫生、体育等社会事业领域进行投资。之后，政府在公共设施、水、气、电等公共事业领域广泛地与市场力量开展合作，共建一大批公私合营项目，2008年北京奥运会中的奥运场馆设施（鸟巢等）成为公私合营的成功案例。有资料显示，2006—2012年，中国的民间投资增速以每年30%—50%的水平增长，民间投资在固定资产投资中的比重也由2006年的36%上升到2015年的64%。[①]

目前，中国在政府购买公共服务方面的政策和管理制度正逐步走向规范。2013年《国务院办公厅关于政府向社会力量购买服务的指导意见》中指出，到2020年要在全国基本建立比较完善的政府向社会力量购买服务制度，政府购买服务的内容要突出公共性和公益性。特别要在基本公共服务领域逐步加大政府向社会力量购买服务力度。2014年年底财政部、民政部和国家工商总局联合发布《政府购买服务管理办法》（暂行），首次对政府购买服务做了比较详细的规定，特别是对政府购买服务的购买指导目录、财务管理和监督管理等内容的规定，大大增强了政府购买服务的实践操作性和指导性。

---

① 钟正生、张璐：《中国经济周期之辩：民间投资的活力恢复了么？》，2017年5月，FT中文网（http://www.ftchinese.com/story/001072701）。

表1-4　21世纪以来政府购买公共服务的相关政策规定

年度	相关制度建设	相关内容
2001	《关于印发促进和引导民间投资的若干意见的通知》	"鼓励和引导民间投资以独资、合作、联营、参股、特许经营等方式,参与经营性的基础设施和公益事业项目建设。……在政府的宏观调控下,鼓励和引导民间投资参与供水、污水和垃圾处理、道路、桥梁等城市基础设施建设。"
2002	《关于加快市政公用行业市场化进程的意见》	"鼓励社会资金、外国资本,采取独资、合资等多种形式,参与市政公用设施的投资建设。"
2003	《中华人民共和国采购法》	"本法所称政府采购,是指各级国家机关、事业单位和团体组织,使用财政性资金采购依法制定的集中采购目录以内的或者采购限额标准以上的货物、工程和服务的行为。"
2005	《国务院关于鼓励支持和引导个体私营等非公有制经济发展的若干意见》	"允许非公有资本进入垄断行业和领域。加快垄断行业改革,在电力、电信、铁路、民航、石油等行业和领域,进一步引入市场竞争机制。……加快完善政府特许经营制度,规范招投标行为,支持非公有资本积极参与城镇供水、供气、供热、公共交通、污水垃圾处理等市政公用事业和基础设施的投资、建设与运营。……支持、引导和规范非公有资本投资教育、科研、卫生、文化、体育等社会事业的非营利性和营利性领域。"
2013	《国务院办公厅关于政府向社会力量购买服务的指导意见》	"到2020年,要在全国基本建立比较完善的政府向社会力量购买服务制度,……教育、就业、社保、医疗卫生、住房保障、文化体育及残疾人服务等基本公共服务领域,要逐步加大政府向社会力量购买服务的力度。"
2014	《政府购买服务管理办法》(暂行)	"通过发挥市场机制作用,把政府直接提供的一部分公共服务事项以及政府履职所需服务事项,按照一定的方式和程序,交由具备条件的社会力量和事业单位承担,并由政府根据合同约定向其支付费用。"

21世纪以来，政府购买力度在政策推动下逐年增加，特别是公共服务领域内的购买增幅很快。有数据显示，2013年，中国服务类采购规模达到1534.4亿元，较上年同期增长26.4%，增幅远高于全国政府采购规模增幅。[①] 近几年来，政府为增加公共产品和公共服务的供给能力，提高公共服务供给效率，加大了政府与社会资本合作（即PPP模式）的改革，通过特许经营、股权合作、服务购买等方式，与社会资本建立起利益共享、风险和责任共担的长期合作关系。特别是在2014年国家明确政府向社会力量购买服务的政策出台以后，政府与社会资本合作的PPP模式步伐加快，从2015年起，PPP项目在水利、交通设施、市政设施、医疗卫生、公共服务等领域得到大力推广。随着政府与社会资本合作的大规模发展和大量PPP项目的落地实施，民间资本的社会参与能力增强，2017年第一季度进入执行阶段的PPP项目金额就达到2.87亿元。[②]

三 社会组织的兴起与事业单位改革

21世纪以来公共服务供给机制改革的另一大推动力量是民间社会力量和社会组织的发展。虽然从整体来看，民间社会力量仍然是中国社会建设发展中的一大短板和制约因素，但是应该看到，近几年来随着政策的逐渐放宽和相关制度门槛的降低，民间社会组织已经初步展现出冲破荆棘发展壮大的趋势，据民政部统计，近几年社会组织发展速度较快，2018年年底已经达到81.6万个。从社会组织从事的活动来看，中国社会组织已经广泛分布在科学研究、公共教育、养老、医疗保险、卫生保健、慈善救助、社区服务等多个公共领域，承接了许多政府社会职能，并因其自身活力和供给能力而成为政府在公共服务供给中的战略性合作伙伴。

[①] 刘英团：《公共服务分类采购是一个有益的探索》，《中国审计报》2014年8月11日。

[②] 钟正生、张璐：《中国经济周期之辩：民间投资的活力恢复了么？》，2017年5月，FT中文网（http://www.ftchinese.com/story/001072701）。

表1-5 中国社会组织发展情况①

类型	2008年	2009年	2010年	2011年	2012年	2013年	2014年	2015年	2018年
社会组织（万个）	41.4	43.1	44.6	46.2	49.9	54.7	60.6	66.2	81.6
社会团体（万个）	23	23.9	24.5	25.5	27.1	28.9	31	32.9	36.6
基金会（个）	1597	1843	2200	2614	3029	3549	4117	4784	7027
民办非企业（万个）	18.2	19	19.8	20.4	22.5	25.5	29.2	32.9	44.3

关于社会组织在公共服务供给中的主体地位和作用发挥，党的十八届三中全会对其做了比较充分的肯定和支持。十八届三中全会报告中明确指出要"激发社会组织活力"，对于那些"适合社会组织提供的公共服务和社会组织能解决的事项，交由社会组织承担"，同时要推进社会组织明确权责，依法自治，在社会建设中发挥更大的作用。② 十八届四中全会进一步提出要"建立健全社会组织参与社会事务、维护公共利益、救助困难群众、帮教特殊人群、预防违法犯罪的机制和制度化渠道"，加强社会组织的立法，规范和引导各类社会组织健康有序发展。随后，关于社会组织的管理和规范也逐步得到明确和加强，2016年国务院办公厅颁发的《关于改革社会组织管理制度促进社会组织健康有序发展的意见》中明确了社会组织在中国现代化建设和服务供给中的地位和重要作用，指出"以社会团体、基金会和社会服务机构为主体组成的社会组织，是中国社会主义现代化建设的重要力量"，对社会组织的地位做了重要定性。为更好地扶持和培育社会组织发展，《意见》中指出对"在城

---

① 详情见《社会服务发展统计公报》（2009—2016年）、《2018年4季度民政统计季报》。

② 详情见《中共中央关于全面深化改革若干重大问题的决定》。

乡社区开展为民服务、养老照护、公益慈善、促进和谐、文体娱乐和农村生产技术服务等活动的社区组织，采取降低准入门槛的办法，支持鼓励发展"；对符合登记条件的社区社会组织，加快审核和简化登记程序，对达不到登记的社区社会组织，要加强分类指导和业务指导。[①] 党的十九届三中全会进一步明确要加快实施政社分开，激发社会组织活力，克服社会组织行政化倾向。适合由社会组织提供的公共服务和解决的事项，由社会组织依法提供和管理。

与政府加大购买社会组织提供的公共服务同步，近几年也加快了对事业单位改革的步伐，其中质的突破在于2012年《中共中央 国务院关于分类推进事业单位改革的指导意见》，明确指出要按照社会功能将社会单位划分为承担行政职能、从事生产经营活动和从事公益服务合理划分事业单位类别，并根据职责任务、服务对象和资源配置等要素对从事公益服务的事业单位再次细分为公益一类和公益二类。[②] 2018年党的十九届三中全会将事业单位改革向前推进一步，一是将党政群所属事业单位定位为提供公共服务的主要力量，并指出全面推进承担行政职能的事业单位改革，在理顺政事关系、实现政事分开的同时，不再设立承担行政职能的事业单位；二是加大从事经营活动事业单位改革力度，推进事企分开。区分情况实施公益类事业单位改革，面向社会提供公益服务的事业单位，理顺同主管部门的关系，逐步推进管办分离，强化公益属性，破除逐利机制。同时，对主要为机关提供支持保障的事业单位，优化职能和人员结构，同机关统筹管理。全面加强事业单位党的建设，完善事业单位党的领导体制和工作机制。[③] 当前，事业单位改革正在有序推进。

---

① 详情见《关于改革社会组织管理制度促进社会组织健康有序发展的意见》。
② 《中共中央 国务院关于分类推进事业单位改革的指导意见》中将承担义务教育、基础性科研、公共文化、公共卫生及基层基本医疗服务等基本公益服务，不能或不宜由市场配置资源的，划入公益一类；承担高等教育、非营利医疗等公益服务，可部分由市场配置资源的，划入公益二类。具体由各地结合实际研究确定。
③ 详情见《中共中央关于深化党和国家机构改革的决定》。

第二章　城市公共服务分类供给的机制创新：浙江的实践探索

在城市公共服务的供给实践中，浙江省作为东部发达地区，因较为发达的市场经济、较为富庶的民间资本、较高的城市化水平、较为均衡的城乡收入和民众较强的创新能力而走在全国前列。在这期间，城市政府顺势而为加快自身职能转变和行政体制改革的探索，不断调适其作为"公共服务安排者和规划者"的角色，以开放的心态主动加强与市场、社会的互动合作，探索出一系列有益的改革举措。目前，浙江省域内基本公共服务体系已基本建成，很多领域内改革都是先行先试；浙江的嘉兴、湖州、温州、杭州、宁波等很多城市也都是国家相关领域改革的试验点，改革试验的成效也已经逐步显现。本章主要结合浙江省在公共服务供给领域内的具体案例，按照"先社会、后政府"的顺序，梳理城市公共服务分类供给的机制创新和实践探索。

第一节　公共服务市场化供给：民营化与公私合作机制探索

和经济、政治体制改革一样，公共服务供给的制度变革也是从外延到核心的渐进过程。计划经济体制下建立起来的政府全能型供给模式，随着市场力量的逐步壮大和社会资本的逐渐形成规模而顺势发生变革。与此同时，西方国家公共服务民营化的经验也表明，审慎的民营化能够有效改善公共服务的竞争性和效率，带来成本收益比相对更高的公共服务。① 随着民营化改革和对民营化问题的深入思考，公共服务市场化改革也逐渐转变为公私合营、政府与社会资本合作等更具实效的模式。本节以浙江的公共服务民营化案例为起点，介绍市场主体参与公共服务供给的改革实践。

一 非公有经济参与公共服务供给：浙江公共服务市场化的社会环境

改革开放对中国的经济社会发展影响深远。在非公经济经过30多年的快速发展并占据半壁江山的情况下，公共服务供给机制创新已成为中国公共服务改革的必然趋势。尽管从整个社会格局看，目前政府和国有经济仍是公共服务的主要供给者；但在中国走向现代社会结构中呈现出的"利益需求多元、权力分散制衡、组织异质独立"等因素，② 形成了排斥单一性和垄断型供给机制的强烈诉求，非公企业也开始成为公共服务生产和供给的有力潜在力量，开始提供影响个体生存和发展的服务，政府全能主义的公共服务供给模式已经越发难以适应。③ 与中国改革和社会发展的特点相一致，公共服务供给仍然需要有一个偏强一些的政府，这是现实所需；但随着市场经济体制的不断成熟、非公经济力量的不断壮大和民间资本的增加，在公共服务供给中增加非政府主体，实现公共服务多元主体供给已成大势所趋。

---

① ［美］E.S.萨瓦斯：《民营化与公私部门的伙伴关系》，周志忍译，中国人民大学出版社2002年版，第68—69页。
② 蒋京议：《政治体制改革必须把握国家与社会关系走向》，《中国经济时报》2007年7月23日。
③ 郁建兴、吕明再：《治理：国家与市民社会关系理论的再出发》，《求是学刊》2003年第4期。

表2-1　　近些年浙江个体经济和私营经济发展状况

年份	2012	2013	2014	2015
私营经济户数	775290	936330	1112630	1292107
私营从业人员	8250462	10337454	11212457	14363975
个体户数	2498636	2592246	2843733	3177454
个体从业人员	5593201	5380824	6253197	7247995

资料来源：《浙江统计年鉴》(2016)。

改革开放以来，浙江省民营经济和非国有经济发展飞速，浙江民营资本已经成为中国资本市场上一股最引人瞩目的力量。2003年浙江省政府出台《关于促进和引导民间投资的意见》后，浙江非国有经济投资公用和公益事业的热情高涨，非公经济参与公共服务供给的进程加快。从2003年起，浙江非国有经济投资涵盖了从国民经济到社会基础设施等19大行业，其投资总量占浙江总投资的60%以上。表2-2的数据显示，近些年非国有经济在居民服务业、教育、卫生和社会保障、居民团体等公共服务领域的投资力度和资金来源逐年增加，并有赶超国有经济在该领域投资的趋势。所有这些都表明，在浙江，非公企业参与公共服务供给的积极性比较高，资金来源和动力都比较足。

就全省而言，民营经济比较发达的地市民间投资的比例也比较高。2009年杭州、宁波、嘉兴、绍兴等市的非公经济投资共占全省61.5%的比重。① 在这些城市，非公企业参与公共服务供给的市场化程度也相应较高，以温州和绍兴为例，温州市近些年来共完成交通基础设施建设投资137亿元，其中100亿元来自民间资本；绍兴市近几年内投入180亿元建设城市广场、污水处理工程、城市门

---

① 参见《浙江省非国有经济年鉴》(2010)，中华书局2010年版，第11页。

户改造等一大批城市基本设施，政府财政性资金投入仅占10%，①其他资金都通过市场化运作手段获得，民营资金占了很大部分。

表2-2　近几年浙江限额以上非国有经济和国有经济分行业投资比重　　单位：亿元

行业	2009年			2013年			2015年		
	非国有	国有	非国有/国有	非国有	国有	非国有/国有	非国有	国有	非国有/国有
居民服务、修理和其他服务业	5.8	3.18	65:35	16.54	13.19	56:44	39.08	29	57:43
教育	17.6	226.3	15:85	27.04	103.1	11:89	73.94	327	18:82
文化、体育和娱乐业	24.0	56.3	30:70	109.3	159.6	41:59	170.7	141	55:45
卫生和社会工作	8.3	67.6	11:89	39.18	109	27:73	85.96	133	39:61
社会保障	—	—	—	0.32	0.59	35:65	1.17	0.9	57:43
群众团体、社会团体和其他居民组织	4.2	2.5	63:37	30.59	6.29	85:15	25.26	9.5	65:35
基层民众自治组织	10.0	0.5	95:5	40.93	4.21	91:9	136.8	9.3	93:7

资料来源：《浙江统计年鉴》（2010、2016）。

除以上形式外，浙江非公企业还通过慈善捐赠的方式在全国范围内参与公益活动，支持社会公共事业建设。早在1997年，浙江省非公有经济人士就成立了"光彩事业促进会"，开展旨在"共同

---

① 王雁红：《公共事业民营化模式探求——以杭州湾跨海大桥为例的实证研究》，《三江论坛》2010年第1期。

富裕、德行并重、发展企业、回馈社会"的社会慈善事业。1997年到 2008 年该组织共开展光彩事业 6567 个,到位资金 5.3 亿元,安置就业 180 多万人,带动 510 多万人脱贫,各类公益慈善捐款达 110 亿元,捐建光彩中小学校 220 多所。仅 2006 年浙江省就有 10.22 万个体、私营(民营)会员直接奉献社会各类捐献 3.88 亿元,其中扶贫助学捐款 2.06 亿元,成为该年浙江慈善公益事业的"主力军"。[①] 来自《中国非公募基金会的历史与贡献暨浙江非公募基金会发展报告(2014)》的数据显示:过去 10 年来,浙江非公募基金会在以每年 33% 的速度在增长;截至 2014 年年底,超过 240 家的非公募基金会登记注册在浙江;2014 年度公益支出超过 7 亿人民币。

二 公共服务民营化:公共服务市场化供给初步的探索

20 世纪 70 年代以来,西方国家纷纷进行了一场以"民营化"理念为主要内容的公共服务供给模式创新。一般认为,这场变革主要有两大原因,一是政府垄断供给公共服务造成公共支出的增加,给政府带来沉重的财政负担,同时公共服务单一主体的统一供给不能有效及时地回应民众多样化的需求,社会负面效应增加。二是70 年代以来,西方世界普遍性的经济衰退、政府巨额赤字和供给能力不足,使得政府面临严峻的信任危机。公共服务民营化也正是"顺势而为",从降低政府供给成本、提高服务质量和服务效率,满足民众多方面需求出发,对传统的官僚制供给模式进行改革和补充,成为缓解政府供给能力不足和公共需求多样化之间矛盾的新路径。受国际形势影响,中国从 20 世纪 80 年代起也开始了公共服务市场化和准市场化的尝试和探索,其间有受挫也有成功;特别是在后期公共服务市场化过程中,政府通过与市场的互动和合作也探索出了多样化的形式和路径。

---

① 袁艳:《"光彩"之路 谱写爱的篇章》,《浙江日报》2008 年 12 月 14 日。

（一）民生类基本公共服务民营化：杭州市余杭区的医疗服务改革与政府回购

20世纪80年代以来，伴随着医疗服务需求的增加和公立医疗的普遍亏损，公立医院民营化在一段时间内成为医疗体制改革的热点，政府通过将国有资产向民营医院出售、将公立医院改制、从公立医院法人治理结构中撤出等途径推进公立医院民营化。① 改制后的医院普遍采取"自主经营、自负盈亏"的经营模式，后期随着诸多问题的接踵而至，最终导致民营化改革的失败和终止。虽然从全国范围来看公立医院一直处于主宰地位，但20世纪80年代的医疗体制民营化改革也助长了民办医院的增多。来自《中国卫生统计年鉴》的数据显示，2002—2004年的医院所有制形式中，有7%—8%的医院为民办所有，16%—19%的医院为企业所有制形式，公立医院规模在72%—76%之间。② 和全国医疗体制改革同步，浙江也进行了医疗服务民营化的尝试并受到挫折。

这里以杭州市余杭区2003年乡镇卫生院改制为例。20世纪末杭州市余杭区的近30家乡镇医院出现了经营困难和普遍亏损的现象，1999年余杭区乡镇卫生院亏损面高达75%。③ 2003年杭州市余杭区政府参照企业改制对辖区乡镇卫生院进行股份制和产权转让改革，最终以总价7500多万元的价格对29所卫生院以股份制的方式进行转让。改制后的卫生院与员工重新签订劳动合同并作为"非营利性医疗机构"继续提供基本医疗和公共卫生服务，区镇两级政府（主要以区为主）每年对公共卫生项目以专项经费的方式进行补贴。从运行机制上看，虽然宏观上改制后的卫生院仍然是实行区镇乡（街道）共管的管理机制，但在具体运转中则是股份制经营。改

---

① 顾昕、高梦滔等：《诊断与处方：直面中国医疗体制改革》，社会科学文献出版社2006年版，第33页。
② 数据来自《中国卫生统计年鉴》（2003），第41页；《中国卫生统计年鉴》（2004），第61页。
③ 徐步云、徐云：《杭州市余杭区乡镇卫生院改制绩效评价》，《卫生经济研究》2007年第3期。

制后的两年内在股东增加投资的情况下不少医院出现赢利和扭亏为盈的局面。但由于改制后的医院没有建立风险分担机制，政府也没有对卫生院跟进监管，几年后，改制后的医疗机构市场属性日益凸显，医院股东们为了追求利益最大化开始出现"以药养医"滥提药价、降低员工福利以降低运营成本的现象；① 与此同时，卫生院的公共卫生、医疗服务等职责却不断弱化，不给医院增加投入导致医院设施和医疗器械日渐陈旧，减少员工福利使医护人员人才流失和医疗水平大大下降而导致"医患纠纷"和医疗事故多发，最终导致民众不满而产生大量社会问题。2010年9月30日余杭区政府不得不斥资近3亿元将原有的28家民营股份制卫生院进行"回购"，将第29家转型为民营医疗机构。②

（二）公共事业领域内的民营化：条件不成熟造成的"国进民退"

由于公共服务市场化的条件不是很成熟，以及政府与市场双方合作的经验不足，同一时期公共服务民营化受挫现象比较明显，特别是在公共交通、基础设施建设、自来水供给等领域内的民营化改革，最后大多以政府回购收场。在国内影响较大的2002年十堰市公交民营化改革，5年后因油价上涨、职工待遇降低、员工罢工等原因不得不被政府收回。③ 同样，浙江的杭州、嘉兴、萧山等地市于21世纪初也采用了"民营公交"策略，通过承包、资金购买等方式经营某些公交路线。但由于监管不力，民营公交中出现了超载、票价过高和运营亏本等问题，从2007年起，各地政府相继通过收购等方式收回了公交的民营运营权，民间资本渐渐从该领域退出。

民间资本退出比较著名的是"杭州湾跨海大桥"建设。作为国

---

① 吴杭民、晏扬等：《余杭医改事件引发的争议》，《观察与思考》2010年第11期。
② 李崇义：《政府购买服务与社会组织发展以——浙江省社会组织服务与发展为例》，《中国社会组织》2011年第1期。
③ 项辉、汪锦军：《中国公共服务民营化改革的理论反思》，《浙江学刊》2014年第4期。

家重点基础设施建设项目,民间资本投资建设是"杭州湾跨海大桥"建设的主要特征。早在1999年大桥筹备阶段,雅戈尔集团等民间资本便积极介入,2001年大桥组建时雅戈尔集团的投资比例占总股东的45%;2003年雅戈尔、宋城集团等地方民间资本约定出资的比例一度占总资金的50.26%。① 不久雅戈尔股权发生变更,将其40%多的股份转让给了地方国企和其他民营企业,一度将股份减持到4.5%;随后在第一大股东宋城集团意外转让股权给中钢集团后,股权结构发生颠覆性变化,国有资金占股权的70.62%,一度占优势的民资下降到29.38%。② 伴随股权的持续转让,到2012年上半年,杭州湾跨海大桥项目的国有股东持有的股份已占到总股本的85%。③ 无独有偶,从1997年就开始以"投资者招商"形式寻求民间投资并运行十年的上海高速公路投资建设,因该领域相继出现腐败问题导致上海市政府于2009年接收了民营高速公路的全部股份,高速公路建设重新回归国有化,有关资料显示,截至2007年6月,累计有7000余家浙江民营企业撤离上海。④

三 公共服务市场化的拓展:政府与企业互动合作的进一步探索

公共服务民营化的探索中,纯粹外包给市场主体的做法在实践中效果并不理想,最终政府不得不回购的同时也被批评为"甩包袱",民众对此也不甚满意。在现实的需求压力下,政府与市场也开始探索有效合作的新路径。政府与市场"共同参与、复合联动、责任共担"成为公私伙伴关系构建的新思路,浙江省发达地市在这方面做了许多有益的尝试,也取得了比较有效的成果。

---

① 《民间资本为何对投资杭州湾跨海大桥情有独钟?》,2003年6月10日,新浪网(http://news.sina.com.cn/c/2003-06-09/2158203588s.shtml)。
② 王雁红:《公共事业民营化模式探求——以杭州湾跨海大桥为例的实证研究》,《三江论坛》2010年第1期。
③ 肖夏:《民间资本"出逃"的杭州湾样本》,《中国公路》2013年11月4日。
④ 周郑华:《上海政府收回高速路 基建对民营资本关门》,2009年5月23日,新浪财经(https://finance.sina.com.cn/roll/20090526/13312861856.shtml)。

（一）政府搭台与市场化参与：宁波"81890"服务平台的实践探索

"81890"是自 2000 年以来宁波市海曙区政府主导构建、企业和民间社会合作参与共同提供公共服务的平台，服务机制是"政府搭台、市场运作、社会参与"。其运作模式是政府出资搭建公共服务平台，作为服务需求方（市民）和生产方（政府相关部门、加盟的企业和民间社会组织）之间的沟通、连接桥梁。服务平台开通 18 条电话服务热线和"81890"服务网站，搜集需求方的服务需求，在对服务需求进行分类的基础上，将之传送给服务生产方，安排和生产公共服务，其流程如图 2-1：

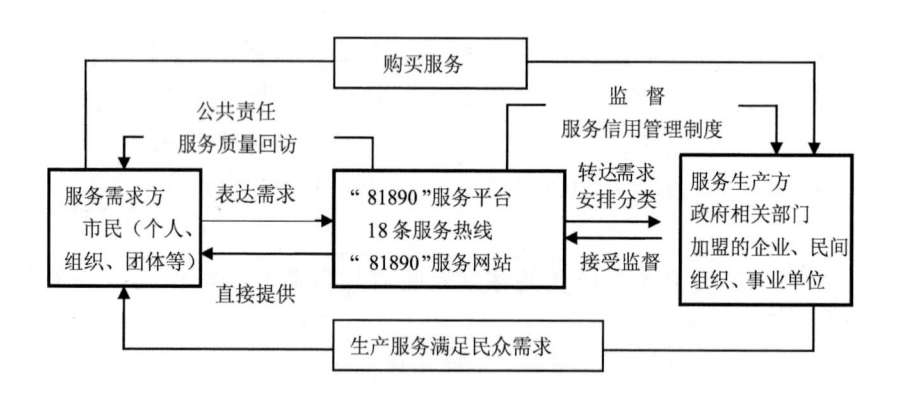

图 2-1　宁波"81890"公共服务平台流程

在"81890"服务供给体系中，服务平台（政府）与加盟企业建立了委托—代理关系，根据服务平台的委托，生产方生产和提供公共服务。以平台为媒介，服务的消费者与生产者和安排者之间进行了有效的互动与合作：平台将需求信息收集整理、分类发给相关的生产商，生产商根据所得信息，上门提供服务。这是"双向互动"的第一个环节。随后，"81890"平台通过电话回访向需求方获得服务的质量信息，以及建立高效、严密的服务信用管理制度（包括服务企业约束制度、教育培训制度、服务质量保证制度等），承担对公民的公共责任和对企业等服务生产商的监管，以保证公共服务的高质和高效,这是"互动合作"的第二个环节。这样,从服务的需求、生产到质量反馈,自成体系,形成了一个闭合的、严密的循环,整套系统按照自己的内在逻辑进行运转和工作,产出高质量和高效率的服务。

"81890"服务平台的实践效果是令人满意的。从2001年建立到2016年年底,服务平台已开通18条24小时服务热线,加盟企业已达866家,日均受理需求信息3000件左右,服务内容涵盖了衣食住行、就医养老等多个领域21大类,服务功能也涵盖到民众生活的方方面面。自2001年8月成立至2016年11月,服务中心共为市民累计解决求助事项9336982件,办结率100%;市民对求助结果的满意率达99.87%。[①] 该平台也先后获得第四届"中国地方政府创新奖"和"中国城市管理进步奖政府创新奖"等多项荣誉,其工作机制也在全国多个城市得到推广。现在,"81890"已经成为宁波市公共服务市场化供给的金名片在宁波市运用推广,2015年"81890"平台被评为"宁波品牌百强"。

(二)多功能复合:杭州市项目型社会复合主体的实践探索

"社会复合主体"是2004年以来,杭州市因应社会发展需要,在共建共享"生活品质之城"实践中,吸纳民营经济、各行业协会(商会)和知识界、媒体界等主体,和谐创业,全面发展和提升城市品质的一种服务创新。"社会复合主体"以推进社会性建设项目、知识创新、事业发展为目的,由政府(党政界)与企业界、知识界和媒体界等不同社会主体共同参与、主动关联而形成的多层架构、功能融合、优势互补的新型社会治理组织系统。[②] 如图2-2所示,在该系统中,政府主导力、企业主体力、社会运作和市场配置资源能力"三力合一",党政界、知识界、企业界、媒体界四

[①] 胡道林:《为民服务永无止境》,《81890生活月刊》2016年第11期。

[②] 王国平:《社会复合主体培育和运作机制研究——关于杭州培育新型创业主体的探索与思考》,2009年7月22日,中国·杭州生活品质网(http://www.cityhz.com/a/2009/7/22/content_ 37789. html)。

届联动。与政府主导经济改革和社会发展相一致,城市公共服务供给同样需要有一个偏强一些的政府,在社会复合主体中,政府主导,企业和民间社会力量组成多元复合主体成为客观需求。因此,各复合主体的职责分工明确,党政界为主导的领导协调小组、委员会,主要发挥引导、统筹、协调等功能;知识界为主体的专家委员会、专家小组,主要发挥研究、咨询、策划、创意等功能;行业界为主体的中心、协会、经营组织,主要发挥实施、建设、展览、制作等功能;媒体界为主导的宣传机构,主要承担宣传、推广、沟通、动员、监督等功能。[①] 杭州社会复合主体实践已经形成了不同类型的复合主体。这里以"大运河(杭州段)综合保护工程"项目型复合主体实践为例,分析复合主体在城市公共服务供给中的作用。

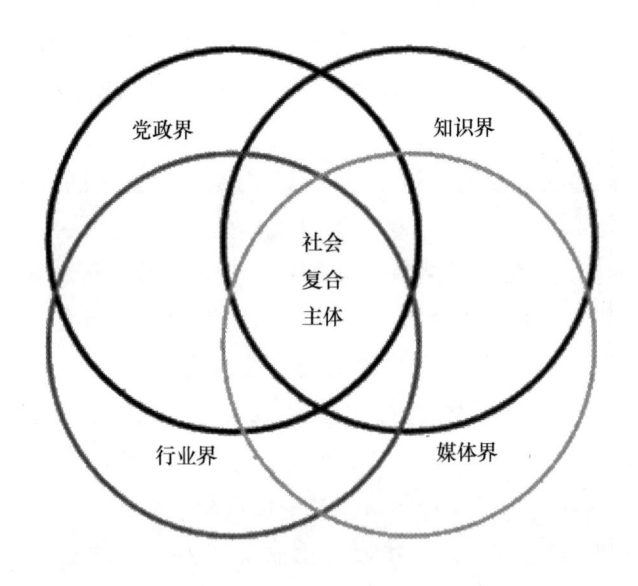

图2-2 杭州社会复合主体示意

[①] 《合作式成长:党政系统与社会组织之关系建构》,2010年12月3日,中国·杭州生活品质网(http://www.cityhz.com/a/2010/12/3/content_ 56586. html)。

为改善基础公共设施、提高公共服务质量，杭州市政府开创了由政府主导，以重大项目建设为目标，以党委政府、企业、知识界、媒体等多主体复合组建"项目型社会复合主体"的新实践。项目型复合实践得以产生的原因主要有：首先，这些公共设施一般来说对城市的整体发展具有重大意义，其社会效益、文化属性显著，能够集中反映城市形象，对这些项目的治理不仅能够改善城市形象，更能提高市民的生活品质，治理结果也尤为重要。其次，基础公共设施一般来说规模都比较庞大，对其治理也是一个持续、长期的过程，需要足够的财力和有效的管理。在这种情况下，政府采取项目建设的形式，政府、企业和民间组织形成多元复合主体，把基础设施建设作为整个城市的议题，共同治理。

"大运河（杭州段）综合保护工程"就是一个项目型复合主体实践。京杭大运河杭州段在杭州经济的飞速发展过程中受到严重污染而变成了一条"最大的城市臭水沟"。有资料显示，1998年，市区工业污水直接排入运河的比例仍高达67%。2002年，杭州市第九次党代会确立了运河综合整治和保护开发工程，这次运河综合保护工程在政府主导治理的基础上，按照"统一领导、市区联动、政府主导、市场运作"原则，积极吸纳市场和民间社会力量的参与。围绕运河的综合保护，杭州市政府建立了市运河综合保护委员会（简称市运河综保委）和市运河集团（与市运河综保委是"一套班子、两块牌子"），以"还河于民、申报世遗、打造世界级旅游产品"为目标，形成了紧密层、半紧密层、扩散层的多层复合结构。在紧密层主体中，市运河综保委作为承担部门行政职能的事业单位，负责对运河综合保护实施统一规划、统一协调、统一筹资，组织实施部分重点项目；市运河集团作为国有独资企业，是运河综合保护的投融资主体，主要职责是通过市场化运作，搞好招商引资，吸引社会资金，为运河综保提供资金保障；下城、拱墅、江干、余杭4个城区和市交通局分别指挥部，负责工程项目的具体实施。半紧密层主体包括运河沿岸各城区和市有关部门、专家学者、新闻媒体、市民群众，以及与杭州师范大学合办的杭州运河研究院，属于运河综合保护的支持系统。扩散层包括国家运河申遗有关机构和运河沿岸各城市，属于运河综合保护的协作系统。到 2006 年，运河水质得到明显改善，营建的运河两岸大运河休闲生活区成为杭州居民惬意的休闲、健身场所；运河沿岸的历史街区、古建筑遗存等人文景观已经成为运河申报世界文化遗产的重要资本。2007 年对 1000 户居民家庭和 500 名运河游客的抽样调查显示，91.6% 的市民和游客认为运河整治后的总体环境"很好"（34.4%）和"较好"（57.2%）。① 更重要的是，到目前为止，除市财政提供少量启动资金外，运河综合保护投入的大部分资金已经由市场化手段自行筹措。2014 年 6 月，大运河成功列入《世界遗产名录》，其中，杭州的申遗范围包括 6 个遗产点、5 段河道，共有 11 个点段，数量位居全国前列。

四 公私合作伙伴关系构建：PPP 模式的推广与运用

（一）PPP 项目在浙江的推广和实施

"公私合作伙伴关系"（Public Private Partnership）是 20 世纪 90 年代末以来公共服务因应民营化负面问题而产生的一种新的公共部门与私营部门合作方式，在实践中有"公共部门和私营部门合作伙伴关系""政府与社会资本合作""公共项目公私合作"等多种称谓，其核心是政府为增强公共产品和公共服务供给能力、提高供给效率，通过特许经营、股权合作、授权等方式与私营部门（或社会资本）通过签订长期协议，以利益共享和风险共担的方式，公私共同建设、生产和运营、维护，向民众提供公共产品和服务的一种制度安排。得益于发达的市场经济、较充裕的社会资金和稳定增长的民间投资，浙江省成为最早探索和推动政府与社会资本合作 PPP 模式的省份之一。早在 2007 年，杭州市在城市基础设施建设中就庆春路过江隧道的建设，与浙大网新集团有限公司合作采取了 BOT（投资建设—运

---

① 张兆署：《城市议题与社会复合主体的联合治理》，《管理世界》2010 年第 2 期。

营—移交）建设模式，并于 2010 年建成使用。① 随着国家在 2014 年制定《政府购买服务管理办法（暂行）》开始推广政府与社会资本合作的 PPP 改革后，浙江省先后出台《关于推广政府与社会资本合作模式的指导意见》《关于做好推广运用政府和社会资本合作模式有关工作的通知》《关于在公共服务领域推广运用政府和社会资本合作模式的实施意见》等一系列制度措施，大力探索 PPP 公共服务供给新模式。经过几年的探索，PPP 已经逐渐成为浙江省公共服务供给机制创新的新路径，特别是在大型公共基础设施建设、大型公益项目推进等公共服务领域内得到广泛推广，PPP 模式已经取得了一定的成效，成为党的十八届三中全会以来浙江适应经济、社会发展新常态在公共服务领域内的又一新举措。②

从时间序列上看，自 2014 年年初浙江省财政厅成立 PPP 工作领导小组推进各地市建立 PPP 工作机制以来，浙江省已经开拓出了 PPP 模式新格局。2015 年浙江省首批推荐的 20 个 PPP 项目投资规模就达到 1176 亿元，涉及公共交通等基础设施建设、中小学教育等基本公共服务提供和垃圾污水处理等公用事业建设三大领域。中国政府采购网的数据显示，截至 2016 年 10 月，在浙江省 2015 年推荐的总投资达 2348 亿元的 85 个项目中，签约率达到 52.94%，民营企业在投资主体中占 38%，国有企业为 16%，联合体占 13%。在已签约的 PPP 项目中，市政建设占比为 27%，医疗、文化、养老等公共服务类占比约 13%。③ 2016 年浙江省公布的第一批总投资达 3572.22 亿元的 PPP 项目中，公共服务类项目占到 49 个，总投资达 302.06 亿元。④ 此外，市政设施也多达 46 个，这些项目的顺

---

① 浙江浙大网新集团有限公司：《PPP：是融资更是管理——庆春路过江隧道实践》，《浙江经济》2015 年第 10 期。
② 参见《浙江省推广运用 PPP 模式成效显著》，2016 年 10 月 26 日，财政部政府和社会合作中心（http://www.cpppc.org/zh/pppdfdt/4170.jhtml）。
③ 数据详见《浙江省推广运用 PPP 模式成效显著》，2016 年 10 月 26 日，财政部政府和社会合作中心（http://www.cpppc.org/zh/pppdfdt/4170.jhtml）。
④ 详见《浙江今年首批 163 个 PPP 项目公布》，2016 年 9 月 1 日，中国浙商网（http://www.zheshangnet.com/index.php?c=news&a=detail&id=5922）。

利推进，为完善城市基础交通设施、提高公共服务质量和供给效率起到极大的帮助作用。

（二）PPP 项目个案：丽水市人口健康信息化 PPP 项目实践

丽水市人口健康信息化 PPP 项目是丽水市政府在深化医疗体制改革，鼓励和引导社会资本参与公共服务建设运营，加强政府购买服务的一项实践。为打破医疗服务中的信息壁垒，建设共建共享健康数据和医疗服务大数据信息化，2015 年丽水市政府按照"市—县—乡—村"一体化模式，对医疗服务进行统一规划和统一建设，构建丽水市人口健康信息云平台。该信息平台主要包括三大方面，一是基础建设工程，主要包括人口健康信息专有网络、人口健康信息云平台、人口健康数据中心和信息安全保障体系等；二是智慧健康工程，主要包括基层医疗卫生信息系统、公共卫生信息服务系统、药品管理信息系统、计划生育服务信息系统等工程；三是信息惠民工程，主要包括居民健康服务平台、远程网络医疗、健康养老信息服务等内容。与此相对应，信息平台的建设范围也涵盖了全市各级的卫生和计划生育部门和 33 家公共卫生服务机构、23 家公立医院、193 家乡镇卫生院和全市 983 个卫生服务站。①

丽水市人口健康信息化项目建设总预算为 1.41 亿元，为节约政府资金和寻求社会合作，该信息平台建设通过政府与社会资本合作运作方式完成。PPP 项目的运作拟通过"项目投资、开发和运营一体化＋政府购买服务"的运作方式，社会资本的特许经营年限为 10 年，政府从项目投资建设的第二年开始购买服务。经过多轮激烈的公开竞争，2015 年 9 月，运盛（上海）医疗科技股份有限公司从众多竞争者中胜出，与丽水市国有出资方——丽水市城市建设有限公司共同组建项目公司"丽水运盛人口健康信息科技有限责任公司"来实施该 PPP 项目。在资金来源上，项目公司的 7000 万元注册资本由政府出资 1400 万元和社会出资 5600 万元完成，双方按照实缴出资分享

---

① 详见《丽水市人口健康信息化 PPP 项目资格预审公告》，2015 年 8 月 6 日，中国政府采购网（http://www.ccgp.gov.cn/cggg/dfgg/gkzb/201508/t20150806_5673422.htm）。

项目收益，项目公司可以该项目收益权进行质押融资。在运行过程中，经丽水市政府批准，丽水盛运人口健康信息科技有限公司获得丽水市卫生和计划生育委员会的特许经营授权，获得通过融资、设计、建设、运营和维护该 PPP 项目，特许经营期为 2015 年 12 月 31 日至 2025 年 12 月 31 日，其间政府付费总额为 1767 万元，平均每年政府支付的购买服务费金额为 176.7 万元。特许经营权期满后该项目将无偿、完好地移交给丽水市政府指定机构。① 目前，该项目已经取得了部分成效，2016 年被财政部收录为示范项目。

表 2-3　　财政部 PPP 示范项目：浙江省丽水市人口健康信息化 PPP 项目②

总投资	1.41 亿元	合作期	10 年
所在地	浙江省丽水市	所属行业	科技：信息网络建设
PPP 运作方式	BOT	回报机制	可行性缺口补助
PPP 合同签署时间	2015 年 12 月 31 日	社会资本	运盛（上海）医疗科技股份有限公司
项目公司	丽水运盛人口健康信息科技有限责任公司	咨询机构	江苏现代资产投资管理顾问有限公司

第二节　社会组织参与公共服务供给：政府购买与政社互动

从国际范围内公共服务供给的普遍做法来看，市场主体参与公共服务供给主要在大型基础设施建设和项目工程建设领域，市场化

---

① 刘照普：《浙江丽水市人口健康信息化 PPP 项目：共享健康数据资源》，《中国经济周刊》2017 年第 12 期。
② 《财政部 PPP 示范项目：浙江省丽水市人口健康信息化 PPP 项目》，财政部政府和社会合作中心（http://www.cpppc.org/zh/zyxmqd/3156.jhtml）。

供给机制在提供差异性、个性化等服务领域内比较多见；而以社会组织为主体的社会化参与公共服务供给则多集中在慈善救助、社会养老、医疗保险等公益性特征明显的公共服务领域。浙江省因有着较为发达的市场经济和社会基础，民间社会组织在近些年获得了长足的发展，其参与公共服务供给的力度和领域也在大规模增加，成为公共服务供给的有效载体和突出亮点。

一 浙江省社会组织的快速发展

为扶持社会组织快速发展，浙江省在制度和实践上做了大量有意义的探索：

一是加快制度设计和实施。早在2007年，浙江就开始了政社分开的探索，仅2007年就有2548家行业协会与行政机关实现人、财、物的脱钩；随后出台的《浙江省行业协会发展实施规划》(2008—2012)、《关于加强和完善社会管理工作的意见》《浙江省行业协会商会与行政机关脱钩实施方案》等制度和政策制定有力推动着政社分开和行业协会的合理转型，政府逐步将部分资格认定、等级评定和专业技术评审、新产品（技术）认证及推广等事项移交给相关行业协会运营；行业协会逐步成长为部分政府职能转移的承接者。2013年以后，省政府又相继推出了《关于加快推进现代社会组织建设的意见》和《关于政府向社会力量购买服务的实施意见》等文件，通过政府购买社会组织服务的工作探索，进一步开放政府与社会组织良好互动与合作的制度环境。

二是积极探索社会组织服务平台新路径，大力扶持社会组织发展壮大。自2010年年底宁波市创建全省第一个社会组织服务中心以来，浙江省加快了开创扶持社会组织发展新机制的步伐。2012年省民政厅出台《关于加快社会组织服务平台建设的意见》，2013年《关于加快建设现代社会组织建设的意见》进一步明确要鼓励在街道（乡镇）建立社区社会组织综合服务平台，大力推进枢纽型、支持型社会组织服务平台建设，并在宁波、温州、杭州、嘉兴、绍兴、舟山等市实现了社会组织服务平台全覆盖。2016年，浙江省社会组织服务平台已经达到189家，这些社会组织服务平台通过公益创投、购买服务、服务职能转移等方式，孵化和扶持了大量的新的社区社会组织，并承接了大量的政府服务。据统计，截至2016年8月，浙江省已经登记的社会组织有4.6万个，纳入备案管理的社区社会组织也已超过10万个。①

三是分步分类推动社会组织的登记和管理体制改革，降低社会组织注册的行政审批门槛。随着社会组织数量的增加和社会力量作用发挥的日益凸显，浙江省从2012年宁波市放开公益类社会组织的登记管理开始，温州、杭州等地迅速跟进并探索对公益慈善类和社会福利等社会组织登记的资金限制。在这些城市先行先试积累成功经验的基础上，2013年9月18日起，在全省范围内实现了行业协会商会类、科技类、公益慈善类、城乡社区服务类四类社会组织"零资金"直接登记。② 目前，浙江省已经取消了对全省性社会团体、基金会分支机构和代表机构设立方面的审批权限，并将基金会和异地商会的登记和管理权限逐级下放到县级民政部门。在社会组织注册方面进一步打破"一业一会"的限制，允许"一业多会"注册，对于依法需要审批的涉教、涉政等社会组织，则严格按照管理制度审批，同时做到优化服务流程和缩短审批时限相结合，推动社会组织健康、快速发展。

四是加大对社会组织抚育的资金支持，这也是近几年浙江省扶持社会组织发展的一大重点。资料显示，2012—2014年，浙江省共拨付福利彩票公益金5000万，用于支持200多个公益项目和88个社会组织服务平台建设和从业人员培训，同时从中央财政争取资金945万元，用于支持社会组织参与社会服务建设。浙江省在现代社会组织改革创新的探索也得到了中央的肯定和认可，2013年年初温州市被确认为全国民政综合改革试验区，2013年年底温州市、

---

① 张真：《探索具有浙江特色的现代社会组织改革创新之路》，《中国社会组织》2016年第17期。
② 张真：《发展与创新：浙江社会组织实现新跨越》，《中国社会报》2013年11月12日。

杭州市上城区和宁波市海曙区、北仑区、鄞州区被确认为"全国社会组织建设创新示范区",此外,浙江省还拥有22个现代社会组织体制建设创新示范观察点和23个"三社联动"示范观察点,形成了一套具有浙江特色的社会组织创新示范体系。①

制度设计和实践创新大大推动了浙江社会组织的发展,进入"十二五"时期以来,浙江省社会组织总量以平均每年10%左右的速度增长。截至2016年10月,经民政部门登记的社会组织数量已达到46752个,社会组织总量和每万人的平均数量居全国前列。

表2-4　　近年来浙江社会组织数量(民政部门登记)　　　单位:个

年份	社会组织总数	社团	民办非企业单位	基金会
2001	16508	9738	6681	89
2002	18456	10173	8192	91
2004	20722	10862	9760	100
2006	23405	12470	10810	125
2008	26277	13770	12356	151
2010	28937	14831	13917	189
2012	31853	16452	15136	265
2014	39844	19430	20033	381
2016	46752	21862	24408	482

资料来源:《2015年浙江省民政事业发展统计公报》;2016年的数据来自浙江省民政厅2016年12月公布的内容。

二　社会组织参与公共服务供给的作用类型

浙江省社会组织取得长足发展的同时,其参与公共服务供给的

---

① 江宇、张真:《浙江:示范观察点为现代社会组织体制建设提供样板》,《中国社会组织》2015年第5期。

职能也逐渐显现。从整体上来看，作为公共服务供给的政府重要合作伙伴，浙江省社会组织的数量形态逐年增加，服务载体也逐渐壮大，社会组织的作用发挥也逐渐显现。从数量分布上看，发达城市的社会组织比较多，截至2014年年底，宁波市登记在册的社会组织已达5759家，活跃在城乡基层的备案的社区社会组织也已达到11081个；[①] 温州市登记的社会组织也达到7159个。这些社会组织依靠自身专业性和公益服务的提供，承接了大量的政府职能，成为参与社会服务的重要力量。从活动分布上看，浙江省的社会组织在服务经济发展、推动公共服务质量提升、促进和谐社会建设等领域发挥了重要的不可忽视的作用：

一是行业协会商会类社会组织在促进政府经济职能转变和经济发展方式转变方面发挥了重要作用。作为市场经济体制比较完善的地区，浙江的行业协会因应市场经济发展需要而产生并规范发展，涵盖了行业标准设定、行业审计、资质认定、成果鉴定到业务咨询、第三方评估和检验检测等从市场到行政的多领域服务，成为承接政府职能的重要载体。自20世纪90年代温州被国家确立为培育和发展行业协会的试点城市，到2007年浙江省推出行业协会改革承接政府职能，再到宁波、义乌等行业协会改革试点的逐渐扩大，浙江省行业协会商会得到了快速发展。截至2016年年底，浙江省全省行业协会商会类社团已经发展到4135家，基本上涵盖了浙江经济发展的各个门类；在浙江省登记的异地商业协会也有300多家。[②] 行业协会商会的快速发展和作用发挥，一方面通过大量承接政府在经济方面的微观服务职能，推动着政府职能从直接管理顺利转向宏观调节和市场调控；另一方面，行业协会商会的大力发展加强了对企业的监管与合作，增强了企业良性发展和应对市场纠纷、国际贸易摩擦和经济危机的能力，有力地推动着社会主义市场经济

[①] 徐小勇：《宁波社会组织超16000家 每万人拥有法人社会组织数超全国》，2015年7月2日，中国日报网（http://www.chinadaily.com.cn/micro-reading/interface_toutiao/2015-07-02/13916671.html）。

[②] 《浙江：社会组织何以快速增长》，《中国青年报》2016年12月8日。

体制的健全和完善。

二是民办非企业类社会组织的兴起，为提供多元化公共服务，弥补公共服务不足和提高公共服务供给质量起到了重要的补充和帮助作用。浙江省的民办非企业单位种类多样，覆盖了从医疗卫生、社会养老到文化教育和科学研究等多个领域。这些社会组织已经成为有效承担政府社会职能的重要载体。在浙江民办非企业单位中，最突出的是民办教育机构的兴起和作用发挥，仅民办学校就占到近60%，教育基金也占到基金总数的40%。以温州市为例，2015年温州民办学校达到1524所，在校学生达到43万人，占温州市在校学生的33%，至少替市区两级财政节省教育经费40多亿元。① 在宁波，民办幼儿园覆盖了全市90%以上的乡镇和街道，有效地缓解了适龄儿童学前教育的紧张局面。民办教育机构的兴起，不仅为政府财政节约了大量开支，同时也为探索教育体制改革、推进教育事业发展做出了重大贡献。

三是公益类社会组织的快速发展，为提供公益性公共服务，推动社会和谐、均衡发展做出了拾遗补阙的重要作用。在浙江，发达的民营经济和富裕的社会资本也催生和带动了慈善类社会组织的快速发展，特别是依靠社会力量成立的慈善协会、基金会和社团等，已经分布在浙江的多个行业和城市。这些公益类社会组织以推动社会公益事业服务为目的，在帮扶贫困、社区矫正、培训再就业、环境保护、公共卫生等方面提供了大量专业的、无偿的服务，对推进社会公益事业的发展，起到了重要的作用。2015年，浙江省有慈善类义工组织近6000个，已经注册的义工有25万人，省基金会总资产已达到60亿元，"十二五"期间，浙江省慈善会系统平均每年劝募都在20亿元以上，每年的公益支出也都保持在15亿元以上。2015年年底已经累计收到捐赠240亿元，有1400万名困难民众得到救助。②

---

① 数据来源：《温州1524所民办学校担教育重任 年节省经费40多亿》，2015年12月4日，浙商网（http://biz.zjol.com.cn/system/2015/12/04/020938926.shtml）。

② 赵函：《浙江社会组织：焕发新活力》，《中国民政》2016年第22期。

四是社区社会组织的快速发展,为居民自治服务、丰富公共服务供给提供了有效保障和群众支撑。社区社会组织源于基层、贴近基层并服务于居民,与其他类型的社会组织相比,社区社会组织在服务民众特别是在解决邻里纠纷、居民互助方面更能有效地发挥作用,为推动社区治理,促进和谐社会建设发挥了其他社会力量不可比拟的重要作用。据统计,浙江的社区社会组织已经超过10万个,在帮助基层党委政府解决疑难问题,促进社区和谐、增强社区凝聚力和社区主人翁意识方面,发挥了不可替代的作用。以杭州市为例,仅杭州市江干区,就有"和事佬"协会130多个,每年化解矛盾2000多件,调节矛盾纠纷的成功率达90%以上。[1] 社区社会组织作用的充分发挥,已经成为加强社区建设的重要力量。

三　政府购买社会组织公共服务:社会养老服务案例

自20世纪末上海和深圳开始政府购买服务的创新后,政府在多个领域内开启了购买公共服务的实践,特别是在义务教育、医疗保健、环境卫生、扶持弱势群体等领域,经过十几年的发展,已经逐渐普及。近些年来,随着社区社会事务的日益复杂和社区社会组织的发展壮大,政府购买服务又逐渐延伸到社会养老、社区建设、就业等一些专业性、行业性领域。目前,浙江省也初步建成了门类比较齐全、层次多样、功能互补、覆盖领域广泛的社会组织体系,政府购买社会组织服务的数量和规模也在逐年扩大,特别是在社会养老、贫困救助、社区建设、文化教育、医疗卫生等领域,政府购买的力度日益扩大。以宁波市为例,2015年全市各级政府向社会组织购买服务的金额就超过10亿元,服务项目的财政补助自救也达到1500万元。[2] 因应近几年浙江省人口年龄结构的变化,政府在社会养老服务领域内购买社会组织服务的数量和比例逐年增加,并取得了较好的成效。

---

[1] 张真:《探索具有浙江特色的现代社会组织改革创新之路》,《中国社会组织》2016年第17期。

[2] 《浙江:社会组织何以快速增长》,《中国青年报》2016年12月8日。

（一）宁波海曙区政府购买"星光敬老协会"居家养老服务

在中国现代化的过程中，因人口结构不合理而造成的"未富先老"快速老龄化现象比较明显，特别是发达的城市地区，"老龄化"已经成为一个普遍的社会性问题。浙江的老龄化现象更加凸显。以宁波市为例，2000年宁波60岁以上老人占全市人口总数的10.3%，2003年达到13.7%，2005年15.1%。伴随而来的是整个浙江省人口老龄化趋势的日益明显，2007年60岁及以上的老年人就已占到全省总人口的15%，"养老"成为未来一段时间内公共服务供给的一个不容忽视的重要内容，很多城市开始了政府购买服务的探索。2004年，宁波市海曙区出台《关于社会化居家养老工作的指导性意见》并制定出"政府扶持、非营利组织运作、社会参与"的养老服务社会化工作思路，并于2005年起将政府购买居家养老服务列入财政预算。在实践领域，也开始着手多方挖掘和整合居家养老服务的社会资源，组建政府购买服务的新型社会化养老服务体系。

2005年，宁波海曙区把购买居家养老服务资金列入了财政安排，民间社会组织"海曙区星光敬老协会"成为政府购买社会组织服务的主要合作对象。成立于2003年的"海曙区星光敬老协会"是当时全国唯一的以养老服务工作为目的的非营利性组织。政府购买服务的具体操作流程是：海曙区政府每年拨款150万元，向海曙区星光敬老协会购买居家养老服务，为全区的600多个独居、高龄老人提供每天1小时的生活照料、医疗康复、精神慰藉等方面的服务。"星光敬老协会"负责承办的具体服务主要包括：核定需要提供居家养老服务的"高龄、独居老人"对象，确定居家老人需要的具体服务内容，培训居家养老服务员和志愿者，对居家养老服务质量进行检查和监督，等等。[①] 在实际运行中，星光敬老协会在政府的支持下，依托社区共同完成养老服务的供给：首先，协会以社区为基地，在社区内招

---

① 王诗宗：《地方治理在中国的适用性及其限度——以宁波市海曙区政府购买居家养老政策为例》，《公共管理学报》2007年第4期。

募居家养老服务员和愿意结对上门的志愿者和义工，经过培训后上岗为独居、高龄老人提供上门服务；其次，将政府的购买经费以工资形式提前两个月拨到社区，在服务员为独居老人提供完服务后，每月以工资形式结算并发放给服务员；敬老协会的工作人员则每天深入各个社区检查居家养老服务员的工作情况并及时做出反馈。

从实践结果来看，海曙区星光敬老协会的服务提供取得了不错的效果。政府每年150万的财政拨款保证了购买服务的持续性和连续性，政府出资购买、社会组织负责服务提供和运行也有效地分担了政府社会养老的压力。同时，星光敬老协会作为专业性的养老服务性机构其灵活、专业化的培训和服务供给也让消费者得到了满意的服务，培训结对上门志愿者的做法也有效地动员了社区的老年人资源，带动了更多的社会资源投入到居家养老服务中去。目前，政府购买社会组织居家养老服务已经在杭州、绍兴等多个城市展开，并积累了丰富的经验。

（二）"时间银行"：金华市民政局购买互助养老服务探索①

"时间银行"是20世纪80年代西方国家在居家互助养老方面的探索，其主要做法是成员将自己在社区的服务内容折算成一定的"单位时间"并储存到"时间银行"中。当存储人自己需要服务提供时便可以把之前存储的时间提取出来获得社工或其他志愿者的服务。随着老年人的逐渐增多，"时间银行"成为居家养老的一种有益补充。2013年，金华市民政局和金华市乐福社会工作服务中心、八咏楼社区合作开始了这种尝试。

八咏楼社区位于金华市中心城区，也是金华市的老城区，社区中60岁以上老人占比达到18%，老年人服务成为社区服务的重要内容。2009年，金华市民政局在八咏楼社区开始探索以"居家养老服务券"为主要形式为80岁以上老人购买居家养老服务，但因覆盖面有限和服务内容单一而不能满足老年人的需求。如何开拓新的途径，满足老年人多样化需求的居家养老服务，成为政府面临的

---

① 该部分内容和数据来自2015年7月在金华市民政局的调研。

一道难题。八咏楼社区也就这一问题向浙江师范大学法政学院社会学系寻求支援和帮助。2013年9月，浙江师范大学法政学院社会工作系教师成立了金华市第一家专业社会工作机构——金华市乐福社会工作服务中心，并将"积极老龄化"作为该机构的重要工作方向，这正好与八咏楼社区的需求"不谋而合"。在此情况下，双方决定在八咏楼社区开展"时间银行"的项目试点。

"时间银行"的项目试点于2013年11月启动，并得到了金华市民政局的大力支持和帮助。金华市民政局以"金华市社会工作示范基地"的形式为"时间银行"项目提供5万元经费，为该项目提供政策和财政支撑，同时也监督项目的运行，形成事实上的"政府购买服务"。该项目的具体做法主要是：金华市乐福社会工作服务中心和八咏楼社区居委会成立"时间银行"并共同担任项目管理方，参照银行的运作模式为每一名志愿参加该项目的老年人建立个人账户，并将该老年人为其他老年人（通常是高龄老人）提供的服务内容和服务时限参照既定的时间标准折算为一定的单位时间并存储下来。如果今后该志愿老人需要提供服务，就可以到时间银行来支取其存储的时间，由项目管理方来协调其他老年人为其提供服务。特别值得提出的是，"时间银行"项目的业务员全部由浙江师范大学社会工作专业（或相关背景）的在校研究生、本科生和社区里具有"社会工作师"资格证的工作人员担任。"时间银行"项目还专门成立一支志愿者队伍，为那些高龄老人或特殊需求的独居老人提供志愿服务。"时间银行"的互助服务模式得到了社区居民特别是老年人的欢迎和支持，到2014年4月，就有120多名老年人参加到"时间银行"项目，并累积存储了2000多个单位时间。该项目也在后期的阶段性评估中被金华市民政局和相关专家评估为"优秀项目"；金华市乐福社会工作服务中心于2017年被评为第二批"全国社会工作服务示范单位"。①

---

① 《金华获评"全国社会工作服务示范地区"》，2017年1月6日，金华新闻网（http://www.dghuarong.com/weibo/41767.html）。

四 社区社会组织参与社会事业类公共服务供给：居民自助服务与政社互动

社区社会组织在基层社会治理和公共服务供给中发挥着举足轻重的作用，这主要基于以下几方面的原因：一是社区社会组织多产自基层、形式灵活、亲和力强，并主要在社区活动，与民众"打交道"是其主旋律，因此比政府和其他组织能够更加了解和理解基层民众的需求和愿望；二是社区社会组织根植于基层社会和民众之间，一方面能够通过协商沟通，提供切实的、个性化服务，有效地化解民众之间的矛盾、纠纷，协调社会关系，另一方面也能够通过社会救助和帮扶活动解决一些社会问题，促进基层社会发展；三是能够通过意见表达和自身作用发挥，把民众的利益诉求和愿望准确、有效地传达给政府，在政府和民众之间起到协调、沟通的纽带作用。因此，社区社会组织既能因贴近民众得到民众的理解和支持；同时也能帮助政府解决社会问题而得到政府的大力支持和肯定，助推其健康快速发展。目前，浙江省备案的社区社会组织已有10万多个，它们在基层社会中的作用发挥也越来越显著。

现在来看，社区社会组织的产生对基层社会公共服务供给机制创新有着重要的意义。社区社会组织特别是公益类社会组织既是随着物质生活的丰富，在面临社会多元化社会发展过程中因利益调整和社会矛盾增加的社会大环境下，民间社会力量参与到社会治理中来并提供有效服务的现实需求，同时也为未来解决基层社会矛盾，增强居民自我管理和自我服务，推进政社良性互动和维护基层社会稳定，提供了一条有效的解决路径。

（一）杭州市"和事佬"协会的矛盾纠纷调解实践

"和事佬"协会是在社区内产生的、具有杭州特色的调节基层社会矛盾和民间纠纷的公益类社会组织。2007年杭州市人均GDP达到8000美元，市委市政府在打造"生活品质之城"的过程中，投入大批财政改善居民的居住条件和生活环境。在此期间，大量的邻里纠纷和社会矛盾也随之产生。为解决社区邻里纠纷和矛盾，减轻政府负担，邻里街坊间那些退休的、在民众中德高望重又乐于助人的老人们，在社区居委会的呼吁和协助下，主动当起了杭州人口中的"老娘舅"和"和事佬"，帮助社区解决家庭、邻里纠纷和矛盾。在化解邻里矛盾的过程中，又因为这些"和事佬"立场公正、处事公道又比较有经验，"和事佬"们得到了民众的广泛欢迎和支持。于是，政府顺势而为帮助社区成立了"和事佬"协会。2008年2月，第一个"和事佬"协会在杭州市下城区产生，在整个下城区先行先试并取得了比较理想的效果。在此基础上，2009年"和事佬"运行机制在杭州市2924个社区和村中得到推广，并统一名称为"和事佬"协会。协会成员也由最初的5名志愿者发展到如今的2万多名，每年成功化解的社会纠纷矛盾不下6万起。① "和事佬"的调解矛盾过程还被杭州电视台做成法制节目《和事佬》搬到荧幕，并受到民众的欢迎。

"和事佬"协会在杭州市的推广和实践的过程中，创造出了一套职能明确、便于操作的协会章程和工作运行机制：

1. 通过七个"一"明确工作职责和协会职能

"和事佬"协会的工作职责主要通过七个"一"来体现，即：对社区政事"灵一灵"，在社区（小组）"走一走"、到楼道（村民间）"看一看"、走进家庭"听一听"、对社会陋习"说一说"、对矛盾纠纷"劝一劝"和遇到困难求助"帮一帮"。② 七个"一"既包含了对基层党委政府方针的宣传引导和社情民意信息的搜集，也包含了对基层社会事务的积极参与，承担了化解基层社会矛盾纠纷这一政府的重要职责，帮助维护一方社会和谐稳定，是承接政府职能社会化转移的很好体现。

2. 形成了有效的矛盾化解机制

当前，"和事佬"协会的矛盾调解机制主要有这样几个：（1）"串门促和"制，即通过在社区内串门走户，宣传政策方针和搜集民众

---

① 郭道久：《社会组织与深化基层政府职能转变——以杭州"和事佬"协会为例》，《中国机构改革与管理》2015年第10期。

② 熊雄：《从法治角度看"和事佬"现象》，《杭州·我们》2011年第9期。

意见，及时解决矛盾纠纷并把发现的一些疑难问题及时报送给社区。(2)"坐堂问诊"机制，每月在固定的时间内由协会成员在工作室或办公室"坐堂问诊"，接受民众咨询并帮助居民解决问题。(3)"联席会诊"机制，针对居民反映的问题和需要解决的疑难问题，"和事佬"协会成员每月定期联系社区相关人员以联席会的形式进行讨论、协商寻找解决方案。(4)"信息反馈"机制，协会成员将串门走访发现的问题和搜集到的社情民意等重要信息及时反馈并报送给社区和街道等部门。(5)"引导参与"机制，对一些"和事佬"协会无法通过调解解决的矛盾，在及时向社区等反馈的同时，也通过说理、讲理和转移司法途径等方式对当事人进行正确引导。(6)"纠纷回访"机制，对已经调解完成的纠纷和矛盾，要定期进行回访和对相关问题进行反馈，以减少问题的再次发生，消除相关隐患。[①]

从社会实践来看，"和事佬"协会每年成功协调6万多件社会矛盾纠纷，帮助基层政府解决了许多社区矛盾和问题，有效承接了大量的政府社会管理和服务职能，特别是社会矛盾化解、维护社会秩序职能，成为政府职能发挥的重要补偿力量。"和事佬"协会也因此得到了杭州市政府的支持，基层社区和街道也为辖区内"和事佬"协会提供资金支持（如下城区每个"和事佬"协会每年保证经费大于5000元）。为激励"和事佬"更好地发挥作用，下城区司法局还出台《下城区人民调解案件补贴办法》，将"和事佬"的纠纷调解纳入"以奖代补"范畴，为"和事佬"协会提供相应的奖励资金和培训经费。

（二）杭州市"湖滨晴雨"工作室参与社区服务供给的实践探索

"湖滨晴雨工作室"是杭州市上城区在基层社会治理和服务供给中的有益探索。上城区是杭州市的中心城区和城市性质主平台，历史文化底蕴深厚，经济和社会发展都走在全市乃至全省前列。

---

① 董敬畏：《和解理性与社会共识——杭州"和事佬"协会的思考》，《观察与思考》2013年第4期。

2012年上城区人均GDP达到32081美元，提前进入高收入水平的"后小康时代"。新阶段的民众需求呈现出更加多元化、个性化、高层次的特点。深厚的历史文化底蕴也造就了上城区民众较高的文化素养和民生品质期待，这对传统的社会治理和管理服务提出了新挑战，也为基层政府更好地挖掘和整合社会资源，更好地服务民生提供了物质基础和条件支撑。社区社会组织"湖滨晴雨工作室"就是在这样的社会背景下产生的。

2009年年底，上城区委、区政府以湖滨街道为试点，成立以党政为主导力量，市民、媒体和社会四界联动的公益性社会组织——"湖滨晴雨"工作室，开启上城区"民主促民生"机制创新先河。2013年，"湖滨晴雨"工作机制在上城区推广和完善，并形成"政府搭建平台、多元主体共同参与、整合多方资源、协商解决问题"的新机制，不仅能够汇聚民意民智，协助党和政府科学决策，有效解决民生问题，增进社会满意；也激发了民众的参与能力和创新激情，使民众真正成为民生工程的参与者和建设者。"湖滨晴雨"工作机制创新主要体现在以下几个方面：

1. 整合多个单项资源为多功能综合服务平台

杭州市上城区民众参与能力比较强，社会力量也比较活跃，2009年仅备案的社区社会组织就已经达到600多家。这些组织在社区提供多项服务的同时也存在着"杂、小、散"和一些管理运行不规范的情况。2009年年底，在杭州市政府的帮助下，湖滨街道将街道的"社情民意信息直报点"和"社会舆情信息直报点"与社区里的"草根质监站"和"和事佬"协会等多个单项平台资源整合为一个党政、市民、媒体、社区和社会各界联动的综合性的服务平台——湖滨晴雨工作室。现在来看工作室作为一个社会组织，其承担和完成了这三项功能：一是基层党委政府获得有效信息，吸纳民智，推动政府科学决策的"问计于民"平台；二是民众有效表达愿望和利益诉求，并通过积极参与和协商有效解决民生问题的参与平台；三是汇总社情民意，为政府和社会互动传递信息和沟通回应的桥梁平台。

2. 创建了一套有效的社情民意搜集和传递机制

湖滨街道原本就是杭州市的信息直报点，整合了民间资源之后，更是创造了"一室六站两员四报"（即"1624"）工作机制激发居民和志愿者活力：（1）"一室"即湖滨晴雨工作室，由湖滨街道主要负责人兼任台长，选聘有群众工作经验的社区工作者担任专职工作室主任。工作室设立社情民意网上、网下"问计于民渠道"，开辟上情下达、下情上报"绿色通道"，负责做好信息收集、分析、报送及问题协调等工作，通过加强与民情预报员、民情观察员和社会各方人员互动，促进民主民生机制不断完善。（2）"六站"即六个社区民情气象站。街道下辖6个社区均设立"民情气象站"，由社区主要负责人兼任站长发挥社区统筹协调作用，配合工作室开展各种民情收集、反映和政策传递、解答等。（3）"两员"即通过自我推荐、居民推荐和组织推荐组建的"民情观察员"和"民情预报员"队伍。民情观察员作为湖滨晴雨工作室的志愿者队伍，由党代表、人大代表、政协委员、单位职工、新杭州人、社区居民等不同层面人员组成，围绕社会热点、难点、群众关注点收集民情，为党政决策提供及时、全面、准确的信息，向辖区居民群众宣传政策并帮助反映意见、建议。民情预报员由市、区职能部门负责人和专家学者、新闻记者担纲，宣传政策、听取民情，促进辖区居民对政府工作理解和支持，推动政府职能部门工作更加科学高效。（4）"四报"即"民情气象一天一报""民生焦点一周一报""民生时政一月一报""民生品质一年一报"：民情观察员每天观察民情气象，并交由工作室汇总、整理、研判。工作室围绕民生焦点开展网上和网下调查，掌握一周舆情；对事关民生的政情、重大事件、社会热点做好每月预报、通报；对年度民生工作进行全面总结、评估，对优秀的民情气象站和观察员进行表彰。

3. 创建了有效的民生议题协商机制

工作室以问题为导向，针对居民普遍反映的需要多部门共同解决的共性民生问题和即将制定出台的政策制定，邀请政府职能部门和企业、知识界、媒体界人员与社区群众一起举办各种形式的民情沟通会、恳谈会，通过讨论、沟通和协商，寻求最佳解决方案。通过多次协商，湖滨晴雨工作室摸索出了一套"民众参与、部门协同、媒体监督"的公共问题协商机制，做到"具体问题小协商"——通过街道、社区、居民自我协调处理解决；"共同问题大协商"——政府、媒体、专家、居民四方协同解决。近年来，湖滨晴雨工作室通过与"杭网议事厅"的网上（网下）互动和在"浙江在线"设立专栏等活动建立与媒体的互动机制；通过召开恳谈会建立政府职能部门与专家学者、市民的沟通协商机制；通过"相约星期五"开展的社区问题讨论协商机制等工作方式和机制创新，有效地帮助政府更好协调、处理各方利益关系，解决许多民生问题。2010年以来，工作室先后组织了"南宋御街建设大家谈""公共交通（服务）民情恳谈会""美丽杭州如何建""解放路213号供水"等大型民情协商活动近50次，推动许多民生难题和历史遗留难题的顺利解决，得到了民众的赞许。

工作室成立七年来成绩斐然。到2015年年底，工作室共搜集社情民意8900多条，形成专报1500余篇，其中有近1/3是民众普遍关切的民生问题。工作室集民智、听民声，"因民而观、为民而察"的功能得到很好的体现，很多对民情观察员提到的问题和建议被政府采纳，有些更是"金点子"而被政府接受付诸实施。工作室探索出来的"1624"社情民意信息搜集机制还得到中央高层的关注和肯定，2015年"湖滨晴雨工作室"成为中宣部舆情局的"信息直报点"，这可以说是对工作室几年来工作的高度肯定。工作室作为协商平台为民众解决大量民生问题得到民众赞许的同时，也得到政府部门的重视和合作：除街道、市委分别拨款向工作室购买基层信息服务外，2014年年底浙江省民政厅也与湖滨晴雨工作室签订购买服务合同，向湖滨晴雨工作室购买一批为老服务项目。自2013年起，湖滨晴雨工作室的工作机制开始在上城区得到推广并逐步在杭州市进行推广，截至2016年年底，杭州市已经建立了38家类似于"湖滨晴雨"工作室的公益类社会组织。湖滨晴雨工作室的运行机制也得到学界的关注和重视，目前，"湖滨晴雨工作室"分别是中国社科院的社会心态观测点、复旦大学"城市治理观测点"以及浙江省公共政策研究院的"社会管理观察点"。

◇◇ 第二章 城市公共服务分类供给的机制创新：浙江的实践探索 ◇◇

第三节 政务类公共服务的政府改革：职权下放与职能整合

如前所述，在城市公共服务供给中，除民生类公共服务和社会公益类公共服务之外，还有一类是以社会治安、行政审批、权益保护等为主要特征的政务类公共服务供给。政务类公共服务供给改革既与城市公共服务供给密切相关，也关系到基本公共服务供给的整体性改革。随着体制外公共服务多元供给改革的逐渐深入和公众对公共服务需求的质的提升，以"简政放权""放管结合""优化服务"为改革价值追求，凸显政府"责任"和"服务"的政府自我改革也逐步深入实践领域。浙江省作为中国改革的前沿阵地，在这一领域也承担了大量的国家改革试点任务。本节和下一节主要从党的十八大以来浙江省省域内政府职能转变和服务流程优化改革实践入手，探讨政务类公共服务供给改革实践。

一 权力清单制度改革中的职权清理、下放与整合

党的十八届三中全会明确指出，要厘清中央政府和地方政府纵向间的事权和支出责任，并按照事权划分承担和分担支出责任。十八届四中全会进一步指出，推行权力清单制度改革，明确各级政府及部门的职责。随后，以"清权、减权、制权"为主要特征的权力清单制度改革成为各省及以下地方政府改革的重要内容。浙江省作为改革的前沿阵地，是全国首个进行省、市、县三级政府统筹设计、梯次推进、联动改革的省份；并在此基础上开创性地提出"四张清单一张网"的政府自我改革，以推动政府与市场、社会职责边界的规范，同时合理划分各级政府职责、精简行政审批，提升政务服务效能。

诚如时任浙江省省长李强所言，权力清单就是"让职权配置更加优化、职权边界更加清晰、职权运行更加公开，职权监管更

加到位"，^① 作为简政放权的重要抓手和切入口，权力清单制度改革就是在政府层级内部，通过对各层级政府的行政权力进行梳理、归类和确定，从而使各级政府行使的行政权力有明晰的边界，并通过有效的制度约束与监督，使权力的行使得到有效的规范约束。为此，浙江省从2013年年底至2014年10月，按照"清权""减权""制权"的程序，对省、市、县三级政府及其部门进行了权力清单制度改革。

首先是清权。做好权力的梳理和归类，是有效进行权力清单制度改革的前提。2013年年底和2014年年初，浙江省先后出台了《关于开展政府职责清理规范行政权力运行工作的通知》和《关于全面开展政府职权清理推行权力清单制度的通知》，以法律法规为依据，按照职权法定、简政放权、便民高效、权责一致和公开透明的原则，全面梳理各级政府职能部门的权限。以省级政府为例，在将行政权力分为行政审批、行政强制、行政征收、行政给付、行政裁决、行政确认、行政奖励、其他行政权力等10个类型的基础上，将涉及42个职能部门的行政权力梳理出1.23万项职权。这为下一步对行政权力的确权和减权奠定了基础。

其次，对梳理出来的行政权力进行"减权"。各级政府梳理出的权力设定依据是什么？执行的程序是否合法？哪些权力是不应该存在的？哪些权力是存在相互交叉和职责相近的？哪些权力是可以放权给社会的？哪些是可以移交给下级政府的？诸如关系到"减权"的核心问题，省编制办、法制办和审改办三大牵头部门聘请专家团队、离退休干部和各职能部门通过"三报三审三回"^② 模式，同时辅助于上级政府下达清减指标、权力清减方案征求社会各方意

---

① 王国锋：《勇于自我开刀推行权力清单制度》，《浙江日报》2014年1月22日。

② "三报三审三回"模式主要是指：省级部门清理上报后征求市县政府、专家意见，然后反馈省级部门的即"一报一回"；各部门调整完善上报后征求省级人大、政协以及监察等部门意见后，再反馈省级部门的"二报二回"；再调整完善上报，省编委办提出意见建议报省政府的"三报三回"。详见《"权力清单"的浙江样本》，《浙江日报》2014年9月22日。

见、第三方审核等多种途径,将清理出来的权力进行多方论证、协商、审核之后,对不符合法律法规的权力给予取消、职责重复和相近的给予清减、辅助性的权力移交给相关行业部门和事业单位、面向基层和量大面广的下放给基层政府等"减法",做到简政放权。还以省级政府为例,通过减权,上述1.23万项职权被清减到4236项,其中,省级部门直接行使1973项、全部委托下放和实行市县属地管理的2255项,省级有关部门的共性权力8项。[①] 特别值得一提的是,浙江的权力清单制度改革在"减权"过程中也做到了部分权力的下放。早在2014年1月,浙江省国土资源厅就出台《关于进一步改进国土资源行政审批工作提高行政审批效率的若干意见》将农转用、土地征收、农村土地综合整治等事项的审批权限直接下放到舟山市、海宁市、嘉善县、绍兴市柯桥区政府,浙江也成为全国最早下放这三项审批权限的省份。[②]

最后是"制权"。"制权"就是对上述梳理并清减后的权力事项,经过审核之后,按照统一的标准和流程,制定出规范的权力清单向社会公开发布,并接受社会公众监督。2014年6月底,浙江省级政府部门清理后的4236项权力按照名称、类别、事实依据、行使主体等统一格式,同步在浙江政务服务网、"浙江发布""浙江新闻"等媒介上公开发布。同时对行政审批类型的职权还统一公布了申请材料、办事流程等事宜,确保服务流程优化。

表2-5　　2014年浙江省省级部分权力清单类型项目统计　　单位:项

序号	权力类型	省级保留	属地管理	共性权力	审核转报	小计
1	行政许可	425	0	0	14	439
2	非行政许可审批	61	0	0	1	62

[①] 张鸣:《省级政府部门推进权力清单制度研究:基于浙江实践的考察》,《电子科技大学学报》2014年第1期。

[②] 详见《"权力清单"的浙江样本》,《浙江日报》2014年9月22日。

续表

序号	权力类型	省级保留	属地管理	共性权力	审核转报	小计
3	行政处罚	517	2138	2	0	2657
4	行政强制	37	107	3	0	147
5	行政征收	47	1	0	0	48
6	行政给付	13	1	0	0	14
7	行政裁决	10	1	0	0	11
8	行政确认	159	11	0	0	170
9	行政奖励	79	0	1	0	80
10	其他行政权力	528	56	2	0	586

资料来源：浙江政务服务网。

二 富阳权力清单制度改革试点实践[①]

在浙江省的权力清单改革实践中，富阳作为全省的改革试点先行。在前期改革的基础上，从2014年1月进行全面改革。围绕行政权力的来源、行政权力行使的规范和对权力的有效监督，富阳市按照省级标准突出抓好清权厘权、减权简权、确权制权三个关键环节，同时做好事中事后监督。在做好权力清单的基础上，坚持服务导向原则，对行政审批改革、优化公共服务供给等方面都做出了有益的探索和贡献，并在全省进行推广。

（一）制定权力清单，规范行政权力

作为县级市，富阳市以"贴近群众、社会关注、确保运转"为原则，按照原始权力、常用权力和非常用权力的分类原则重新构建权力清单框架体系，梳理出已有的行政权力事项。在此基础上，按照"能减则减、能放则放、应管善管、能快则快"原则，大力减权

---

① 该部分的数据和资料来自2015年7月在富阳区政府有关部门的调研。

简权。对于法无据、不合时宜、适宜下放、内容相近、相互交叉五类权力采取了取消、严管、下放、合并等办法，将富阳市43个职能部门的原始行政权力从2008年的7800多项削减到4825项，常用行政权力从2500多项削减到1574项。在权力清单的制定上，通过确定名称、界定内容和职责范围、统一编码、落实责任主体等规范形式，确保政府及其各部门权力界定明晰、配置科学、公开透明。经过2014年年初到年中的近半年努力，初步形成了县一级政府的行政权力清单，并率先在"中国富阳"政府网站上"晒"出了全国首份县域行政权力清单。

表2-6　2014年浙江省、杭州市、富阳市三级权力清单①

公布单位及时间	浙江省 （6月30日）	杭州市 （7月14日）	富阳市 （6月30日）
公布权力（项）	4437	3873	4826
公布权力清单部门（个）	42	45	39

（二）编制部门责任清单，强化政府服务职能

在制定权力清单的过程中，富阳市还立足解决职能部门间的职责交叉问题，将与民众接触较为频繁的、涉及市场监管、安全生产、卫生管理等38个部门梳理出职责790多条；对其中有35项涉及职责交叉和容易产生推诿问题的职责边界事项，明确要求成立牵头部门，共同协商各部门的各自职责和交叉职责，分清主办、协办关系，进一步厘清部门职责，制定出各部门的责任清单，强化各职能部门的责任意识。同时充实和完善公共服务事项，强化服务型政府的责任意识和理念。按照省政府要求，富阳市全面梳理部门以促进社会发展为目的、直接为行政相对人行使各项权利创造和提供必要条件所开展的具体服务事项。在原职责

---

① 富阳市于2015年2月撤市设区，成为杭州市的第九个市辖区。

清单的重大公共服务事项上，按照基础性服务（水、电、气、交通等）、经济性服务（科技推广、政策性信贷、检验检测等）、安全性服务（各类预警信息、卫生疫情处置、消防培训等）和社会性服务（就业、教育、技能培训等）四大类进行梳理，在原职责清单70项重大公共服务的基础上，又增加了99项，使公共服务达到了169项。

（三）实施行政审批专项改革，提升服务效能

一是精简和下放审批权力。加大对无法定依据、不适应管理要求和有碍科学发展等事项的清理，行政许可、非行政许可事项从2013年年初的724项减少至293项。加大放权力度，农村宅基地审批等共23项审批事项直接由乡镇政府办结，再生育审批等145项审批事项由乡镇受理，并通过网上联动办理。二是完成"两集中两到位"改革，减少审批环节。部门行政审批职能向行政许可科集中、行政许可科向行政服务中心窗口集中，推进职能整合到位、窗口授权到位，全市承办行政审批的科室由150个减少到44个，行政服务中心窗口的行政审批事项进驻率超过90%。三是推动网上审批，以审批流程固化和电子化报件为基础，建立全市统一的"网上行政服务中心"，实现各部门（除公安、工商等七个垂直部门外）审批申请、受理、审核、审批、收费和发证等环节网上办理，建立"信息跑人少跑"的网上审批模式，并实现审批过程全程电子监察。

三 职权重心下移：嘉善"综合行政执法局"的探索[①]

省、市、县联动推进权力清单制度改革的过程中，遇到的突出问题是权力事项规范冲突、部门职责交叉重叠事项的清理和确权问题。党的十八届四中全会中提出："要推进综合执法，大幅减少市县两级政府执法队伍种类……有条件的领域推行跨部门综合执法。"浙江省在前几次的改革过程中就已经开始了部门职责

---

① 该部分的部分数据和资料来自2017年6月在嘉善县综合行政执法局的调研。

综合改革的探索。2007年10月，嘉善县成立城市管理行政执法局，后为便于管理，整合了相关部门395项的行政执法和行政强制等权限。2014年9月，响应党和国家综合行政执法改革，嘉善县在姚庄等镇综合执法改革先行先试的基础上，成立综合行政执法局，作为嘉善县的政府工作机构，行使综合行政执法职责。经过近几年的实践探索，嘉善县综合行政执法局在横向上通过职能部门的职责划转和明确权力边界，扩大了综合行政执法范围，有效地整合了行政执法资源，解决了执法过程中的"权责交叉"和"九龙治水"现象。在纵向上，通过将执法重心下移到中心镇和执法中队的方式，实现了对整个嘉善的县域执法全覆盖，构建出城乡一体化的综合行政执法新体系。嘉善县综合行政执法局的改革创新主要有以下几个方面：

（一）通过职权划转厘清综合行政执法局的职权，解决行政执法中的"权责交叉"和多头管理现象

职责分工明晰是提高机构服务效能的前提。综合行政执法局试点改革面临的首要问题就是职责权力的内容及边界问题，即应该具有哪些行政执法职责和执法权限。鉴于传统管理体制下的"条块分割"现象，长期以来行政执法面临着多头执法局面下的"看得见管不着""管得着但看不见""谁都能管但谁又管不了"的难题，综合行政执法局的首要目的就是将这些交叉的职责清理、划转、合并到综合行政执法局来，综合执法。在总结姚庄镇2013年将21个部门31个方面的1812项行政处罚权在镇域范围内综合执法的基础上，嘉善县将整个县域内涉及的综合执法职责进行厘清并制订出初步的职责划转方案。方案在县各职能部门进行讨论、协商、修改的基础上，报嘉兴市政府，再由嘉兴市政府讨论、征求意见后上报省委省政府审核。经过多轮协商、讨论和层层申报、审核之后，将土地和矿产资源、水行政、安全生产、价格管理、体育、民政等涉及17个部门26个方面的部分或全部共计1073项的行政处罚权，划转到综合行政执法局，由综合行政执法局统一执行。至此，在嘉善县域内整合了执法权限，厘清了权责的边界，使执法职能得到了有效的集中，减少了部门间职责交叉和推诿扯皮的空间。

表2-7　嘉善县划转到综合行政执法局的26项职能

序号	划转职能	序号	划转职能	序号	划转职能
1	市容环卫	10	体育	19	水行政
2	城乡规划	11	民政	20	人防（民防）
3	城市绿化	12	石油天然气管道保护	21	教育
4	市政公用	13	安全生产	22	建筑业
5	工商	14	能源	23	房地产业
6	公安交通	15	循环经济	24	工程建设
7	环保	16	防震减灾	25	渔政
8	旅游	17	人口计划生育	26	林政
9	价格监管	18	土地和矿产资源		

（二）通过执法队伍专业化建设和执法重心下移，提高综合执法效能

为提高执法效能，综合行政执法局首先从执法队伍建设抓起。在从其他职能部门划转职责和机构编制的过程中，考虑到执法的效能，行政执法局坚持"人随事走"和"编随事转"原则，改变以往从原有部门推举相关人员划转的惯例，从国土、安监、农经等部门划转出48个人员编制，依靠自身部门职能需要招聘和培养专业的执法队伍人员，经过几年的努力，培养出了一支充满朝气、正气的执法队伍。2017年综合行政执法局的210名综合执法队伍中，本科以上人员200名，中共党员144名，平均年龄33岁。为提高执法人员的专业水平和执法效能，综合行政执法局将

执法重心下放到基层一线，建构"大中队、小机关"的组织结构：在全县的 9 个街道和镇建立综合执法中队（或分局），在 34 个城郊接合部中心村设立驻点，随后将综合执法局 86% 的执法人员下放到中队（分局）和中心镇驻点，并保证每个中队的执法人员不少于 10 人，县综合行政执法局的各科室仅保留 2—3 人的设置。同时，借助乡镇"四个平台"中的综合执法平台，建立以镇（街道）综合行政执法中心为指挥中枢、综合行政执法中队为骨干、其他驻镇（街道）执法部门站所共同参与，集巡查发现、协商联动、考核评价功能"四位一体"的综合执法平台和举报投诉平台，提升基层联动执法效能。

（三）积极探索与职能部门的协同机制，推动综合行政执法职能的顺利执行

虽然综合行政执法局通过横向的职能整合和纵向的重心下移，促进了职责明晰和执法效能的提升，但是综合行政执法只是一部分的行政职权，这些职权与原属职能部门仍然有着联系，一段时间内仍然是个难题。为保证执法效能的顺利实施，综合行政执法局探索出"1+17+8"的协同配合机制，"1"就是一个"综合行政执法改革"大框架；"17"是指为明晰各部门职责，综合行政执法局分别和民政局、体育局、国土资源局等上述 1073 项执法职权的 17 个职能部门通过协商和讨论，各自签订了具体的协商配合制度，同时借助于浙江政务服务网，公布于众，明确各职能部门的权力边界。"8"就是在与上述 1073 项执法职权的职能部门共同协商、制定出来的 8 个协同配合执法制度，如图 2-3 所示，包括"联席会议制度""专题会议制度""信息共享制度""案件移送制度""首问责任制度""部门联动协作制度""基层执法联动制度"和"司法联动制度"，从制度层面推动综合行政执法局与各职能部门的协同。

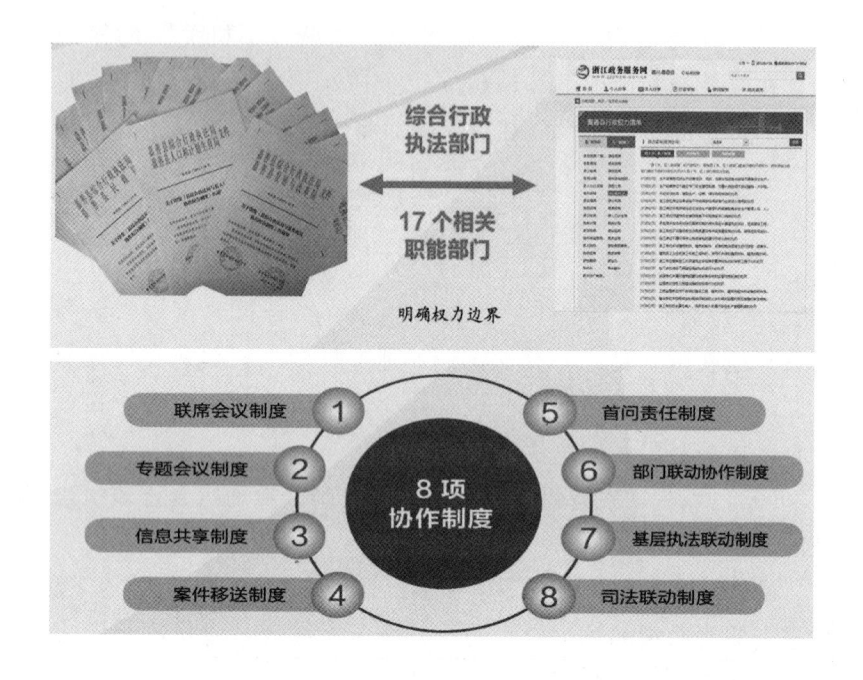

图2-3 综合执法的"1+17+8"协同机制

（四）做好相关法律法规的制度保障

为保障改革的成效，嘉善县围绕综合行政执法改革试点相继出台了《嘉善县全面开展综合行政执法试点工作实施方案》《嘉善县综合行政执法实施办法》《嘉善县综合行政执法责任追究实施办法》《嘉善县关于加强综合行政执法协作配合意见》《嘉善县关于加强综合行政执法队伍建设的意见》等十二个文件，这为综合行政执法改革试点奠定了基础，也推动综合行政执法取得显著成效：从2014年9月至2017年5月，嘉善县综合行政执法局共办理行政处罚案件35363起，查处一般程序案件2373起，其中涉及新划转领域的违法案件823起，12个领域实现行政处罚"零"的突破。共接到市民的投诉举报22775件，有效解决22092件，解决率达97%，满意率95%以上，执法效率得到明显提升。综合行政执法局也获得浙江省"人民满意的公务员集体"

"浙江省依法行政示范单位""社会管理综合治理先进集体"等荣誉称号。

四 部门间职能整合：嘉兴市南湖区"行政审批局"的改革实践[①]

党的十八届三中全会提出要"进一步简政放权，深化行政审批制度改革"，国务院也已经取消或下放了近三分之一的行政审批事项，地方层面从2008年成都武侯区设立行政审批局以来，宁夏银川、贵州贵安新区、天津滨海新区以及河北、山西、广东等各地陆续开始了集中行政许可权的探索，行政审批制度改革已成为简政放权、深化政府改革、提升政务服务效能的关键因素。浙江省在前几轮行政审批制度改革的基础上，经国务院批准，2016年开始在嘉兴南湖区、绍兴柯桥区、台州天台县、杭州大江东四个试点成立行政审批局，探索集中行政许可权的改革。这里以嘉兴市南湖区行政审批局为例，介绍部门间职能整合的改革实践。

（一）划转行政审批职能和机构人员编制，推动行政审批权限实体集中

如何更好地集中行政许可权，提升行政审批效能？早在2000年中国就开始了将行政审批权集中到"行政服务大厅"再到"行政服务中心"的探索。伴随着"两集中、两到位"的深入推进，行政服务中心在全国各地成为一种常态。虽然对行政相对人来讲，行政服务中心的产生对简化行政审批流程和优化行政审批服务已经取得了长足的进步，但政府内部的行政审批结构没有发生根本性变化，仅仅是把行使行政审批职能的各职能部门物理集中到"行政服务中心"办公的改革。随着简政放权的逐步深入，这种程度的集中并不能解决职能部门各自审批因部门、行业分割而产生的服务碎片化问题。而且，从政府机构设置上说，目前，"行政服务中心"的权力来源和职责定位都不甚明晰，仅仅作为一个派出机构或事业单

[①] 该部分的部分数据和资料来自2017年7月在嘉兴市南湖区行政审批局的调研。

位而存在，缺乏对各行政职能部门的制度性和合法性约束，其在审批中对各职能部门的协同能力就会因上级部门或主管领导的重视程度不同而出现显著性差异。行政审批局的出现，从一定程度上打破了这种限制。行政审批局作为一级政府机构，通过将行政审批权限从各相关职能部门中划转过来，并对这些职权的合并和再次梳理，在一定程度上实现了对行政审批职权的整合和统一，完成了对行政审批职责的"实体承办"。① 自 2015 年国务院法制办和中编办联合发文批准浙江的南湖区和其他三个作为全国相对集中行政许可权试点后，南湖区于 2015 年 9 月 11 日由发改委、工商局、环保局、住建局等职能部门牵头，正式开始了筹建行政审批局的工作。在学习和借鉴天津滨海新区等地经验的基础上，历时近一年，经过部门间多次的协商、论证、报送上级部门审核和批复，于 2016 年 8 月 1 日正式成立。成立后的行政审批局作为南湖区政府一级政府机构，从国土、发改、水利、环保、安监、住建、计生、民政等 16 个职能部门划转了包括 174 项行政许可和 28 项服务事项的共 202 项行政许可职权；将原来 16 个部门的公章变为行政审批局一枚公章。与之相对应，按照"编随事转""人随事走"的原则从上述 16 个职能部门中划转出 55 个编制归行政审批局，人事关系与原职能部门完全脱钩。至此，作为一级政府机构，行政审批局成为一个实体职能部门。

从这一点上来说，行政审批局是真正意义上的职能部门整合性的改革，通过对审批权力与服务的一体化改革，在一定程度上解决了行政审批权限跨部门的横向职能整合，可谓是对地方政府大部制改革的有益探索。

（二）清理规范行政审批事项和职责设计，明确行政审批局的职责权限

作为一级政府部门，职责权限的界定和制度设计成为行政审

---

① 贾义猛：《优势与限度："行政审批局"改革模式论析》，《新视野》2015 年第 5 期。

批局合法执行职责的首要前提。为此，南湖区行政审批局对上述202项职责权限按照有利于经济发展、有利于便民服务和社会发展的思路，进行再一次的梳理、归并和整合，成立四大类综合科室，综合性承接和行使行政审批职责。从机构设置上看，审批一科主要归并和整合了全区企业投资项目的相关审批和组织协调服务等职责，具体包括企业投资项目的核准、工程招标文件备案、能评、环评、水土保持方案和施工许可的审批等内容。审批二科主要是对从事生产经营活动的商事登记综合方面的行政许可，具体包括各类企业的备案、名称等变更、股权质押等内容。此外，将全区食品安全经营许可相关产品物品的检验检疫审批权限也归并到审批二科。审批三科主要将交通运输、住建、国土、农田水利等职责梳理并整合，包括诸如道路施工、临时占道、道路车辆行驶载物限制等交通事项的综合许可、房屋产权交易、水力资源利用、林地、土地等涉农相关事项的行政审批权限等内容。审批四科主要是对社会事务的综合许可与服务供给，具体包括传统的科技、教育、卫生计划生育社会事务的审批，民办教育、文娱设施、广电传媒等审批，中介服务组织、社会团体、基金会、养老机构等社会服务组织的许可与审批等社会服务内容。通过对本部门职责权限的梳理和设计，行政审批局的权力边界有了较为明晰的界定；行政审批也由之前在各职能部门间循环转变为行政审批局的内部循环。各职能科室作为一个整体，通过共享行政审批局的后台数据库资源和一体化办理，加速了行政审批的办公速度。此外，"一枚审批公章管到底"的制度设计，对减少审批中的体制性障碍和制度壁垒，打开了一条新的路径。

（三）探索新的审批机制，促进新结构下职责良性运转

相对集中行政许可权的最终目的是减少审批事项，精简审批环节，缩减审批时限，更好地提升服务效能。作为新成立的职能部门，行政审批局的出现无疑是对以往审批模式和审批流程的更新和升级，但这对其自身的职能运行无疑也是一种新的挑战。特别是那些专业性、技术性非常强又涉及大量中介评审（如能评、环评、安评等）的行政审批事项，更加需要考虑其运行的科学性和严谨性。为此，南湖区行政审批局做了以下几方面的工作机制创新：一是打通横向贯通机制，提升审批时效。为确保行政审批的科学、高效和规范，行政审批局专门设置"现场勘查科"，抽取专业技术人才和业务骨干组建一支跨科室、跨行业的现场勘探队伍，负责处理与项目现场勘查的一应事项；同时创新"多评合一""多图联审""联合勘查""调整项目前置"等措施，从内部打通审批流程，精简办理环节，使各科室之间、行政审批局与中介机构之间互联互通、信息共享，提升审批时效。二是通过"一证化"改革切实减少审批事项。为充分发挥行政许可权限相对集中的优势，南湖区行政审批局从群众和企业办事角度出发，整合了从事一个行业所需办理的多个行政许可事项，进行综合许可和联证办理，给行政相对人颁发"行业经营综合许可证书"。目前，南湖区行政审批局已经把全区的娱乐、印刷经营、餐饮等18个老百姓比较关心的行业完成了"一证化"改革，不仅大幅减少了审批相对人的申报材料和等待时间，也推动了行政审批局自身的审批流程重构和事项精简，很好地推动了行政审批局的良性运作和作用发挥。

（四）创新与监管部门的良性互动机制，做好审批和监管的无缝对接

行政许可权的相对集中和独立审批，不仅从原有职能部门中"夺走"了行政审批的权限，更是打破了以往体制机制下的"谁审批谁监管"模式，审批和监管的分离大大增加了原有职能部门事中和事后监管的力度和难度。对此，行政审批局探索出相应的审批监管良性互动机制，相继制定和出台《南湖区行政审批与监管互动制度》和《南湖区行政审批重大事项联席会议制度》等制度措施，定期召开与职能部门的联席会议和专家评审，通过强化事前的会商、协作和联络制度，确保审批部门与职能监管部门间的联动。其次，加快"审管平台"建设，依托于浙江政务服务网，开发具有实时推送功能的"审批与监管信息共享平台",行政审批局将审批办结的事项实时推送给相关职能部门,保证审批事项信息与监管的无缝对接。最后,探索出"监管部门"联络员制度。在 16 个职能监管部门中抽取 22 名专职人员组成联络员,负责及时接收审批部门发来的审批结果和审批要件,并负责将事中和事后监管中发现的严重违法违规情况及时传送给行政审批局,通过强化事中事后的双向互动,促进审批部门与职能监管部门无缝对接的整体性、连续性和协调性。

南湖区行政审批局成立一年来成效显著。来自官方的统计数据显示,截至 2017 年 6 月底,行政审批局受理窗口办结事项 53767 件,月均办结量同比增长 20%,行政许可项目平均承诺期限较法定期限提升 60%。特别是行政许可"一证化"的实施,行政相对人办理审批许可从申报材料到往审批局的跑腿次数、办理等待时间、办理的许可证书都大幅减少,民众的获得感大幅提升。①

第四节 政务服务优化:"最多跑一次"改革

"最多跑一次"改革是浙江省政府在尝试理清政府职责、激活市场和社会力量,推进"四张清单一张网"改革基础上的进一步深化简政放权,是"放管服"政务服务改革在浙江的深入探索和实践,是新阶段推进供给侧和需求侧结构性改革的重要抓手。作为政府面向民众的政务服务改革,"最多跑一次"以"人民满意"为出发点和归属点,通过设立"企业和群众到政府办事最多跑一次"目标进行自我加压和自我革新;立足增加民众便利,通过政务服务流程优化、事项精简和减少审批时限等内容,着力于提高群众满意度需求,倒逼政府深化自我改革;

---

① 具体数据参见《南湖区相对集中行政许可权改革一周年成效显著》(http://www.jiaxing.gov.cn/sxzspfwzx/gzdt_7072/qtywxx_7076/201708/t20170803_702471.html)。

通过行政审批和政务服务事项的进一步规范化和标准化，提高政府服务水平和服务效能；通过取消、下放和规范政府权力的"减法"，换取群众满意度和获得感"加法"，和激发企业和市场活力"乘法"。

一 事项精简和服务优化："最多跑一次"改革实践的内容

虽然从名称上看，"最多跑一次"的主旨是从民众和企业办事体验出发而非从政府自身管理需要出发的改革；但从制度设计上看，最多跑一次却是一项系统性和综合性的改革，改革目的既围绕着从民众"跑多次"到"最多跑一次"（甚至是跑零次），同时更蕴含着变"群众跑"为"政府跑"和"数据跑"、对政府进行自我改革所涉及的打破部门壁垒、推动部门间的协同联动和合作。现在来看，改革的内容也涵盖了以下几个方面：

（一）通过"最多跑一次"的事项清单梳理，推动政务服务的标准化和规范化建设

从2016年8月省政府第八次全体会议提出力争使民众"办一事最多跑一次"目标以来，浙江省省级各职能部门和设市区就第一时间落实改革要求，在梳理、归并行政审批项目和服务事项的基础上，纷纷列出了各市"最多跑一次"的事项服务清单，全省也分两批完成"最多跑一次"事项的梳理和公布工作，2017年2月底，各市的第一批"最多跑一次"清单全部在浙江省人民政府门户网站和浙江政务服务网站同步公示。随后，在省政府优化流程，"一窗受理、集成服务"的改革目标驱动下，各市继续精简结构，梳理和归并行政审批事项，并及时公示。3月底，台州、杭州、绍兴等市相继公布第二批"最多跑一次"清单。在两次的事项清单梳理中，59个省级单位梳理出事项清单958项，设区市本级平均梳理1002项，县（市、区）平均梳理862项。①

---

① 叶慧：《浙江加快推进"最多跑一次"改革综述》，《今日浙江》2017年第8期。

表2-8 浙江省各市第一批"最多跑一次"项目清单公示情况

市级政府	公布时间（2017）	"最多跑一次"项目清单	市级部门项数	涉及职能部门
台州	2月10日	2491	333	国土、监督监管、住房和城乡建设、公共资源交易中心、教育
绍兴	2月16日	671	—	发改委、教育、公安、民政、商务、监督监管、国土等28个部门
湖州	2月17日	1871	454	发改委、建设、国土、国地税、市场监管等33个部门
丽水	2月20日	718	—	发改委、建设、国土、市场监管等43个部门
嘉兴	2月22日	3186	598	45个市级部门
金华	2月24日	824	—	
衢州	2月24日	490		市场监管、公安、档案、国土等31个部门
舟山	2月24日	952	—	
宁波	2月27日	4850		31个部门
杭州	2月27日	4909	642	
温州	2月27日	835		47个部门

资料来源：《浙江省市县三级公布首批"最多跑一次"清单4万余项》，浙江新闻客户端，2017年2月28日。

经过大半年的努力，事项清单梳理工作取得了阶段性成效。截至2017年8月，已经梳理并规范的省级事项889项（其中含中央直属单位在浙机构285项），设区市本级平均845项，县（市、区）平均732项，其中可实现"零上门"服务事项，省市县三级分别是174项、168项和93项。[①] 这为精简事项、优化服务流程，实现民

[①] 此处数据来自2017年8月22日浙江省领导《在推进"最多跑一次"改革专题研讨班上的讲话》。

众"最多跑一次"打下了坚实的基础。在省级各部门和各地市梳理和公布"最多跑一次事项"清单的过程中，行政审批和服务流程的标准化建设也一并得到推进和实现。为推动"最多跑一次"改革的顺利进行，浙江省发布两批《浙江省公共数据共享清单》和《政务办事"最多跑一次"工作规范》等规范性文件；此外，要求各地政府对办理事项的服务时间做出承诺规定，为保证工作效能成立专项督查组对各地市每月一次的督查、考核和第三方评估等工作倒逼机制，使"最多跑一次"改革做到从事项规整到具体办理事项（包括服务指南、服务流程、材料规范、承诺时间、收费标准等服务内容）的逐一标准和规范。通过对办理事项的设定依据、申请条件、申请材料和注意事项等内容的统一明确规定，确保对服务对象进行一次性告知的同时，也在制度层面和法律层面对政府部门的管理和服务做到了标准化和规范化。

（二）通过集成化的审批和服务流程再造，推动部门协同合作与职能有机融合

为做到百姓办事"少跑腿"和"零跑腿"，"最多跑一次"改革以行政服务中心等服务载体的效率提升和职能整合优化为切入点，不断深挖，从服务窗口的集成化受理到政府内部的审批服务流程再造，都进行了结构性的改革。依托于行政审批服务中心或行政审批局，"最多跑一次"改革探索出"一窗受理、内部流转、并联审批、限时办结、统一出件"的集成化部门协同审批服务模式，统筹改革协调，优化服务流程。

"一窗受理"主要针对来前台办事的群众和企业，通过对办事材料实行一个窗口的集成受理，实现民众办事"最多跑一次"。行政服务中心或行政审批局将民众办理事项需要接触的各职能部门，根据职能或分管领域的相近或接近，分类规整为若干个大型的综合窗口，受理同一类型的所有办理事项。这样，群众来办事时只需在一个综合窗口提交材料即可，减少了之前跑多个窗口或多个部门以及跑多次的麻烦，这样就从源头上实现了群众办事"少跑腿"。目前浙江省各地市的行政审批服务中心或行政审批局都已经完成了

"一窗受理",各职能部门根据事项分类和规整,基本上形成了商事登记、社会公共事务、项目投资、建设交通等几大类综合性窗口,民众的办事材料经由这几大类窗口前台受理,之后由行政服务中心进行综合协调和职责转办。

"内部流转、并联审批、限时办结、统一出件"主要是针对后台政府内部的流程优化与结构整合再造,实现对办理事项的集成审批和服务。通过综合窗口受理,后台各审批和服务相关部门汇聚到行政服务中心,在行政服务中心以"内部流转"和"并联审批"的工作模式,对审批和服务项目进行协同审批和联合办理,打破了以往因各部门分别办理和独立办理而产生的环环相套、各环节互为前置的串联审批模式,转变为各职能部门协同合作的同步并联审批模式。集成服务模式的出现,将同类项目的审批和服务涉及的所有部门和环节进行了合理的分类和梳理,同时也为理顺长期以来的部门分割和条块矛盾找到了很好的切入口。通过对同类项目的协同审批和联审联办,不仅推动了部门间的协同合作,更为政府职能转变和机构改革打下良好基础。同时,集成化并联办理在促进形成以服务对象为核心的模块式服务的同时,也将那些具有资格资质的社会组织和公共事业单位的服务事项一并梳理纳入整合到行政服务中心的全程协调和管理体系之中,这对更好地规范政府与市场、社会的关系起到了很好的促进作用。

(三)通过"互联网+政务服务"建设,提高信息化时代政务服务能力水平

"互联网+"政务服务是信息化时代居民通过"网上办事"实现"跑一次"甚至是"零跑腿"的重要路径。为此,浙江省依托浙江政务服务网,将省级各单一部门网站整合到浙江省政务服务网,形成网上在线服务窗口;同时将各地市行政服务中心门户网站与政务服务网进行互网互通,实现公共服务的网络集成对接。至此,依托"互联网+"政务服务网上办事和网下行政服务中心窗口办理的"双随机"模式为表征的"最多跑一次"改革,成为民众提高办事便捷程度的两大重要平台。

相对于部门间的协同合作，"一窗"的背后支撑就是"一网"，"互联网+"政务服务更加需要部门间的信息和数据共享。囿于原有体制制度设计，长期条块分割模式下的各省级部门、地市原有的数据采集系统自成一体，各系统对数据库的封闭使用管理带来的信息壁垒成为实现信息数据共享的障碍。为推动"互联网+"政务服务建设，浙江省于2017年3月先后出台了《浙江省公共数据和电子政务管理办法》和《省级公共数据共享清单》，向各省级政府机关和行政服务中心先行开放了29个省级部门，覆盖了社保、民政、法人基础信息在内的2600个公共数据项的共享权限；至2017年8月，全省已经开放57个省级部门、3600项公共数据的共享权限。同时对公共数据和电子政务管理、数据共享等做出规范和保障，用规章办法打通数据壁垒和信息孤岛，破解公共服务信息共享难题；推动数据共享和信息畅通，变群众办事跑为信息数据跑。为便于民众网上办事，浙江省颁发《浙江省政务服务网电子文件管理暂行办法》，通过规范电子文件管理和电子签章的法律效力认定，加快了电子证照库、法人数据库、信息共享平台和信息安全防范等机制建设，助推网上办事服务平台服务的集成高效，提高信息化时代政务服务水平。

（四）通过"容缺受理"和"代跑代办"等机制创新，提升"最多跑一次"办事时效

在提升民众"最多跑一次"体验方面，各地市也从技术、操作层面做了大胆探索，提升"最多跑一次"办事时效。整体来看，以下几个方面已经取得了比较明显的成效：一是为便于民众事前咨询和了解办事流程，浙江省统一了政务咨询、投诉、举报平台建设，将各类非紧急热线统一整合到"12345"热线电话。目前，11个地级市的"12345"热线电话涵盖了非应急类的所有政务服务内容，民众咨询、举报、投诉的渠道更加通畅。二是在基本条件具备、主要申报材料齐全下的"容缺受理"机制创新，既为民众"最多跑一次"提供了可行路径，同时也为民众提供了践行承诺、提升社会诚信的新渠道。三是"代跑代办"机制的出现，进一步助跑"最

多跑一次"。各行政服务中心创办的代办机构和各种"代办队""帮办队""协办队"等,实现了由群众跑到政府跑的转变,实力助推"最多跑一次"改革。四是"多证合一"和"证照联办"机制大幅缩减办事时间和流程。在已经普及"五证合一"基础上,"最多跑一次"将海关、商务、公安、出入境等六个单位的证表合在一个营业执照上做到"十一证合一",这不仅大大减少了办理营业执照所需的审批材料,同时通过政府部门内部协同的证照联办也大大缩减了审批所需的时间和民众的跑腿次数,大幅提升民众的获得感。六是证件的邮递送达制度,也为减少民众跑腿提供了技术性、可行性和操作性的便利。目前证件邮递送达已经普及。

二 衢州市"一窗受理、集成服务"实践探索[①]

衢州市作为"最多跑一次改革"的先发地和先行试点单位,于2016年年初就开始了"行政服务中心整合提升"计划,在前期"四张清单一张网"改革成果的基础上,推进从清单梳理向集成应用转变。2016年5月开始,市行政服务中心尝试将受理和行政审批分离、审批和监管相分离,试行"一窗受理、集成服务"模式,即根据审批事项的相关度和办理的集中度,归并和整合了服务中心的30个职能部门窗口,成立了"投资项目审批""公安服务""企业注册登记""不动产交易登记""公积金办理"和"综合事务"6个综合型受理窗口。按照"前台综合受理、后台分类审批、同一窗口出件"模式,变群众办事多头跑为"一窗受理、一窗办结"模式。该模式随后也被作为浙江省"最多跑一次"改革样本在全省推广。衢州市行政服务中心"一窗受理、集成服务"的成功经验主要有以下几个方面:

(一)整合部门资源,实现一个窗口受理

为实现一个窗口受理,衢州市主要解决了三个问题:(1)全面

[①] 该部分内容和相关资料来自2017年3月和7月份到衢州市行政服务中心的实地调研和访谈,部分数据来自浙江政务服务网。

梳理权力事项，确定一窗受理事项清单，完成受理与审批的分离。在全面梳理了全市 1090 个行政权力事项的基础上，按照"能进尽进"的原则将其中 611 个事项纳入一窗受理，并与其对应的审批部门签订授权书，统一授权委托行政服务中心综合窗口受理，实现审批与受理分离。（2）重新梳理精简规范受理材料清单。行政服务中心与职能部门协同，对 35 个市级部门的 833 项进驻事项进行细致梳理和规整，统一制定出规范前台办理事项所需的办事服务指南、咨询手册、综合窗口人员的受理依据和后台审批人员的审核规范。这为实现"一窗受理"打下了坚实的操作基础。（3）整合人力资源实现一窗受理。根据一窗受理需要，行政服务中心增加人员编制，并对受理窗口的经办人员进行集中强化培训，使之能够全面熟悉和掌握各相关综合窗口的业务，提升受理窗口的办事效率和服务能力。

（二）强化服务大厅的功能集成，实现服务一站完成

行政服务中心首先从源头上改善行政服务中心的硬件环境，为民众提供一站式集成服务。包括：（1）打造布局合理的办事大厅：按照同一板块相对集中、前台综合受理、后台分类审批、同一窗口出件的总体要求，对服务大厅的整体布局做科学化人性化的打造，让民众少跑腿。（2）打造更加智慧化的办事大厅。中心研发了自助电子填表系统、微信预约、无声叫号、自助查询、办事进度公示等系统，推动办事大厅的智能化和智慧化。（3）打造服务更加集成的办事大厅。如公安综合服务推出"一窗式、云服务"为载体的改革模式，将 8 大警种进行整合，率先实现高速交警、地方交警、综合执法局车辆违法处理"三合一"集成，有效减少了民众办事的跑腿次数，增强了民众的改革获得感。

（三）集成政府内部审批服务功能，推动部门内部协同和职能整合

主要包括：（1）通过"多证合一""证照联办"推动部门协同。一方面在全省统一推进十一证联办的基础上推动实现外贸企业十三证联办；另一方面推动企业注册登记后与后置审批"证照联办"，通过 11 个部门的 16 个事项实现证照联办，按照"统一受理、

统一标准、统一材料、同一平台"的要求完成审批集成服务,有效地推动了部门的协同与合作。(2)推进投资项目中介机构"多审合一、多评合一、多测合一"机制打通审批中的堵点,助推功能集成。"多审合一"主要指首先将建设、人防、消防等施工图的审查按照"一窗受理、一套资料、一站审查"的模式运行并进行电子图审,政府购买。"多评合一"主要指在项目评定中将区域环评、能评、安评等多个评审实行统一受理、统一评估和统一审批。"多测合一"主要是在涉及需要测绘等技术服务时,统一委托一家单位进行统一测绘、成果共享。通过三个"合一"机制的创新,打破了以往企业投资审批的评定环节中第三方评估的惯例,压缩了审批时限,降低企业成本。

(四)完善"互联网+"政务服务网配套系统建设,实现"一网通办"

"最多跑一次"的关键一环是数据共享互通。为此,衢州市行政服务中心主从以下几个方面进行突破:(1)开发市县一体的综合受理平台。依托浙江政务服务网,按照市县一体的思路,先后开发完成"一窗式"综合受理平台、投资项目和企业注册登记联合在线评审平台,统一使用综合受理平台,并将这项系统延伸到各县(市、区)行政服务中心,使全市共用一个平台综合受理。(2)建设电子证照审批文库和办件资源共享库,使得中心办理的各类证照和批文可以自动生成入库,不需办事民众另行提供。(3)致力于各系统间的壁垒打通和信息共享。借助于省级部门的支持和协商沟通,衢州市行政服务中心实现了市级审批平台与省级14个自建系统的数据共享互通,以及在人口库、法人库、公共信用信息平台等基础数据库与政务网的实时交换共享。(4)开通网上预约并逐步扩大网上全流程审批事项。开发完成浙江政务服务APP衢州站点,建成移动网上办事大厅;实现21个事项移动端网上全流程办理,植入电子签名和电子证照,实现申请材料的可信化、最简化,实现"零跑腿"网上办理。

目前,"一窗受理、集成服务"改革已经在浙江省内由地市向县、乡镇和村延伸。依托于浙江省政务服务网,各市的行政服务中心和县(区、市)的行政服务中心(行政审批局)、乡镇(街道)的便民服务中心以及村(社区)的代办处一起,民众可不出乡镇就近办理一部分公共服务事项。

三 台州市"多证合一"的综合性改革[①]

台州市是"国家级行政审批服务标准化"改革试点,其"多证合一"的改革探索一直走在全省和全国前列。为做到百姓办事"少跑腿"和"零跑腿",台州市在"最多跑一次"的改革路径设计中,以行政服务中心等服务载体将效率提升和职能整合优化为切入点,以"一窗受理、内部流转、同步审核、信息互认、多证合一"的工作模式创新,在商事登记方面以"减证"为抓手,由市场监管部门牵头,整合了市场监管、工商、公安、卫生、消防等多个部门的行政许可;在"三证合一""五证合一"的基础上相继推出"九证合一""十一证合一"和"多证合一",切实做到以"减证"有效推动"简政"。

(一)从"三证合一"到"十一证合一"

"多证合一"改革源于 2014 年商事登记的"三证合一"。为进一步简政放权,精简准入流程,激发企业和社会活力,2014 年 6 月国务院在《关于促进市场公平竞争维护市场正常秩序的若干意见》中鼓励探索实行工商营业执照、组织机构代码和税务登记"三证合一"登记制度。7 月国家税务总局在《关于创新税收服务和管理的意见》中系统阐述了"三证合一"的工作思路。随后,"三证合一"在湖北、广东、江苏等地开始了改革试点。台州市结合当地企业特别是外贸投资发展实践需要,在一系列可操作性条件成熟的基础上,于 2015 年 2 月率先在全省实施"三证合一"商事登记改革,发放了全省地级市首张"三证合一"营业

---

① 该部分内容资料和数据大部分来自 2017 年 3 月份到台州市的实地调研和现场访谈,部分数据来自浙江政务服务网。

执照。"三证合一"中营业执照与组织机构代码和税务登记合一，意味着税务部门可以直接利用工商登记成果，这不仅开创了机构内部跨部门有效协同合作的先河，也为今后进一步简化注册登记手续、进一步推进"五证合一"和"多证合一"，精简事项、优化服务打下了坚实基础。

"五证合一"是对"三证合一"的升级版。2015年5月，李克强总理在国务院常务会议上指出，要在全面实施企业"三证合一"基础上再整合社会保险和统计登记证，实现"五证合一、一照一码"，降低创业准入的制度性成本。随后，浙江省率先在全省推开"营业执照""组织机构代码证""税务登记证""社会保险登记证"和"统计登记证""五证合一、一照一码"登记制度，实现信息共享与业务协同，大面积撬动商事登记改革。2015年6月，台州市在全省率先出台《台州市企业"五证合一"等级制度实施办法》，在台州市区域内的企业设立、变更（备案）登记中，通过行政服务中心"五证合一"窗口统一收件，与市场监管、质监、国税、地税、人社、统计协同，核发加载组织机构代码、纳税人识别号、社会保险登记证号和统计登记证号的企业营业执照，实现"五证合一"。"五证合一"使企业注册登记手续从最初的跑6个部门到跑2个窗口再到只跑1个窗口，办理时间从原先的20多个工作日减少到5个工作日再到现在的3个工作日，极大地降低了企业的办证成本，减少了办证时间。

为更好地释放改革红利，激发市场活力，2016年年底台州市在椒江区实行了外贸企业设立、变更"九证合一"登记制度改革试点。针对外贸企业在原"五证合一、一照一码"的基础上，增加《海关报关单位注册登记证书》《出入境检验检疫报检企业备案表》《对外贸易经营者备案登记表》和《公安信息化公章执章证》，购买第三方服务，设立"九证合一"综合窗口，实现"一窗受理、内部流转、同步审核、信息互认、多证合一"的登记模式。从2017年2月起，针对经营范围内有货物进出口和技术进出口业务的企业，在原组织机构代码证、税务登记证、社保登记证、统计证和营业执照"五证合一、一照一码"的基础上,将海关报关单位注册登记证、出入境检验检疫报检企业备案表、对外贸易经营者备案登记表、信息化公章执章证、开户许可证和原产地企业登记证等6个登记证合并到一本营业执照,实现"十一证合一",并于2017年2月16日颁发全省首个"十一证合一"营业执照。"十一证合一"使受理窗口从7个集中到工商一个窗口办理,提交材料从56份减至23份,企业设立时间从30多个工作日缩减至6个工作日,民众跑腿次数从原来最少14次减至1次。

(二)"多证合一"的改革内容

"多证合一"是上述基础上通过"减证"达到"简政"的持续性变革。2017年4月,国务院颁发《关于加快推进"多证合一"改革的指导意见》,要求各地区在"五证合一"登记制度改革的基础上,继续全面推行"一套材料、一表登记、一窗受理"工作模式,登记部门直接核发加载统一社会信用代码的营业执照,相关信息在国家企业信用信息公示系统公示,并及时归集至全国信用信息共享平台。坚持"多证合一"与推进"一照一码"营业执照应用相结合,打通改革成果落地的"最后一公里"。

2017年4月,台州市被列为浙江省商事主体"十一证合一"登记制度改革工作试点,并率先在全省开始探索多领域、多行业"多证合一"的改革。先后在市本级、天台县、路桥区、温岭市试点食品经营、旅馆、酒店、新闻出版业、交通、农业、海洋渔业、林业等24类行业27个事项"多证合一"改革。在全面实施企业"五证合一、一照一码"登记制度改革和个体工商户"两证整合"的基础上,台州市按照能合尽合、能联尽联、能简尽简、该减尽减、该通尽通的原则,将涉及市场主体登记、审批、许可、备案等有关事项和各类证表整合到营业执照上,市场监督管理部门直接办理加载统一社会信用代码的营业执照,将许可证名称、编号、有效期、年审年检等信息载入二维码,被整合的证表不再发放,实现"多证合一、一照一码";同时将营业执照与其他未整合的证表联审联办,使企业快速达到预定可生产经营状态,大幅度缩短企业从筹备开办到进入市场的时间。①

目前,台州市在外商投资、餐饮、旅店、劳务派遣、交通维修、海洋渔业、农业等 24 个领域和行业涉及市场监管、商务、海关、检验检疫、促贸会、人力社保、交通运输、人民银行、公安、外汇等 18 个部门的 27 个事项中开展了"多证合一"改革。与"多证合一"联动,台州市在医疗器材、食品生产、美容美发、烟草专卖等 16 个行业,涉及 12 个部门和 18 个事项中进行了"证照联办"改革。

(三)"多证合一"的联动改革

"多证合一"商事登记制度改革参照了"五证合一、一照一码"的改革模式,实行"一套材料、一表登记、一窗受理、一份证照"机制。为切实做到"多证合一",台州市还从精简办事项目和办事流程、部门内部有机联动等方面来推动"多证合一"改革实现。

一是精简民众办事项目和办事流程,做到"减层级、减事项、减材料、减环节"。(1)"减层级"即开展审批层级一体化改革。早在 2016 年 5 月,台州市就将涉及市发改委、市环保局和市建设规划局等 21 个市级部门的 155 项行政许可事项向县(市、区)下放,其中委托下放占 37.91%,直接下放占 62.09%,实现县级与市级审批 90% 同权。此外,逐级延伸下放,向村级延伸下放可办事项 115 项,乡镇 273 项,现在民众有 90% 的项目申请办事可以不出县就能完成。(2)"减事项"即开展前置盖章清理,减少一些互为前置环节的事项,对于那些多部门重复设定和不合理设定、可以减少的前置事项一律取消。截至 2017 年 3 月 13 日,台州市一共清理乡村两级前置盖章 2188 项,保留 1080 项,取消 760 项,优化 348 项,取消和优化率达 50.64%。(3)"减材料"主要体现在"容缺受理"机制的实施上。作为对传统审批受理方式的创新,

---

① 台州市场监管局:《全省领跑!台州全面实行"多证合一、证照联办"》,2017 年 5 月 12 日,搜狐网(http://www.sohu.com/a/140092102_578917)。

"容缺受理"机制是对那些基本条件具备、主要申报材料（主件）齐全且符合法定条件，但次要申报材料（副件）有欠缺的行政审批事项，在申请人做出相应承诺后，予以容缺受理。截至2017年3月中旬，台州市本级可容缺受理的项目已经达到218项，审批"容缺率"由原来的20.6%提升为51.4%。（4）"减环节"推进审批事项向审批处室集中，审批处室向行政服务中心集中，并实现审批事项到位、审批权限到位。2016年，市卫计委、海洋渔业、建设规划等单位实现全面进驻，中心既能受理、又能办理的事项比例达到90%，分散的处室全部归并掉，申请的即办件率提高了20.9%。

二是打破部门常规，推进部门有机联动。一是"线上线下联动"大力推进"互联网＋政务服务"建设，市级层面的行政许可事项可外网申报率达到94.83%。作为配套设置，着力推进手机端服务办理，在全省率先开通"浙江政务服务网台州站移动客户端APP"业务，已有30多个具体事项可通过手机端一键办成，实现"指尖上的审批"，提升审批速度。二是投资项目联合审批对不同类别的项目进行全流程优化再造。开展联合审批，并根据项目性质归并形成六大分类审批模板，并形成规范，固化审批机制，可以将不同的项目类别灵活匹配到相应模板，企业审批时间可平均减少2—3个月。三是联合竣工验收。变之前的分散受理为统一告知，变原来的单个逐一测量为联合测量，变原来的各部门独自验收为多部门集中勘验，变重复报送为一次报送等途径，大大缩短项目的验收时间。四是市区联动代办。通过在市县抽选骨干工作人员组成代办人员，在市县两级全面建立代理代办服务机构，依托网上审批系统建立投资项目代理代办子系统，实现市县联动项目信息互通和即时代办服务。

从改革实效来看，"多证合一"改革已经成为实现"企业和群众到政府办事最多跑一次"的重要内容和操作路径。企业通过提交"一套材料"和"一表登记""一窗受理"从根本上减少了办理证照的数量，简化了办事程序，在办理营业执照后即能达到预定可生产经营状态，更好地激发市场活力和创业的积极性、主动性。

第三章　现有制度安排下公共服务分类供给的限度分析

如前章所述，近年来伴随着行政审批权力的逐步规范、公共服务领域市场准入机制的放宽、政府购买服务力度的加大和民间社会力量的快速发展，大量的社会资本进入公共服务领域，公共服务的融资渠道和供给方式越来越多元化并广为民众接受，城市公共服务供给已经出现了政府、市场、社会组织、公民个人多元参与和分类共担的局面。政府生产和购买公共服务、公私合作伙伴关系、社会组织承接政府购买服务等已经成为城市公共服务分类供给的"标配"模式，有力地推动着公共服务供给质量和供给效率的提升。但从根本上说，公共服务供给机制转变和多元供给格局的最终实现，有赖于公共服务的"安排者"和"生产者"之间职责的合理分工与有效的合作机制安排，特别是政府作为"安排者"自我改革释放出来的社会空间。受限于当前政府间权责分工的制度设计、公共服务各供给主体间的力量悬殊以及政府与市场、社会的界限模糊不清等因素制约，在实践领域各类公共服务的供给仍然面临着许多限制和困境，仍有许多深层次问题需要进一步厘清和分析。本章循着"政府是否通过职责分工和简政放权改革释放社会空间、市场和社会是否获得发展空间"的思路，分析当前公共服务供给中的体制机制性困境和供给效能限制。

第一节 政府层级间职责不明晰与城市公共服务供给压力

从国际经验来看，作为公共服务的提供者和安排者，政府是公共服务供给的天然主体和主导者，公共服务供给的最终责任应该也只能由政府来承担。①但在中国当前公共服务供给体系中，虽然多元主体已经逐渐形成并已经发挥作用，公共服务供给特别是政府纵向间公共服务职责分工的问题，仍然没有深度触及，政府系统内部的公共服务供给机制改革仍然举步维艰。虽然在政府—市场—社会的职责边界方面，中央政府一度放开并将部分决策权、融资权逐渐下放给地方政府，分级管理的公共服务机制也初见端倪；但纵向间公共服务职责分工这一核心问题始终游离于制度设计和政策制定的边缘。整体来看，因层级间职责分工不明晰，城市公共服务供给仍然存在着供给水平整体低下，城市政府供给负担过重和动力不足的问题。

一 "职责同构"模式下的地方政府权责不匹配
（一）"职责同构"下的政府层级职责不明晰

虽然公共服务供给方式已经由政府单一主体供给转向了多主体供给，政府与社会、市场的合作伙伴关系也在逐步建立，但是，多主体供给机制并不意味着承担公共服务责任主体的多元化，不同政府层级间的公共服务职责分工依然是公共服务多元供给的首要前提。而这一基本问题在当前中国的公共服务供给机制中还未能很好地解决。朱光磊等人指出，当前中国政府纵向间职能、职责和机构设置上都保持高度统一，呈现出"上下对口、左右对齐"的"职责同构"现象。②中国宪法规定了国务院从制定

---

① [美]约瑟夫·E.斯蒂格利茨：《政府为什么干预经济》，郑秉文译，中国物资出版社1998年版，第73页。
② 朱光磊、张志红：《"职责同构"批判》，《北京大学学报》2005年第1期。

行政法规到领导和管理经济工作、教育、科学、文化、卫生、民政、公安等18项职权；同时规定"县级以上各级人民政府"要管理本行政区域内的经济、教育、科学、文化、卫生、城乡建设和民政、公安等各项行政工作。《中华人民共和国地方各级人民代表大会和地方各级人民政府组织法》中也规定县级以上的地方各级政府"管理本行政区域内的经济、教育、科学、文化、卫生……民政、公安等行政工作"，乡镇政府"管理本行政区域内的经济教育科学文化、卫生……行政工作"。在制度设计上，中央到地方各级政府的职责几乎是一致的；在机构设置上，中央到地方各级政府的机构设置也几乎是一一对应，区别仅在于行政级别及相应的机构人员编制差异。在"职责同构"模式下，除国防、外交、海关等极少公共服务职责明确由中央政府承担外，其他几类公共服务几乎都是中央到地方五级政府"同抓共管"，各层级地方政府的服务职责几乎全是中央政府职责的延伸或细化，差别主要体现在同一事项中的具体权限比重和财政支出额度随行政级别自上而下由多到少；因此，中国政府间的职责结构呈现出中央领导、层级负责的关系特点。① 具体到哪一级政府应该承担什么样的职责，以及某一项服务在政府间的职责分工，则没有明确规定。职责的不明确一方面导致某些领域的上位法和地方法也存在着不同程度的重复和冲突，很多公共服务根本说不清楚到底归哪一层级负责，更谈不上相应的操作细则；另一方面也带来事权划分的模糊性，上级随意决定和管辖下级便成了客观现象。作为一级地方政府，城市公共服务供给中也同样存在着政府层级间职责分工不明晰的现象，上级政府决定、下级政府执行的情况比比皆是。

在这样的制度设计下，政府间的职责分工就十分模糊，究竟哪一层级政府具体该执行哪些事权和职责就"说不清"，每一层

---

① 冷永生：《中国政府间公共服务职责划分问题研究》，博士学位论文，财政部财政科学研究所，2010年。

级政府"都能管又都管不了"。包括公共服务供给在内的各项职权在政府层级间也就缺乏明确和有效可行的分工机制，只能模糊和笼统供给。这进一步导致实践运行中的权责分离和错位。对于政府间的层级关系，中国宪法本就规定了"地方各级人民政府对上一级国家行政机关负责并报告工作"；《中华人民共和国地方各级人民代表大会和地方各级人民政府组织法》也明确规定县级以上的地方各级政府和乡镇政府要"办理上级政府交办的其他行政事项"。在实践中，由于很难明晰"某些事权归哪一级政府管理"，就导致下级政府层层对上级政府负责，上级政府对下级政府层层考核的"相互绑定"，造成层级越低的地方政府，拥有的体制内资源越来越少而承担责任却越来越多的权责分离和错位现象。

（二）"职责同构"下地方政府公共服务供给责任增加

1994年以后，分税制作为制度创新大大刺激和促进了政府征收财税的意愿和能力，中央和地方的财政收入都大幅增加。但同"职责同构"制度设计一样，财政制度改革在财政支出方面却建树不多，中国式财政分权的制度设计只是区分了中央和省级政府的财权，省级政府以下的财政支出仍是同样"层级不分"，这直接影响到城市政府公共服务的财政支出能力和供给水平。

表3-1的数据显示，中国式财政分权造成财政收入逐渐向中央集中，支出却逐渐向地方倾斜的趋势。1994年以后，中央几乎每年都获得了全国55%左右的财政收入却只有30%左右的财政支出；地方政府用大约占全国45%的财政收入支撑着占全国70%的财政支出。2010年以后地方政府的财政支出占比更是超出80%。受"同构"模式的影响，省级以下政府财政支出"层层拨付"的方式使得越是基层的政府财政支出权限越小，越拿不出资金从事公共服务供给。可以想象，当地方政府公共服务供给的融资越来越需要转移支付来实现，中央政府的财政支出占比越来越小的时候，公共服务供给只能处于空缺状态。

表 3 – 1　　　1978—2014 年中央和地方财政收支比重　　单位：亿元,%

年份	财政收支			所占百分比	
	财政总收支	中央	地方	中央	地方
1978	收入 1132.26	175.77	956.49	15.5	84.5
	支出 1122.09	532.12	589.97	47.4	52.6
1990	收入 2937.1	992.42	1944.68	33.8	66.2
	支出 3083.59	1004.47	2079.12	32.6	67.4
1994	收入 5218.1	2906.5	2311.6	55.7	44.3
	支出 5792.62	1754.43	4038.19	30.3	69.7
2005	收入 31649.29	16548.53	15100.76	52.3	47.7
	支出 33930.28	8775.97	25154.31	25.9	74.1
2010	收入 83101.51	42488.47	40613.04	51.1	48.9
	支出 89874.16	15989.73	73884.43	17.8	82.2
2014	收入 119175.31	60035.40	59139.91	50.4	49.6
	支出 151785.6	22570.07	129215.5	14.9	85.1

资料来源：《中国统计年鉴》(2012、2015)。

因纵向间公共服务职责不明确，转移支付制度转移不到特定的事项上来。作为当今世界上普遍使用的一种财政调节方式，"转移支付"通常表现为中央政府通过财政预算提供转移支付方式，对地方政府公共服务供给进行调整和帮扶。由于竞争和发展不均衡，转移支付制度普遍被视为实现基本公共服务均等化的重要发明。但从结果来看，由于层层下移中的信息不对称，中央政府无法确切获知财政转移到地方或基层的真实支出信息。而且，地方政府在资金困难时基于自身的利益需求会将转移支付挪作他用。"经纪人"假设认为，地方政府在与中央的博弈中，出于对地方利益最大化考虑，有动机利用信息不对称隐瞒自己的真实情况。① 在地方财力吃紧、转移支付制度又缺乏规范性操作与监督和评估制度的情况下，公共服务转移支付用作他途也就会时常发生了。

二 权责不匹配与城市政府公共服务供给压力

"职责同构"的职权结构体系同样造成了城市公共服务供给的压力。分级负责的职责体系又造成了职责执行中职权与责任承担的错位。体现在关乎民生的基本性公共服务如社会保障、医疗卫生等领域，虽然从公共服务供给责任的最终结果来看，中央政府承担着统筹所有公共服务的责任；但从供给的执行过程来看，中央政府仅仅是制定战略决策并以政治任务的形式"层层发包"分配、下达给各地方政府，② 并要求地方政府按照下级服从上级、地方服从中央的指令贯彻执行。中央政府在这些领域的财政支出，更是严重偏少。表3-2显示，教育、医疗、社保等全国性的基本公共服务占财政总支出的比例一直在30%左右徘徊，而发达国家在社保、教育、医疗卫生等民生性公共支出占财政总支出的比重一般在50%以上，中等收入国家一般也在42%左右。③ 中国的公共财政支出与公共利益目标出现明显错位。世界银行《1997年世界发展报告》数据显示，1991—1995年美国政府预算医疗卫生支出占中央财政支出的比重为16.9%，英国为14%，泰国为7.6%，④ 而中国仅为0.4%，远远低于其他国家的水平。

---

① 丁辉侠：《财政分权、制度安排与公共服务供给——基于中国省级面板数据的实证分析》，《当代经济科学》2014年第5期。

② 周黎安：《行政发包制》，《社会》2014年第6期。

③ 赵聚军：《政府间核心公共服务职责划分的理论与实践——OECD国家的经验和借鉴意义》，《中央财经大学学报》2008年第11期。

④ 世界银行：《1997年世界发展报告：变革世界中的政府》，中国财政经济出版社1997年版，第52—58页。

表 3-2　　党的十七大以来教育等基本公共服务占
　　　　　财政总支出的比重　　　　　　单位：亿元,%

年份	财政总支出	教育等基本公共服务支出							占总支出的百分比
		教育	所占百分比	社会保障和就业	所占百分比	医疗与计划生育	所占百分比	合计	
2007	49781.35	7122.32	14.3	5447.16	10.9	1989.96	4.0	14559.44	29.2
2009	76299.93	10437.54	13.6	7606.68	9.9	3994.19	5.2	22038.41	28.9
2012	12595.97	21242.1	16.9	12585.52	9.9	7245.11	5.8	41072.73	32.6
2014	151785.6	23041.71	15.1	15968.0	10.6	10176.81	6.7	49186.52	32.4

资料来源：《中国统计年鉴》（2008、2010、2013、2015）。

2000年以来，中国政府通过职能转变和供给机制创新，不断加大公共服务财政投入，公共服务供给能力和供给水平都有了较大提升，基本建立起了相对完备的公共服务体系。① 但公共服务整体供给水平仍然偏低，表3-3显示了近些年中央政府在教育、医疗、社会保障等基本服务领域的支出及占中央财政支出的比重，中央政府在这些领域的直接财政支出很好地凸显了政府职责执行中的权责错位。党的十七大以来，中央政府加大了公共财政支出力度，状况虽略有好转，但由于职责配置仍没有做出明确区分，中央政府承担的公共服供给没有较大变化，公共服务基本上仍由地方政府承担。同时，由于层级过多且职责不分，公共服务供给在信息逐级传递、事权逐级分解、财政逐级压缩的过程中造成中央政府政令逐级式微而最终难以真正发挥效应的局面，民生性基本公共服务供给效率低下，服务水平始终不尽如人意。更加令人费解的是，近年来随着行政审批制度改革和事权下放，教育、基础设施建设、环境保护等全国性的公共服务职责也下放到县乃至乡镇，导致地方政府特别是基层政府的供给责任大大增加，相应的管理和财政支出权限却越来越窄，造成社会供需矛盾多

---

① 郁建兴：《中国的公共服务体系：发展历程、社会政策与体制机制》，《学术月刊》2011年第3期。

发、基层政府的公共服务负担和压力越来越大。如图3-1所示，课题组在2017年年初对杭州市377名市民的调查结果显示，民众经常打交道的政府基本上都是基层政府及其派出机构。针对城市而言，随着城市化进程的加快，城市人口规模越来越大，城市所需要提供的区域性公共服务包括公共基础设施建设、社会秩序维护和随人口增加而产生的义务教育、住房保障、社会养老等民生性基本公共服务的负担越来越重，在政府层级职责分工不明晰的体制制约下，这已经成为影响城市发展的重要因素。

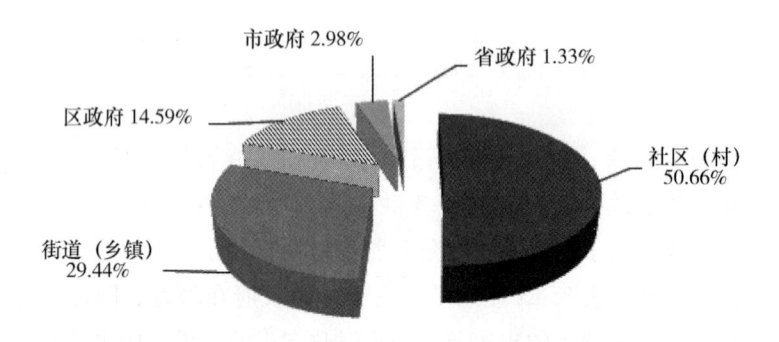

图3-1 "您在平时生活中与下面哪几类机构打交道较多"的数据统计

市政府 2.98%
省政府 1.33%
区政府 14.59%
街道（乡镇）29.44%
社区（村）50.66%

表3-3 党的十七大以来中央在教育等基本服务方面的支出占中央财政支出的比重　　单位：亿元,%

年份	中央财政支出	教育	所占百分比	社会保障和就业	所占百分比	医疗与计划生育	所占百分比	住房保障	所占百分比
2007	11442.06	395.26	3.5	342.63	2.9	34.21	0.3	—	
2009	15255.79	567.62	3.7	454.37	2.9	63.5	0.4	—	
2012	18764.63	1101.46	5.9	585.67	3.1	74.29	0.4	410.91	2.2
2014	22570.07	1253.62	5.6	699.91	3.1	90.25	0.4	405.41	1.8

资料来源：《中国统计年鉴》（2008、2010、2013、2015）。

三 职责不明晰与城市公共服务供给负担：湖州户籍制度改革的案例分析

（一）湖州市以公共服务全覆盖为目标的户籍制度改革实践[①]

党的十八大以来，户籍制度改革的目标逐渐向"基本公共服务全覆盖"转变。2012年《国务院办公厅关于积极稳妥推进户籍管理制度改革的通知》要求中小城市和小城镇在继续落实放宽落户条件既定政策的同时，出台就业培训和义务教育等方面的政策和措施"不与户口性质挂钩"，逐步实现城乡基本公共服务均等化。[②] 2014年《国务院关于进一步推进户籍制度改革的意见》明确指出，要在2020年努力实现1亿农业转移人口和其他常住人口在城镇落户外，重点突出"统筹推进户籍制度改革和基本公共服务均等化，稳步推进教育、就业、医疗、养老、住房保障等城镇基本公共服务覆盖到全部常住人口"。[③] 从2012年起，浙江省先后在湖州、嘉兴、温州等11个地市率先开启了试点探索，湖州市的改革力度最大。作为地级市，湖州市在梳理2013年德清县户籍制度改革经验基础上，经过2014年的精心整顿和2015年的全面实施，于2016年全面取消了户籍的"农业"和"非农业"差异，统一为居住证制度，并率先在全省、全国统一城乡基本公共服务供给。

湖州市在居民登记上彻底取消"农业"和"非农业"户口性质划分，统一登记为居民户口。通过注销重复户口、补录各类无户口人员，湖州市于2015年年底将263万户籍人口全部统一登记为居民户口，实现城乡人口在户口性质上的平等。此外，打破户口迁移控制区限制，创建以居住地登记为基本原则、"合法稳定职业或合法稳定住所"为基本条件的城乡统一户口迁移制度，消除农村人口向城镇转移的体制性和政策性障碍，并对外省籍人员同样适用。在此基础上，健全人口信息管理制度，在省公安厅的技术支持下，

[①] 本部分的资料和相关数据来自2016年7—8月在湖州市的调研。
[②] 详见《国务院办公厅关于积极稳妥推进户籍管理制度改革的通知》。
[③] 详见《国务院关于进一步推进户籍制度改革的意见》。

借助现代信息科技,进一步做好户口数据信息转换准备工作,推进管理和服务精准有效。

湖州市户籍制度改革的最大亮点就是把城乡公共服务全覆盖作为户籍制度改革的重要联动举措,内容主要包括:(1)通过跨部门的信息整合和政策配套改革实现统筹联动。湖州市以消除依附于户口性质的差别待遇为导向,一改之前的公安系统独立操作,改由公安部门牵头组成综合协调部门,全面梳理与户口性质挂钩的民政、社保、卫计、教育、医疗、公安等26个职能部门的33大项政策,并做好与户口脱钩后城乡公共服务并轨的配套政策制定。同时明确规定,今后出台政策将不再与户口性质挂钩,确保城乡居民共享公共服务的权利,协同推进户籍制度改革。(2)做好扩大公共服务覆盖面需增加的财政预算。据统计,湖州市本轮户籍制度改革约花费21384.5余万元,在现有常住人口规模下,公共福利政策调整新增财政支出预计达到14700万/年。(3)做到新居民公共服务全覆盖。针对外籍人口的迁徙,湖州市规定凡满足"合法稳定住所或合法稳定职业"基本条件,均可以考虑户口迁移并给予准入。按照"消除差异率先并轨、缩小差异逐步并轨、承认差别维持现状"的思路,在不减少城镇居民福利的情况下,以原户籍居民、持《浙江省居住证》新居民和持《浙江省临时居住证》新居民三个类别,提供分级、分层次的社会保障等福利待遇,解决新居民在医疗卫生、子女教育、劳动就业等方面的实际困难,推动基本公共服务向新居民延伸,逐步实现全覆盖。

(二)公共服务改革成本与城市财政承载能力之间的矛盾

以实现基本公共服务全覆盖和均等化为最终目标的户籍制度改革在湖州遇到的深层次难题就是基本公共服务供给中的政府责任分工以及如何来承担的问题。作为增量改革,户籍制度改革的前景只能是建立城乡统一的福利待遇,实现基本公共服务全覆盖。[①] 但目

---

① 蔡昉:《户籍制度改革与城乡社会福利制度统筹》,《经济学动态》2010年第12期。

前中央和地方政府之间关于基本公共服务的财政事权和支出责任并不明晰，出现了财政资金与公共政策相分离的状况，即中央政府规定改革的政策目标和工具手段，但政策执行和财政支出由地方政府买单。① 地方政府充当改革的主角和担当财政主力军，特别是基本公共服务全覆盖和均等化所用的开支主要由当地政府承担。这种"事权下移，财权上移"的改革模式使得地方政府普遍因财政承载能力有限而缺乏动力。

湖州市的改革也面临这个难题。近年来湖州市逐步统一了城乡居民基本养老保险、基本医疗保险、最低生活保障等领域的城乡差别，实现了基本公共服务的均等化，这些增量改革的提前完成，为全面推进户籍制度改革扫清了财政障碍。政府的财政预算比预想中的要少，阻力也相对较小。但笔者了解到，本次改革的21384.5余万元财政支出主要是由湖州市财政和下级地方政府承担，省级政府的扶持可忽略不计，中央政府更是没有。据湖州市政府测算，改革后短期内每年的财政投入为大约14737.6万元，未来随着外来流动人口在城镇落户、就业和享受住房、医疗、教育、养老以及其他社会福利方面的需求增加，以及老龄化程度的加快，政府还需要增投更多资金。当地官员的普遍担忧是，虽然目前改革成本的经费投入还能够承担，但未来在没有外来财力帮扶的情况下，仅靠本地政府独自承担，即使完成了户籍管理制度改革任务，后续系统性改革也终将放缓甚至停滞。笔者在调研中了解到，作为三线城市的湖州，在依据国务院文件制定户籍制度改革方案的过程中，也已经悄悄起草积分制，以应对未来城市承载能力不足的问题。

湖州市的户籍制度改革实践也表明了当前政府层级间职责不明晰带来的城市政府公共服务供给乏力这一困境：城市政府不仅要承担从中央层层分解下来的全国性公共服务，为化解社会矛盾

---

① 许经勇：《推进户籍制度改革面临的深层次问题》，《吉首大学学报》2013年第11期。

还必须要承担区域内的公共服务供给。一方面，层层管辖的同构体制造成地方政府特别是基层政府的每一项决定都要经过上级政府批准，本地政府的很多政策制定也因受上级的"天花板"限制而难以出台，最终也丧失了供给的积极性。另一方面，分税制的实施大大增强了中央政府的财政权力，但对地方政府特别是城市基层政府而言，在"权力重心下移"财权却"层层上收"的过程中他们承担着越来越多的公共服务支出却缺少财政资金支持，加剧了供给难度；苦于资金掣肘的地方政府不仅客观上无力有效提供公共服务供给，也无形中助推了地方政府在主观上"推卸"公共服务供给。

第二节 政务类服务供给中的机制创新与体制限制之困

供给侧结构性改革一直是近些年的重点，在政务类服务供给中的改革调试比较显著。但是从浙江各城市的改革实践中可以看出，权力清单制度改革、行政许可权集中和"最多跑一次"改革作为政府自我革命、提升政府服务效能的手段，改革内容大多是以机制创新来促进经济社会发展和服务的有效供给。这些机制创新虽然为解决政府自身机构顽疾、获得群众满意打开了一个突破口，也取得了显著的成效，但终因体制性问题使改革触及的广度和深度受限而使改革措施在实际运行中明显存在着一些显著的、共性的问题。

一 政务服务供给改革与政府服务效能目标的提升

利用机制创新促进经济社会飞速发展和公共服务供给已经成为当前改革的重要表征。权力清单制度改革、集中审批权改革和"最多跑一次"改革是浙江省在政务性服务供给改革中寻求的新的突破口。从制度设计上看，这些改革的目标设计是从根本上变政府本位的行政管理体制为民众本位的服务型政府体制。从改革内容上看，规范的权力清单和"最多跑一次"时限承诺倒逼政府精简审批事项放权给市场和社会；相对集中行政审批权打破政府职能部门各自为政的体制内壁垒，变碎片化管理为整体性制度设计；《政务办事"最多跑一次"工作规范》《浙江省公共数据共享清单》等制度性规定进一步推动体制改革的制度性变迁。从实际成效上看，改革中的"政府权力清单""负面清单""统一受理、集成审批""联审联办""多证合一"等机制创新切实带来政府行为规范、审批环节简化和服务流程优化等服务效能提升，有力推动着浙江省在深化"放管服"改革、供给侧结构性改革中走在全国前列。目前来看，一系列的政务服务供给改革对提升政府公共服务供给能力和供给水平起到了很大的帮助。

（一）职能部门的横向协同整合，促进了地方大部制改革的推进

信息化的迅猛发展和社会事务的日益复杂催生部门间的职能整合和协同合作，提升政府整体性服务效能。行政审批局集中审批权限和"最多跑一次"改革探索出的"一窗受理、内部流转、并联审批、限时办结、统一出件"集成化部门协同审批服务模式，已经成为撬动地方政府协同合作与职能有机融合的有效手段。"一窗受理"不仅是让民众少跑腿，更是根据事项属性特征规整为商事登记、社会公共事务、项目投资、建设交通等综合性窗口，从源头上推动了政府部门间同类事项的梳理归并和机构融合。"内部流转、并联审批"从过程中打破互为前置的串联审批模式，转变为涉及同类项目的所有部门协同合作，推动职能相近的部门合并同类项实现机构整合。"统一出件、一章审批"则是从结果上打破部门壁垒，助推部门有机融合，为大部制改革打下良好基础。为更好地撬动部门协同与职能有机融合，"最多跑一次"改革还围绕"一窗受理"和"集成服务"等中心目标，深入推进窗口设置的分类整合，增强综合性受理窗口与后台办事窗口的系统对接，打破部门壁垒，推动部门间的有机融合；深化审批服务流程再造，结合对审批和服务事项的梳理和归并，建立与归并事项相对应的扁平化组织结构，减少中间层级和环节；强化牵头部门的协同、协调功能，深化"多证合

一""联合验收"等机制创新，建立部门间高效的常态化协同机制，促进部门协同中的职能融合与机构改革，这些都有效地推动着地方大部制改革深入开展。

（二）权力下放和重心下移推进基层服务体系优化，提升基层治理能力

基层是所有改革落地生根的核心环节。权力清单制度和"最多跑一次"改革推动了基层政务服务体系的优化，也进一步加快了基层治理体系和治理能力现代化的步伐。"最多跑一次"改革秉持的整体政府理念进一步加快了基层治理资源的融合，通过职权重心下移，乡镇及县级派驻机构的管理服务职能被分类整合，并以统一的窗口机构对外提供政务服务，实现了服务供给由条块分割向协同作战的转变。同样，"互联网＋政务服务"模式向基层和乡镇的延伸和乡镇便民服务平台升级改造，进一步增强了基层政府的治理能力，浙江政务服务网的基层站点建设也进一步推广了百姓网上办理的便利，建立基于浙江政务服务网的基层业务协同平台，基层治理的信息化、网络化水平大大提升，有力推动了基层治理迈向智慧治理新时代。

（三）"互联网＋政务服务"建设提升了政府整体的管理和服务水平

"互联网＋政务服务"是信息技术时代对政府管理和服务的新要求。权力清单制度和"最多跑一次"改革依托浙江政务服务网，将省级各职能部门网站整合到浙江省政务服务网、各地市行政服务中心门户网站与政务服务网互通，实现公共服务的网上集成与网下行政服务中心一窗办理对接的"一窗一网双随机"模式，成为信息化时代优化服务的两大重要平台。网下行政服务中心"一窗受理、全程帮办、内部流转、限时办结、统一出件"的审批服务新模式，有效减少审批环节、缩短审批时间；网上预约、数据联通、信息共享、电子签章从技术和操作层面减少民众排队等候、跑腿多次的时间，有效地提升了政府的管理和服务水平。为有效地提升政府的管理和服务水平，"互联网＋政务服务"建设还借助于信息兼容技术

优化网络办事的系统设计,推动政务服务网与特色信息化平台(各网上银行、支付宝、微信等)的功能兼容,提高政务服务网的运转效率和使用效益。通过加强《浙江省公共数据和电子政务管理办法》等制度建设,完善数据共享的技术标准,进一步打通"一网"背后各系统数据库封闭使用管理造成的信息壁垒,解决数据资源跨部门、跨层级、跨区域共享的制度壁垒和技术难题,构建省域内权威、便捷、统一的互联网政务服务联动平台。此外,重点开发和完善的电子证照库平台和电子监察平台,加强了对电子数字证照的监管和共享服务建设,为网上联动审批和信息化办公提供有效的技术支撑。

(四)服务流程优化撬动了"放管服"深度改革,激发了企业和社会活力

权力清单制度和"最多跑一次"改革的最终目标是通过简政放权最大程度降低准入门槛,激发更多市场和社会主体积极参与到市场活动中来;精简优化服务流程便利便捷民众办事。从审批事项上看,受理和审批分离、审批权限相对集中、"多证合一"和"证照联办"大大精简了审批材料和审批时限;审批和监管的适度分离优化了传统重审批轻监管组合的资源分配方式,推动资源向监管环节转移,真正做到了简政放权与放管结合。为深化政府自我改革,还从制度层面上进一步集中了行政许可权推动审批和监管分离,强化职能部门的监管职责和监管能力建设,探索和完善审批和监管的良性互动机制。从审批服务流程上看,"容缺受理"机制为民众提供了践行承诺、提升社会诚信的直观感受;"代跑代办"机制实现由群众跑到政府跑的转变,实力助推"最多跑一次"改革;邮递送达制度为民众少跑腿提供了便利性操作;"网上办事""电子签章"则实现民众办事"零跑腿"的突破。通过政务服务平台建设和智慧审批建设,积极扩大网上审批的适用范围和网下"最多跑一次"的服务领域,精简和优化服务流程,多环节、多方面提供优质高效的服务,更好地激发了企业的活力和社会的积极性和主动性,创造出政府、市场、社会多方共赢的局面。

二 政务服务供给的机制创新与现行制度设计之间的张力

从改革创新的载体来看，地市级城市的区、相对发达的县级城市和新型功能区等成为地方政府创新和体制改革的主体。多数基层政府的创新也都是为了解决新发展态势下社会实践领域内亟待解决的新问题和新矛盾，其理念出发点就是对旧体制框架的突破。嘉兴市南湖区的行政审批局和嘉善县的综合行政执法局的出现，已经是一种体制性的突破，而且实践表明这种体制性的突破对转变政府职能提升政府服务效能，建设服务型政府有着十分积极的意义。相对于较高层级政府而言，作为省级政府与公众中介的市县地方政府尤其是城市基层政府，能够更敏感地感知到市场、社会的需求并及时做出改变和回应。但在当前的体制框架下，这种体制性的突破面临着现行制度设计的结构性调整难题。在自上而下的同构体制框架下，虽然改革比较贴近民众需求，基层政府管辖改革的层级和范围相对较小，改革初期触动的利益阻隔也相对较少，改革成本也相对低很多；但改革最终面对的仍是体制性阻力下的结构性难题，随着改革的深入推进，先前的创新与现行制度设计之间的张力和矛盾也会越来越明显。

（一）新职能部门应对现行体制下横向部门间关系重构的巨大压力和挑战

作为改革试点，行政审批局和综合行政执法局的权限都是从原来多个职能部门中"剥离"并整合形成，事实上是对原职能部门权限的"剥夺"并同时导致原职能部门相应地调整和改变。作为试点改革单位的地方政府，其实施改革的积极性和动力来自上级政府的授权和本级政府主要领导牵头、协调和高度重视与大力支持，因此完成改革本身相对来说能够有保障。但是，真正的问题在于新的职能部门组建起来后在职责执行过程中面临的与原职能部门的冲突和张力。一方面，新职能部门与原来多个职能部门作为平行机构却分割了原职能部门的权限，新职能部门的职责界定与原职能部门就会产生新的摩擦；另一方面，新职能部门在面对问题时仍需要与原职能部门进行协商和合作，以保证工作的顺利实施；这无形中就是对原有体制运行规则的"破坏"，增加了原职能部门的工作难度。对行政审批局来说，尤为如此：行政审批局整合了民政、国土、规划、公安等十多个职能部门的审批权限，直接打破了原职能部门秉行的"谁审批谁监管"原则，审批与监管的分离直接增加了原职能部门在事中事后监管方面的权限调整和专业化监管压力；这直接增加了审批部门与原职能部门之间的张力和矛盾隐患。综合行政执法局面临的问题与此相似，执法权限从监管部门的剥离带来的是综合执法局与原多个监管部门之间职责权限的界定与执行过程中的协商和博弈。因此，在现行体制框架下，新职能部门与原职能部门关系的重构将是一大难题。笔者在调研中综合行政执法局一位工作人员反映的问题就特别值得我们深思：

> 信息共享的问题真是个非常头痛的问题。以我们在执法过程中遇到的行政许可问题为例，很多行政许可，究竟哪些是许可的，哪些是不被许可的，作为综合行政执法部门我们是不知道的，这使得我们在执法中很难分辨哪些行为是否违法。为根本性解决这个问题，刚开始我们想和各职能部门共同建立一个行政许可信息共享平台，共建一套信息系统，将各部门的许可系统和我们的行政处罚系统都进入这个平台，大家都可以看到和使用。但是很多部门都说他们的信息是保密的、是省里有要求的、国家有要求的，口子不能开的……不愿意开放信息口子。这个问题我们研究了两年时间没有研究出结果，后来向省里请示，省里说给我们想办法，但是想到现在也还没有想出办法来。现在我们还是采用很原始的方法，即发函给职能部门询问，职能部门再回函告知我们有没有行政许可，我们再根据这个执法。

（二）现行体制框架中新职能部门与上下层级政府权限承接的张力

在"上下对口、左右对齐"的职责同构模式下，各级政府职能部门的配置都具有一一对应的特点，在机构运行中便于纵向层级间的控制和协调，而且在中国的政府运行过程，特别是在财政转移支付和考核机制中，也一直比较重视"条条管理"。行政审批局和综合行政执法局的出现，不仅打破了横向间的政府部门利益格局，同时也打破了上下级政府间的层级对应关系，特别是给"条条管理"带来了直接的挑战。中央政府赋予推行改革试点的地方政府较大的改革权限，但改革后的地市级政府职能部门在运行中却处于相对尴尬的局面。一方面这些在区、县、市层级改革中产生的新职能部门在省级以及省级以上政府中没有对应的上级指导和主管部门，相应地在面对下级政府时也没有对应的承接部门，这就致使相关业务的承接和协调找不到"对应方"。事实上，由于对上找不到对口的管理和"保护"部门，对下找不到承接的"腿"，这些新职能部门在实际工作中成为"爹不疼、娘不爱"的"苦孩子"。笔者在综合行政执法局中访谈时，工作人员就举了这样一个"笑话"："辛辛苦苦干了一年，到年底评先进时都不知道我们这个部门该以什么样的身份参加什么类型的评比，很是尴尬！"同样在行政审批局调研时，工作人员谈到的普遍问题就是："由于没有对口部门，导致我们对上要对应十几个部门，对下也要对应十几个部门，同一件事情，光开会就要分别去十几个部门去开，接受他们的指导和学习检查，我们部门人手就那么几个，有时候真是疲于应对。这个还好说，关键的问题是我们一个部门单兵作战，从我们审批局出去的公章有时候到了别的县市不被承认，认为没有法律效力，企业到最后还要回过头来让我们开证明……"

这些现实问题从根本上反映的是由于改革在没有充分的顶层整体性和系统性设计支撑时，导致政府层级间上下关系不能有效对接，造成效能低下。这些问题也从根本上催生和倒逼"后改革"时代的制度设计和支撑保障体系。因此，如果不能在当前的制度设计中给予这些新生职能部门以法定的地位和权责,那么这种张力将会成为影响部门效能的重要症结性问题,使改革成果大打折扣。

三 受体制所限造成的改革成效折扣

(一) 授权不充分造成深入改革目标打折扣

这主要体现在两大方面,一是上下级授权不充分。在前期"权力清单"和"责任清单"的梳理和下放过程中,下级部门普遍反映一个突出问题是:上级职能部门的一些权限特别是那些实际工作中需要授权的项目(如执法权、人事权、审批权等)并没有真正落地到地方政府中来,导致政府办事过程中"看得见、管不着",有些市级政府因为特殊的发展需求而需要特别的权限下放。[①] 而在那些已经下放的权限中,有些是无足轻重的,有些则是上级职能部门和下级政府均不愿意接手的;上级职能部门普遍强调有些权限(如监管、审批、司法等)虽是地方需要但专业性太强地方政府无能力承接不能下放,有些则是种种原因上级部门不愿意下放。因此带来上下级政府授权不充分,进而造成地方授权的标准权限不统一的问题。二是同一级政府职能部门间的授权不充分现象,突出体现在"最多跑一次"审批服务改革中,虽然同一窗口受理,但由于一些窗口部门审批事项授权不充分、部门间职责缺乏有机整合而导致后台流程"内部打架"的现象。如根据要求,各进驻单位要依法委托、充分授权服务窗口,提高行政审批事项的窗口办结率,但一些部门没有完全按要求对窗口工作人员授权到位,虽然在服务窗口配备了工作人员,但并没有按照要求统一授予相应的审批权,很多审批项目窗口只能受理却不能直接办理,申请仍要拿回原单位层层审批,导致后台审批仍然存在着"只挂号、不看病"或"体外循环"

[①] 笔者在调研中发现,有些地方因发展的需求而需要一些地方权限,如一些与海洋的相关产业是沿海城市的重点项目。随着社会的发展,海洋产业的项目越来越多,相关产业链的企业主动要过来,但相关的用海审批权限都在省里,沿海的城市就提出建议把相关审批权限下放到市里提高审批速度,节约企业申报时间。还有一些旅游产业比较发达的地方,就要求省级政府把相关权限做一些倾斜,而不是统一的"一刀切"。

"两头受理"等现象。

（二）"清单"数量的"不标准"折射出顶层制度设计的相对滞后

"权力清单"和"最多跑一次"改革的实施过程也是各级政府职能部门做好权责分工和自我规范的过程，但改革中凸显的"清单不一致"现象已经引发了学界的普遍思考。虽然各级政府部门都在逐步下放、授权各类职责和相关权限，但是，各职能部门梳理和下放到各地市的项目类别、清单内容和清单数量各不相同，各地市公布的"最多跑一次"项目清单也是五花八门。标准的不统一一方面反映出改革中关于职责分工的顶层制度设计还不够完善，改革制度设计中因各部门的权责不一致而产生高难度的改革系数，进而使得改革推进过程中职能部门和地方政府权力的利益分配和重组不畅，造成"条条"和"块块"的矛盾产生新的变种，使得改革困难重重。另一方面也反映出在创新过程中，各地方政府"自下而上"的机制创新快于上级政府"自上而下"的制度设计而导致顶层制度设计相对滞后。还以"最多跑一次"改革为例，"最多跑一次"改革的立足点是通过企业和民众办事"最多跑一次"倒逼政府精简办事项目，实现审批服务精准化和标准化管理。但是从各地方公示的项目清单可以发现：究竟哪些办事项目可以"最多跑一次"，哪些事项的办事流程不能减少（比如司法中的离婚申请、行政、刑事裁决等项目），省级政府在出台相关的指导目录和统一标准方面存在滞后现象。虽然省级编办部门已经制定出省级部门系统的"最多跑一次"办事事项指导目录，而且国税等系统省里已经明确了"最多跑一次"办事事项目录；但就明确某些办事事项的实施范围、需要办理次数、改革进度等的改革内容来看，不仅各地、市情况各异，而且地方政府的先行先试使得地方的实施办法在一定程度上快于顶层的制度设计而产生一些"地方法"与"上位法"冲突的问题，从而使地方的创新力度和创新成效一定程度上受到影响。而且，由于上级没有统一的标准，同一事项各地方的差异就比较大，甚至有些地方单纯为统计数据和事项而出现钻空子的现象，使得创新的"形式"大于"内容",不能实现改革的真正目标。

(三)"互联网+政务服务"建设中"信息孤岛"背后的体制性阻碍

目前,省政务服务网作为一套自上而下,贯通省、市、县、乡四级政府的网络平台,本意是实现精简环节、流程优化的良好技术工具与手段,但是现实情况是省级政务"一张网"还没有完全实现与职能部门的信息互通和资源共享。虽然信息共享从技术层面上已经完全可行,但很多职能部门由于各种原因仍然只是"自建"并只使用部门内部的网络系统和数据库,目前仍有不少直属于省级或中央的垂直部门,出于安全、信息隐私、涉密等原因,一些相关数据并没有向其他职能部门开放,而是自成一体的封闭系统。因此政务网与职能部门网络并没有实现真正的信息对接,反而是"一张网"下面的各种"信息孤岛"和"链接断层"凸显,部门联办过程中(如"多证合一"办理)因无法实现数据共享和综合查询而造成信息的多次录入和资料的重复打印等情况。"一张网"服务中数据之间的不联通,造成服务中的时间和资源浪费现象明显,资源统一、优化以及系统的整体应用能力被大打折扣。笔者在访谈中多次听到对这个问题的看法:

> "十一证合一"已经突破了外界部门的合办,推进中以组织代码证来取代,证照联办最重要的是信息、数据第一时间发布到相关部门,时效最高。"十一证合一"有六个部门都需要身份证复印件,如果有这一个平台,就可以直接推送,大大减少环节和资料。但是海关系统的接口数据在海关那里,审批权限却在地方。在操作层面上,海关、人民银行等高度垂直、集中的部门都是走的专网、内网,不允许各地方自搞一套,主要是信息保密问题……标准放在上面,垂直管理,这些部门担心信息安全问题,信息接口不给地方,部门之间参与相互融通的可操作性就很小,希望能打破这种信息孤岛现象。

"互联网+政务服务"中的信息壁垒从表面上看主要是技术层面上的信息不共享,导致信息在部门间的"跑不动"和跨部门之间的信息交流受阻,以及大数据背景下的信息共享风险防范问题,但说到底还是各职能部门间职责的权限障碍和权力分割问题。政府自我改革的核心问题即部门间职责的分工和政府层级间权限的分配不够到位,因此在运行中外化为群众和企业办事奔波于各种证明、来回跑现象;权力分割造成的政府职能部门内部的审批"互为前置"现象并没有因"互联网+政务服务"建设而得到彻底改善。

(四)配套环节改革滞后引发新的问题

作为"一盘棋式"的改革,"权力清单"制度和"最多跑一次"改革都立足于政府自身改革和"塑身"带动改革成效的出现。但是随着改革的逐步推进,相关配套改革的滞后却成为新的问题逐步显现,影响着整体改革的推进。

一是授权不充分造成政府机构编制问题凸显。"权力清单""责任清单"等改革都涉及权限变动后的机构编制问题。中央政府早在2013年就定下了政府机构改革"只减不增"的总体思路,通过"控、调、改"结构性改革达到机构优化的目的。[①] 但在地方的改革实践中,由于职责事权财政关系并没有真正理清,职责下放而相应编制等资源却没有同步下放,导致下级政府在承接过程中因部门编制不够出现一个部门对接上级多个部门、一人"身兼数职"和"一个孙子和七八个爷爷"的现象,疲于应付;而有些部门却因为种种原因出现"空编"现象。同时,改革还会增加新的机构和编制,如"最多跑一次"改革中为减少百姓跑腿而增设"联办代办机构",这一方面增加了政府机构编制,另一方面也使得相关工作

---

① 关于机构改革,详见李克强总理在2013年3月17日提到的"约法三章",即"本届政府内,一是政府性的楼堂馆所一律不得新建;二是财政供养的人员只减不增;三是公费接待、公费出国、公费购车只减不增"。2013年李总理在《在地方政府职能转变和机构改革工作会议上的讲话》中又强调地方政府改革要着力搞好"控、调、改",即"严格控制机构编制总量、调整优化机构编制结构、通过深化改革推动机构释放潜力"。

人员疲于奔命，因为最根本的决定和决策权力并不在本层级，流程再造导致办事由原来的"百姓跑"变成了现在的"政府代办机构跑"和"信息网上跑"；总体来看还是在"来回跑"，只是换了主体和形式而已，问题并没有从根本上得到解决。

二是政府与相关事业单位、社会组织之间的关系没有相应地厘清和规范，因事业单位改革相对滞后而拖延了整体改革进度，改革不到位现象明显。政府机构通过内部自我流程优化、办事项目精简、代百姓跑压缩办事时间等自我改革来进行服务效能提升，但是服务流程中前置的、需要由事业单位来完成的环节，因为没有随政府改革而改革，导致了改革中的链条断裂。还以审批"最多跑一次"改革为例，政府通过向群众承诺不断优化审批流程和环节，但由于相关事业单位和中介服务"原地踏步"仍远远落后于政府节奏，成为服务提速增效的瓶颈。台州市行政服务中心的工作人员普遍反映，由于定位不清、监管不力等原因，一些依托行政机构垄断经营的专业中介服务组织逐渐演化成为具有行政职能的"二政府"，成为职能主管部门的"专业单位"和"科室"。由于政府在审批之前的相关资格认定（如各种资格评定、环境影响评估报告等）和随后的项目立项到竣工验收和投产使用，整个过程各个环节都需要不同类型的中介机构介入。这些脱胎于政府机构部门的中介由于与相关政府机构部门有着千丝万缕的联系，加之监管不力，成为行业垄断。它们的存在一方面延长了审批的时限，另一方面也产生了一些不合理的收费，延误了标准化和规范化进程，使改革效能和政务服务水平都大打折扣。

第三节　公共服务市场化供给中的挫折与制度性限制

公共服务市场化供给的主要目的是通过生产方式的改进提升公共服务供给效能，满足公众多样化和高质量的服务需求。从实践来看，公共服务市场化和社会化供给重构了公共服务供给秩序，对提升公共服务供给质量、促进政府职能转变也起到了非常积极的作用。① 20 世纪 80 年代以来,城市公共服务先后在公交、医疗、住房等领域开始了市场化供给的改革实践,政府也开始大力扶持社会组织发展承接公共服务。但是,在政府规制空缺、市场机制不成熟、民间社会力量又相对薄弱的环境下,公共服务市场化实践中出现了企业逐利与公共性缺失等严重问题。

一 公共服务民营化的挫折与政府回购

(一) 公共服务民营化的兴起

正如萨瓦斯所言,"公共服务民营化的核心是更多的依靠市场和民间组织,更少依赖政府来满足公众的需求"。② 应该说,20 世纪 80 年代以来发达国家和地区普遍在公共服务领域内不同程度地进行了市场化改革实践,民营化成为早期公共服务市场化改革的核心内容。改革开始最早、影响最明显的首推英国。英国自 1979 年撒切尔政府执政后,开始了轰轰烈烈的公共服务市场化运动,一方面大刀阔斧地对政府自身进行改革,裁减大批公务员和机构规模,使政府服务效能全盘接受市场检验;另一方面也将大量国有企业推向市场,包括出售电报公司、航空公司等国有企业以及电信、石油公司、铁路等国有股份,将大量的原属政府供给的服务如公交、公房、供水、垃圾处理等公用事业转让、售卖给私人部门。③ 通过大幅的市场化和私有化改革,以期降低服务成本,提高服务质量和产出效果。同一时期美国的里根政府也通过大规模削减政府机构和大范围变革公共服务供给方式等措施,进行新公共管理和服务改革。随后克林顿政府通过政府"重塑运动",在医疗、基础设施建设、

---

① 石淑华:《中国公用事业民营化改革的若干反思》,中国经济出版社 2012 年版,第 15—16 页。
② [美] E. S. 萨瓦斯:《民营化与公私部门的伙伴关系》,周志忍等译,中国人民大学出版社 2002 年版,第 22 页。
③ 张菊梅:《二战后英国公共服务供给模式变革及对中国的启示》,《学术论坛》2012 年第 2 期。

污水处理、监狱管理等领域以合同出租或公私合营等形式，推进公共服务市场化快速发展并在20世纪90年代中期达到最高峰。有学者对20世纪90年代西方国家公共服务民营化程度的研究发现，意大利民营化程度最高，其次为英国和法国，即使是在挪威、瑞典等高福利国家，垃圾收集和处理等服务中私人生产的比例也占到60%—80%。①

（二）政府回购：公共服务民营化的进一步反思和发展

从世界范围内看，公共服务民营化在经历了20多年的飞速发展后逐渐走向了衰退，取而代之的是更加强调公共部门与私人部门合作供给的"公私合作"PPP模式。这主要是因为民营化虽然在较短的时间内帮助政府减少了公共财政支出，一定程度上提高了公共服务供给的效率和质量，但从20世纪90年代中期起，因公共服务民营化产生的问题大量出现，不仅"私有化项目对削减政府公共支出的帮助越来越小"，同时民营化的大规模运营除造成公共服务私人垄断外，也逐渐导致公共服务供给的碎片化和政府职能萎缩而产生的"国家空心化"。② 长期以来福利国家政策的公平供给被打破，社会贫富差距开始拉大并产生新的问题；公平、平等、公共利益和责任等公共价值受损。美国国际市县管理协会（ICMA）的数据显示，1997年之前美国公共服务合同外包的数量呈缓慢增长，1997年后合同外包的数量呈下降趋势，2002年政府合同外包仅占其全部服务的18%，公共服务外包又回转到重新由政府直接提供。③ 特别是2008年金融危机以后，"民营化"一词不再受欢迎，政府对公共服务供给的态度逐渐回归理性和务实，重新强调公共责任。政府

---

① 杨安华：《公共服务逆民营化何以率先在美国出现？——基于美国与西班牙民营化发展的比较分析》，《经济管理》2012年第6期。

② 张菊梅：《二战后英国公共服务供给模式变革及对中国的启示》，《学术论坛》2012年第2期。

③ 句华：《美国地方政府公共服务合同外包的发展趋势及其启示》，《中国行政管理》2008年第7期。

自己生产或者公私合作,成为公共服务供给的发展新趋势。①

民营化在中国也同样遇到了挫折。20世纪80年代起中国大多数城市都开始尝试在医疗、公共交通、污水治理、垃圾处理领域引入民营化。但一方面由于市场机制不健全,另一方面更由于在公共服务建设方面还缺乏制度保障建设,中国的公共服务民营化也只是借鉴了西方国家民营化的技术手段和外包形式,而忽略了政府在公共服务供给中的公共责任建设。因此民营化过程中出现政府为减少公共财政投入大量吸引社会资本进入公共服务领域但却没有相应的监管和政策制定,导致企业"自负盈亏"降低公共服务供给质量的结果,最终民众不满迫使政府不得不将已经民营化的公共服务重新回购。除了前述的医疗服务市场化被回购以外,在2008年前后出现了一波公交民营政府回购潮:2008年4月湖北十堰市政府强制性收回公交特许经营权,2009年5月重庆市政府宣布基于公共安全考虑要求所有的私有资本全部退出公交系统;同一时期湖北黄冈、湖南长沙、江苏南京等地也纷纷清退已经民营化的公交事业,重新回归国有经营。②对此现象,学者认为由于政府的"甩包袱"和推卸责任,公共服务民营化并没有带来想象中的公共服务供给效率提升,反而随着民营企业的逐利性与公共服务公共性冲突的加深,造成公共服务供给中公共性的缺失,③催生政府公共责任的回归。

二 公共服务市场化推进中的制度性缺失

总体来看,公共服务市场化是通过一系列化公为私、公私合营等方式,借以引入竞争机制和市场生产、管理模式,提高管理

---

① 杨安华:《回购公共服务:后民营化时代公共管理的新议题》,《政治学研究》2014年第5期。

② 邹东升:《公共服务市场化并非政府责任市场化:对公交民营化改革的审思》,《理论探讨》2009年第4期。

③ 梅锦苹、杨光飞:《从公共服务民营化到政府购买公共服务——基于公共性视角的考察》,《江苏社会科学》2016年第6期。

效率和服务质量的过程。这个过程包含了一系列正式与非正式的规则和结构安排。只是在中国,由于市场化机制参与公共服务供给的时间还比较短,相关制度建设还处在空缺阶段,公共服务市场化以及政府购买和公私伙伴关系的合作实践中各主体的角色定位、制度建设和合作机制等诸多问题还没有找到很好的调试和解决框架,在市场化进程中仍然存在着以下几个方面的制度性难题,困扰着公共服务市场化的推进和良性公私合作关系的构建。

(一) 在价值目标上私有资本的逐利本性与公共服务公共性的有机平衡困境

公共服务民营化被政府回购表明,缺乏有效监督的市场化机制并不一定能够使公共资源得到有效配置并提高公共服务的供给效率。正如"公共服务并不会自动惠及到穷人"[1]一样,企业在生产公共服务的过程中并不会主动想到承担其社会责任。不可否认,随着科学技术的日益进步,之前很多需要巨额成本、具有自然垄断性的公共事业和公共服务供给逐渐被科技攻破,企业开始能够承担并独自生产。而且,随着社会需求的多样化,很多技术性和专业性强的公共事务,政府也需要借助于企业或其他组织来完成。于是,委托—代理模式下的企业生产公共服务和公私合作伙伴关系中的政府与社会资本长期合作等新的供给机制开始出现。但是,作为市场主体,企业生产公共服务的内在动力是获得利润,企业追求的始终是以"效率"为核心的利益最大化,特别是与政府交易中的较低风险在一定程度上成为激励企业承包和生产公共服务的动力。

虽然在公共服务供给中企业也秉承着对政府负直接责任和间接公共责任,但企业如何在责任和利益之间达到最佳平衡,是公共服务市场化必须解决的关键问题。对于公共服务而言,将利润最大化作为最终目标则必将导致企业公共责任的扭曲和异化,损

---

[1] 世界银行:《2004年世界发展报告:让服务惠及穷人》,中国财政经济出版社2004年版,第6页。

害社会公平和公共服务的有效供给；这就必然要求企业在公共服务供给中将公共利益放在首位，其次才是利润最大化。但是，在市场化过程中，由于政府监管不力、竞争机制不健全和非公企业自我约束机制不强，确实出现了在公共服务供给中追求利润最大化的现象。如一些民营企业将投资重点放在那些有利可图或比较容易获利的领域，对那些利润不高、周期较长的公共项目则兴趣不大。一些企业还通过非正常手段和"暗箱操作"获得项目经营权带来的官商勾结等腐败问题（这成为政府放弃市场化、重新回归国有化的重要原因），这无疑阻止了正常的公共服务市场化进程。诚如西方学者所言，"以市场为导向的公共行政或管理主义与民主价值之间存在着冲突，即导致自主性与民主责任、个人远见与公民参与、秘密性与公开性、风险承担与公共产品的监护之间的冲突。"[①] 市场主体的逐利本性与公共服务供给的公共性和公平性之间显然存在着张力，二者之间的利益冲突在制度建设和体制机制不健全的情况下，成为公共服务市场化供给失败的重要原因。

（二）在责任机制上政府公共责任缺失造成服务供给的有效性折扣

"责任机制将政府的行政部分与政治部分结合在一起，并最终关系到公众本身"，这是因为，"公民与政府的关系可以看成一种委托—代理关系，公民同意推举某人以其名义进行治理，但是必须满足公民的利益并为公民服务。" 所以，"政府与公民之间的关系形成了责任机制。"[②] 同样，在委托—代理关系和公私合作伙伴关系中，政府也应承担起对企业的监督和公共服务供给中的公共责任。民营化也好，政府购买也好，PPP 模式也好，说到底都是将市场化机制引入政治过程，这不仅是公共服务供给机制的变革，更是

---

① Bellone, C. J., and G. F. Goerl, "Reconciling Public Entrepreneurship and Democracy", *Public Administration Review*, Vol. 52, No. 2 (Mar. – Apr., 1992), pp. 130 – 134.

② ［澳］欧文·E. 休斯：《公共管理导论》，张成福等译，中国人民大学出版社 2001 年版，第 268 页。

政府治理之道的变革。但需要注意的是,公共服务生产可以市场化,公共责任却不能随公共服务供给市场化而市场化。在公共服务市场化过程中,如果政府考虑更多的是通过市场化解决财政与投资问题,那么必然会导致政府公共责任的缺失,因此,对公共服务的提供,政府的角色不能因为市场化而缺失,将公共责任随市场化而推向市场、忽视或无视市场化后的其他环节尤其是对公共服务供给的监管环节,必然会出现因监管不力而造成的"市场失灵"问题。另外基本公共服务领域市场化中的政府责任退出也容易造成公共服务质量下降。有学者研究发现,近年来在医疗、教育等领域随着市场化供给而出现政府财政投资逐年下降的趋势,特别是财政性经费的支出,由1992年财政性教育经费支出占教育经费总额的84.1%下降到2005年的61.3%,这实际上是政府责任的退出,更是市场化过程中的政府责任缺失。[①]

由于政府责任的缺失,民营化不仅没有提升公共效率,同时还造成社会公众特别是底层弱势群体对基本公共服务和社会福利的需求不足。[②] 特别是在自来水、公交等领域的外包改革中不断出现的产品价格上涨、服务质量下降问题,公众怨声载道,以至于政府又不得不重新回购,就说明了这一点。另外,政府在公共服务市场化过程中出于"经济人理性"而产生了主动寻租的行为。公共选择理论认为,在决策过程中,政府及官员往往更多地追求自身利益或组织目标而非公共利益或社会福利,因此,他们的行为实际上不是倾向于最大限度地增进公共福利,而是以本部门和个人效益最大化原则来决策,忽视或牺牲公共利益,造成"政府失灵"。[③] 早在20世纪末国家有关部门对78个国家项目稽查就发现,其中真正实行公

[①] 项辉、汪锦军:《中国公共服务民营化改革的理论反思》,《浙江学刊》2014年第4期。

[②] 梅锦苹、杨光飞:《从公共服务民营化到政府购买公共服务——基于公共性视角的考察》,《江苏社会科学》2016年第6期。

[③] [美]詹姆斯·M. 布坎南:《自由、市场和国家》,吴良健译,北京经济学院出版社1988年版,第102页。

开招标、投标的只有5%，95%的项目招标失灵。① 政府寻租的最突出危害是不正常干预造成资源配置扭曲，"使国有资产在民营化中悄悄流失"。② 由此可见，公共服务民营化只是在技术手段和供给形式上借鉴了西方国家的经验，政府民营化背后作为公共服务财政保障、公共服务供给责任和制度监管角色并没有到位，造成了政府责任的制度性缺失。由于缺乏政府资金支持和制度监管，企业在公共服务生产过程中收费过高和服务质量下降等问题，又致使公共服务供给机制"回流"倒退。③

党的十八大以来，关于政府购买和公私关系合作方面的制度建设有了很大的进步，政府与市场合作机制也逐渐走向规范。但从整体上看，由于公共服务市场化程度较低，在大部分城市公用事业领域仍然是国有企业把持、其他领域"逆民营化"回潮的背景下，相关法律制度建设严重滞后，政府在公共服务供给中仍然存在职责缺失，突出表现在公共服务供给从总体布局到公共服务市场生产中的政府监督和管理制度缺乏，在公共服务的生产和提供方面政府与市场主体的职责分工以及在实践领域可供操作性的规范性制度设计缺失。这一方面使市场主体进入公共服务供给领域缺乏相关标准，另一方面也使政府的监管缺少规范，进而影响到公共服务的有效供给和质量提升。

（三）在行为主体上政府力量过于强大造成的供给主体力量不平衡

虽然近年来公共服务市场化程度在逐渐提高，随着相关制度设计的逐渐到位，市场主体已经遍布到公共服务供给的多个领域，在发达城市这种现象尤其明显。但是，整体上来说中国公共服务市场

---

① 唐晓阳：《"入世"给中国行政管理带来的影响及对策》，《地方政府管理》2000年第11期。
② 王乐夫等：《我国政府公共服务民营化存在问题分析》，《学术研究》2004第3期。
③ 梅锦苹、杨光飞：《从公共服务民营化到政府购买公共服务——基于公共性视角的考察》，《江苏社会科学》2016年第6期。

化水平还是比较低。笔者在大量的调研中得出的一个普遍认知就是市场化中的"政府主导"。第二章中的案例也说明了这一点，在公私关系合作领域很多都是"党政主导"下的政府与市场合作。这主要体现在，当前市场主体提供公共服务的领域，虽然随着简政放权改革的深入，政府对市场的干预和对资源的控制力度已经大大减弱，但一些关键性资源（如土地运用、资源开采等）的行政许可仍然规制森严，在一些公共服务领域政府独揽、国有企业和事业单位供给的格局还没有打破。传统的公共服务供给模式还有着很强的影响力，以至于民众仍然过多地寄希望于政府以及连带的国有企业和事业单位加大对公共服务的投资力度，期望政府通过多办一系列的"民心工程"来改变公共服务"供给不力"的严峻现实，而不是寄希望于改变现行的公共服务"供给模式"。另外，即使政府已经出台政策引导和鼓励非公企业参与公共服务供给，尤其是在东部发达地区，非国有经济参与基础设施建设和市政建设的现象已经比较普遍，但由于目前公共领域的行业垄断现象仍比较突出，有能力、有意愿参与公共服务供给的私营部门数量并不是很多。而且从当前的政策来看，改革已经很好地解决了私营部门公共服务领域供给的"进入"问题（尽管有些领域还没有真正放开），关于公共服务的供给机制建设并不成熟，政府对企业的监管有些方面粗有些领域又过于严厉，管控特征还是比较明显。目前来看，市场主体特别是非公企业参与公共服务供给的广度和深度亟待提高。

在公共服务市场化实践中，由于各方力量不均衡，直接造成了政府主体的"一方独大"。行政力量在很多公共资源配置领域中仍占支配地位，对市场等其他主体的控制和支配特征比较显著，市场在资源配置中的决定性作用发挥并不显著，这造成市场和其他主体力量的相对弱小，市场在公共服务供给中的作用发挥不很理想。同时，在多主体合作中，政府与市场和社会各主体在公共服务供给中的职责分工尤其是政府的职责、权限并没有明确界定，这导致政府在与其他主体的互动中处于相对强势地位，政府在资源配置、合作生产和目标设定等过程中掌握主导权的同时，也削弱了其他主体作用的发挥，在一定的场域中产生供需错位和资源浪费的问题，在某些情况下可能造成主体间关系的张力。

第四节 "体制型嵌入"下的社会力量不足与服务供给之困

除政府和市场提供公共服务外，城市中越来越多的公共服务需要社会组织承接和公众志愿提供；政府向社会组织购买服务已经成为公共服务供给实践领域内的重要路径探索和模式创新。但与西方国家不同，中国长期以来"强政府—弱社会"的政社关系使得政府强势"嵌入"其他社会主体成为一种体制性惯例。在"体制型嵌入"中成长和发展起来的社会力量呈现出对政府的依附和独立性不足等"先天性"缺陷。本节主要从政社关系的视角分析社会力量参与和承接城市公共服务供给中的困点和难点。

一 "体制型嵌入"：中国政府与社会关系的总体特征

"嵌入"成为近些年分析政社关系的一个新的视角并形成一套相应的理论体系。"嵌入"的寓意也由最初卡尔·波兰尼关于"经济体系对社会体系嵌入"的阐述延伸、拓展到一种体系、结构对另一种体系或结构的植入乃至替代；[1] 进而延伸到两种主体关系中一方对另一方的强势渗透和对其施加重要的影响；嵌入也表现为在双方主体的互动关系中，因力量强弱而产生不同的关系结果。在研究嵌入理论的马克·格兰诺维特看来，嵌入特别是制度性的嵌入不仅包括政治与权力结构的嵌入，还包含不同层级的社会组织之间相互关系的制度化所造成的场域力量嵌入。[2] 在当前中国"强政府—弱

---

[1] 何艳玲：《"嵌入式自治"：国家—地方互嵌关系下的地方治理》，《武汉大学学报》（哲学社会科学版）2009年第4期。
[2] 转引自王志华《政府向社会组织购买服务的体制性嵌入》，《求索》2012年第2期。

社会"的社会结构中,政府对社会的控制和管理使得社会组织千方百计嵌入于政府的体制和管理中以获得资源和发展空间,就成为当前中国政府与社会关系的显著性特征。① 这种嵌入从结构、认知、功能、文化等领域进行强化后,就演变成政府对社会的"体制型嵌入"和社会对政府的"体制型依附"。② 政社关系的"体制型嵌入"主要体现在政府从总体上对社会资源的控制,对社会组织功能作用发挥的制约,以及对社会组织内部结构的影响。

政府购买社会组织服务的"体制型嵌入"主要体现在这几个方面:(1)在社会资源的配置上,政府通过政策立法、准入门槛设置和财政拨款等途径掌握着社会组织的合法性基础和资源获取渠道,直接影响和制约着社会组织的存续和规模发展;在购买社会组织服务中,政府通过合作对象选择、合作内容指定和经费支持等方式,成功地嵌入社会组织自身的发展之中。特别是政府作为唯一买家的购买活动,更是加深了社会组织对政府的依赖,并加剧政府与社会组织间的权力、地位失衡。③ (2)在社会功能的发挥上,长期以来的政府主导使社会运行体系被嵌入于国家的运行体系之中,政府和其他社会主体力量呈现出一种"核心—外围"的体制安排,政府购买社会组织服务也首先是在满足政府功能需求前提下进行的,社会组织承接的服务也主动或被动地聚焦在政府政策支持和目标需求的业务领域。因此,社会组织的功能发挥也更多地呈现出政府职能的"服务替代"角色,即以政府的任务目标为目标,以完成政府的安排和任务为主要使命。④ 由此,政府通过功能导向和强制性权力支配,以购买公共服务为媒介,实现了对社会组织功能的嵌入。

---

① 管兵:《竞争性与反向嵌入性:政府购买服务与社会组织发展》,《公共管理学报》2015年第3期。
② 许宝君、陈伟东:《自主治理与政府嵌入统合:公共事务治理之道》,《河南社会科学》2017年第5期。
③ 汪圣:《政府购买服务与社会组织发展的"诺斯悖论"问题探析》,《长白学刊》2018年第1期。
④ 黄晓春:《当代中国社会组织的制度环境与发展》,《中国社会科学》2015年第9期。

(3) 在社会组织的内部结构上,政府通过人员结构管理、组织架构设定和政社合作方式等途径对社会组织进行"赋权",特别是通过合作项目的具体运作,社会组织的内部管理逐渐呈现出"层级化"和"官僚化"①特征,尤其是规模和社会影响力较大的社会组织,为能更多地获得政府的资金支持和政治支持,其组织结构的官僚化也就更加明显。这致使很多社会组织在很多领域里成为政府的替代者。

与以往的强制性介入方式相比,政府对社会组织的嵌入呈现出越来越多的相对柔性和激励导向特征,通过职能转移和购买社会组织服务让渡一部分空间,也切实在实践领域内为社会组织赢得了新的发展空间并推动新型的国家与社会关系出现。但从本质上来说政府的"体制型嵌入"依然继续着对社会的干预和控制,政府在总体上对社会资源的控制以及对市场和社会强势渗入,导致社会组织丧失了其内在的独立性和自主性,社会组织发展呈现出明显的路径依赖特征,②即社会组织对政府的依附,以及只能通过承接政府购买服务的方式从体制内部寻求资源和发展空间,进而才能在一定条件下与政府形成合作。随着政府购买社会组织服务力度的大幅增加,特别是在"项目申请"成为政府向社会组织购买服务的创新模式之后,政府通过项目的目标设定、申请程序、资源分配、考核评估等细致化和专业化的制度性规定,一方面弱化了社会组织自身的发展和对政府的依附,另一方面也强化了政府对社会组织的深度嵌入和控制。③ 政府对社会组织的体制型嵌入表明,虽然社会组织已经成为政府购买服务的重要主体和战略合作伙伴,但在具体的制度设计和实践领域中政府与社会组织的合作伙伴关系发展还远未成熟,政府购买社会组织服务的职责和边界仍然需要进一步明确和界定。

---

① 尹广文:《官民二重性:社区社会组织参与社区治理的困境分析》,《宁夏社会科学》2016年第1期。
② 吴斌才:《从分类控制到嵌入式治理:项目制运作背后的社会组织治理转型》,《甘肃行政学院学报》2016年第3期。
③ 王向民:《中国社会组织的项目制治理》,《经济社会体制比较》2014年第5期。

因此，在"体制型嵌入"的政社关系模式中，社会主体被嵌入与政府的运行体系和权力结构安排中，社会的发展和运行被嵌入于"党委领导、政府主导、社会协同、公众参与、法制保障"的运行框架中，政府与社会在公共服务供给中的合作方式可以简化为"政府购买、社会运作"。一方面，政府在与社会的合作方面体现着强势的体制型嵌入：国家基于长期的经济、政治和管控需要，引导、吸纳、扶持社会组织和社会精英（包括一些"民间能人"和"民间达人"）进入政府所需要的公共服务供给领域；另一方面，政府又主动寻求与社会组织、民众的协同和合作，形成"吸纳—协同—整合"的合作模式，以求政社关系达到最理想的效果。在政府"体制型嵌入"过程中，社会组织也逐渐偏离了其母体——社会这一极，偏向政府（国家）这一极，社会组织自身的特征和功能逐渐被弱化。

二 社会组织对政府的体制性依附与政府购买服务的制度性缺失

从现阶段中国政府职能转型和对社会组织的发展策略来看，社会组织已经逐渐成为承接政府职能转移的重要力量，随着社会组织作用发挥的日益显现，在特定结构场域内，政府与社会组织的关系呈现出兼顾政府现实利益和社会组织发展愿景的协同合作发展态势；[1] 特别是政府在购买服务过程中赋予社会组织新的生长空间，构建了政府与社会组织的补充与互补关系；[2] 这些新的变化也推动着国家与社会关系的重新调适与转变。但在"体制型嵌入"的政社关系模式中，社会组织因被嵌入于政府（国家）的运行体系中，而使得在自身发展、承接政府职能转移和参与公共服务供给等很多领域都呈现出对政府的依附。

---

[1] 吕纳、张佩国：《公共服务购买中政社关系的策略性建构》，《社会科学家》2012年第6期。
[2] 敬乂嘉：《控制与赋权：中国政府的社会组织发展策略》，《学海》2016年第1期。

（一）社会组织对政府的体制性依附和独立性不足

党的十八届三中全会以来，政府加大了购买社会组织服务的力度，培育社会组织发展的策略也走向丰富，社会组织数量也在快速增加。但整体上来说，社会组织除数量偏少、整体规模偏小的客观事实外，分布也很不均衡，即使是在社会组织比较活跃的北京、上海、深圳等地，社会组织的发展也远未形成规模和体系。社会组织对政府的体制性依附首先体现在中国很多社会组织比较显著的"官办"特征，特别是很多民办非企业类社会组织，更是属于此种类型。笔者在调研中也发现，很多社会组织的设立都是政府出于完成某项任务的需要，由政府自创或由体制内脱胎转型而来，这些社会组织的活动资金要么是全部或主要来自政府财政拨款，要么是靠承接政府转移的服务费用；其组织活动任务也基本上接受业务主管部门的安排或主动向主管部门靠拢。这种情况在活跃于基层的社会组织中非常普遍。笔者2017年在调研"最多跑一次"改革中发现，由政府原职能部门转移出去成立的行业性社会组织普遍承担了政府在行政审批过程中项目需要的各种评估任务，如安全评定、环境影响评定、能源评价、水影响评价、交通安全评价等，这些行业性社会组织在承接政府移交任务的过程中，也都与相关职能部门保持着千丝万缕的关系，甚至形成了行业垄断，被当地民众称为"红顶中介"。在城市，基层政府更是承担着培育和发展社会组织的职能。街道每年都有孵化、培育和扶持社会组织的任务目标，并成为对政府绩效考核的重要组成部分，而且为了达到考核目标，基层社会组织有近三分之一是名存实亡的；① 即使是那些能够发挥作用的社会组织，其承接的政府转移职能也多是政府委派或指令性的任务，体现的是政府职能向社会组织的延伸，有些"与其说政府将相关任务委托给社会组织倒不如说是政府直接下派任务……有些社会组织更是在接

---

① 汪锦军：《嵌入与自治：社会治理中的政社关系再平衡》，《中国行政管理》2016年第2期。

到特定购买任务以后才专门成立的"。① 从严格意义上说，杭州市上城区的"湖滨晴雨工作室"和宁波市海曙区的"星光老年协会"也属于这种类型，对政府的依附也比较凸显。

对于那些非官办的、独立成长起来的民间"草根性"社会组织，虽然表面上看对政府的制度依附性没有官办社会组织显著，但由于政府购买公共服务中官办社会组织所占比重很高，留给草根性社会组织发挥作用的空间反而不多，因此，草根性社会组织多以娱乐性组织面目呈现，真正公益性和服务性的社会组织占比并不很高。同时，草根性社会组织虽然在公共服务供给中表现出极大的参与热情，但是由于规模相对较小，覆盖面也较窄，公共服务的专业能力和服务水平相对不高，因此在民众中的公信力并不是很高。再则，由于缺乏政府的资金支持，民间社会组织的运转经费严重依赖于自筹，很多民间社会组织选择商业活动和境外非政府组织的援助，因而出现了营利性和提供服务的高收费现象。② 这不仅影响到政府与民间社会组织良性关系的构建，也给民间社会组织自身发展带来许多复杂的问题。在参与公共服务供给的过程中，民间社会组织也只有纳入体制之内才能真正持续性地发挥其预期的作用，前章所调研的杭州"和事佬"协会由草根性社会组织自发调解邻里纠纷，发展到政府每年拨款扶持，就是一个典型案例。

（二）政府购买社会组织服务的制度性缺失

关于政府购买社会组织服务的非制度化，学界研究成果已经比较丰富。最具有代表性的观点是王名等人总结出的三种模式。王名、乐园等人在对北京、上海、江西等地六个政府购买社会组织服务的案例分析的基础上，以独立性和竞争性两个维度，根据购买服务过程中政府与社会组织的关系是否独立以及在购买程序中社会组

---

① 王琴：《第三部门与政府公共产品购买中的问题研究》，《知识经济》2014年第22期。

② 胡薇：《政府购买社会组织服务的理论逻辑与制度现实》，《经济社会体制比较》2012年第6期。

织间是否具有竞争性,将中国政府购买社会组织公共服务的类型归纳、梳理为依赖关系非竞争性购买、独立关系非竞争性购买和独立关系竞争性购买三种模式,其中依赖关系非竞争性购买和独立关系非竞争性购买占据主导地位,独立关系竞争性购买则不具有显著性特征。① 由于政府与社会组织主体间的非平等性关系,以及购买过程中竞争因素的缺乏,造成了政府购买的"内部化"和内卷化现象。敬乂嘉等人在对上海市200多个社会组织参与政府购买服务竞标的研究发现参与购买服务的很多社会组织都是政府全额拨款的单位,基本上完全依附于政府,其竞标的主要目的也是配合政府完成上级交付的任务。② 即使在上海这种政府购买经验丰富、购买制度化程度较高的城市,也依然是"定向委托"占主导地位,独立竞争性购买不占优势。

政府购买社会组织服务的非制度性首先体现在合作伙伴选择过程中的"体制内化"和"内卷化"。③ 就政府购买社会组织服务的主体关系而言,政府与社会组织间的关系也呈现出"委托—代理"的关系特征,但在政府培育社会组织的过程中却出现了政府出于完成某项任务需要而专项培育的现象,有不少社会组织更是政府自创或由体制内脱胎转型而来,这些社会组织的活动资金要么是全部或主要来自政府拨款,要么是靠承接政府转移的服务费用;其组织活动任务也基本上接受业务主管部门的安排或主动向主管部门靠拢。此外,在部分地方政府主导的购买服务政策实施中,承接项目的机构主要是官办服务机构,体制内购买现象显著。④ 政府与社会组织

---

① 王名、乐园:《中国民间组织参与公共服务购买的模式分析》,《中共浙江省委党校学报》2008年第4期。
② 敬乂嘉:《政府与社会组织公共服务合作机制研究——以上海市的实践为例》,《江西社会科学》2013年第4期。
③ 杨书胜:《政府购买服务内卷化倾向及成因分析》,《理论与改革》2015年第3期;马全中:《政府向社会组织购买服务的"内卷化"及其矫正——基于B市G区购买服务的经验分析》,《求实》2017年第4期。
④ 曹俊:《我国政府购买服务中契约责任失效问题研究》,《江苏社会科学》2017年第5期。

间的非平等性关系,以及购买过程中竞争性因素的缺乏,进一步加剧了政府的非制度化购买。

政府购买服务的非制度化还表现在合作伙伴的选择与合作过程中的监督、评估制度性缺失。虽然从政府购买服务的流程上来看,政府购买社会组织服务遵循着"政府出资—定向购买—契约管理—评估兑现"的契约性质的公共服务供给方式,① 但在购买社会组织服务的设计中,政府的选择出发点比较侧重于那些与政府部门比较熟悉,或者比较信任,甚至是比较"听话"的社会组织。对政府来说,这样的社会组织比较"知根知底"有利于降低风险,另外因比较熟悉合作起来也比较方便。这样的出发点一方面反映出政府购买服务的制度设计还停留在"初级阶段",社会组织之间缺少足够的竞争;另一方面也从侧面说明,"独立关系竞争性购买"的政社关系真正能够发挥作用还需很长时间。在政府购买社会组织服务过程中,由于政府处于绝对的主导和决定地位,这就导致了二者在互动合作过程中的非制度性,突出体现在除了宏观的购买服务监管、绩效评估等制度性约束缺失之外,在诸如规范性合同的制定和合作中的沟通、协调机制、监督和管理等具体约束机制上也普遍存在着缺失的现象。王浦劬等人在对北京、深圳、南京等城市的案例分析中也指出,政府购买中存在着购买行为内部化,社会组织成为政府部门的延伸,政府购买标准不清晰、政府责任模糊,购买程序规范程度较低、合作过程随意性较大,以及服务和评价监督体系缺失、服务成本难以控制等问题。②

三 社区自治力量不足与社区自主公共服务供给的非规模化

自 20 世纪末始,在市场化、城市化和社会大规模流动的冲击下,单位体制逐渐瓦解,社区作为新的地域性社会生活共同体,成

---

① 杨永伟、陆汉文:《服务购买中政社关系研究的范式转换与超越》,《求实》2017 年第 1 期。
② 王浦劬、[美] 莱斯特·M. 萨拉蒙:《政府向社会组织购买公共服务研究:中国与全球经验分析》,北京大学出版社 2010 年版,第 27—30 页。

为城市社会治理的基本单元和微观社会基础。① 顺应公共服务供给体系发展的需要，社区也成为城市公共服务供给产生和完成的重要承载体。与社会组织嵌入于政府的运行体系一致，城市基层的社区自治力量也同样嵌入于国家体制之内，成为依附于政府的组织存在。因所需资源的获得来自国家和上级政府的配置，作为市民和其他社会组织生活共同体的社区在事实上是作为受街道办事处管辖和指导的"建制式社区"而存在,② 社区的公共服务也因此分为行政事务和社区自主两大领域。③ 有别于西方国家市民社会和公共事务治理中"多权力中心论"所强调的权力结构多中心化，中国城市社区以及社区自治力量呈现出社区行政化现象，公共服务供给也呈现出国家政权主导下的基层政府与基层社会自治力量"融合一体、上下整合"的制度化、规模化供给形态;④ 社区自主领域的公共服务则因社区自治力量薄弱而呈现出非规模化的琐碎性服务需求与供应状态。

（一）社区居委会职责的行政化

社区自治力量的主要主体——社区居民委员会虽然在《中华人民共和国城市居民委员会组织法》中被明确定位为"城市居民自我管理、自我教育、自我服务的基层群众性自治组织"，但在"建制式社区"的运行体系中很大程度上已经成为街道办事处的"下一级机构"，或者说成为国家政权的末梢，承担着由街道办事处和其他政府职能部门交付的大量行政性事务。何艳玲等人的研究发现，当前社区居委会承担的行政工作包含了环境卫生、社会治安、计划生育、精准扶贫、纠纷调解、组织宣传等十大类和100多项，在社区

---

① 刘建平、杨磊:《我国城市基层治理变迁困境与出路——构建一种"嵌合式治理"机制》,《学习与实践》2014年第1期。
② 舒晓虎、张婷婷等:《行政与自治衔接——对我国城市基层治理模式的探讨》,《学习与实践》2013年第2期。
③ 杨华、吴素雄:《社区社会组织服务供给的非规模化约束与整合主体选择》,《浙江学刊》2013年第1期。
④ 郑杭生、黄家亮:《当前我国社会管理和社区治理的新趋势》,《甘肃社会科学》2012年第6期。

居委会要完成的工作任务中，街道和上级布置的各项工作占全部工作量的60%左右，单位和机构委托的各项工作占全部工作量的30%左右，而居委会从事的社区自主服务事务的事项仅占全部工作量的10%左右。① 虽然随着政府公共服务职能的加强和公共服务体系的不断健全，社区服务中心也逐渐普及；但受制于资源配置的制约，在基层"网格化"管理和上级考核压力下，社区服务中心的公共服务功能往往让位于或服从于行政性事务的需要，社区居委会的自治角色让位于行政管理者角色，成为基层政府社会管理和服务中的派出机构和执行者。笔者2014年在杭州市社区的调研中，几位社区工作者如是说②：

> 我们社区工作人员包括社工和协管员、社保服务站等一共13人。社区每年的行政拨款20万左右，这涵盖了社区一年的所有经费开销，包括党建费、准物业费和水、电支出等。现在社区在社会管理和服务中的定位还是不清晰，上级职能部门老把社区当仆人，社区成了"政府的垃圾桶、社会的出气筒"……气象局还要来考核社区，食品安全局还要社区签"食品安全责任状"……，这些本来应该是食品安全局跟街道签的，但街道又压到社区。我们认为这不应该是社区的事情，但由于根源在于我们的工资是由政府部门来发，这些事情也都压派在我们头上……为了自身的工资不得不听命于政府尤其是各职能部门。
>
> 我们的日常工作都是忙于应付各种考核和突发性任务，一些特色工作想做好但是精力不够，很多时候只能是形式上先到位，正儿八经的那些居民的需求，社区管理中需要攻克的难题（如毁绿种菜、停车纠纷、宠物狗管理等）需要社区动脑子去做的，却没有时间做。今年（此处指2013年）的

---

① 何艳玲：《都市街区中的国家与社会》，社会科学文献出版社2007年版，第137—139页。
② 该访谈资料来自2014年1月在杭州市上城区所辖街道、社区的调研。

考核和考评减少了,行政的口稍微松了一些,但有些不是区里来考核,而是市里来考核了。比如社区是"杭州市体育星级社区",市里就要来考核……我们今年一年一共开了184次大大小小的会,开会主要都是去领任务(书记的会就更多了)。在这184次会议中,仅有三分之一是社区自己的会议,即使这三分之一的会中也有很多是为了解决上级交付的任务,都没有时间来解决社区的问题。这些年需要完成上级考核的任务越来越多,每个职能部门年底都要考核社区,社区作为一列火车,越来越偏离轨道,社工跳槽的现象也越来越多……

由此可以看出,作为政府职能分化的产物,社区居委会借助于政府资源(财政资金)而产生,其角色在很大程度上还停留在"街道办的下派机构"层面,成为相关职能部门的"仆人"。[①] 城市"两级政府、三级管理"的体制特征在基层社会治理中还很明显。社区居委会虽然在一定的社会领域内具有自治权,但在很大程度上还要接受街道办事处的领导,处于"半自治"状态,社区的许多组织也都是为了顺应当前社会管理的需要而产生,故在费孝通等人看来,"基层政府科层组织体系的职能、组织、人员依然在不断地强化和扩张,体现出在基层社会中国家不断加强政权建设的努力"[②]。

(二)社区社会组织在社区公共服务供给中的零碎化

在社会组织体系中,社区社会组织因其"自发生长",处于社会组织体系的最底层,相对于其他类型的社会组织而言呈现出"小、散、乱"状态,除了那些政府扶持的社会组织外,很多社区社会组织因为规模、资金等方面的限制,达不到民政部门的正式注册条件,求其次作为备案在册的组织存在,并不具备政府委托服务

---

① 此处结论是笔者2014年在上城区社区调研时由社工访谈整理而来。
② 费孝通:《居民自治:中国城市社区建设的新目标》,《江海学刊》2002年第3期。

供给方的完全法人资格；这样的社会组织大多处于空置状态，难以在政府购买公共服务和提供社区自主服务方面发挥重要的作用。虽然在政府的政策支持下，街道孵化的社区社会组织（如民办非企业社会组织）数量在快速增加，但很多社区社会组织因服务能力、专业化程度相对不高而不能获得民众的信任和支持，有些公益性的社区社会组织虽被民众需要，但是由于在资金、人才方面严重匮乏而处于"空转"和"闲置"状态。因此社区社会组织仍需要很长一段时间的发展才能成为社区自主服务供给的主要主体。这在笔者的调研中也能够感知到①：

> "××服务站"是我们这里2009年注册成立的，作为一个社会组织，现在除了法人代表，没有其他从业人员，社区工作人员也不能作为其成员，而且财务很糟糕，只保留了一个空壳……已经不能运作了，原来的法人也离开了社区。在新法人的寻找中，老年人有热心，但是弄不清楚。因此已经是一个空壳了。

在社区社会组织的培育中，由于受到政府培育目的和扶持资金等多方面的限制，很多社区社会组织由最初的自发"公益性"而异化为营利性或其他类型，或者社会组织之所以从事志愿性公益社会服务，很多看重的是与政府之间的关系以及由此可能产生的其他空间，如其他商业活动的机会、提高知名度和影响力等：

> 我们社区目前备案的社会组织有13个，政府对社区社会组织的扶持主要是公益创投，一个社区原则上只有1万元左右的资金，目前来看，社区社会组织的社会效应不是很明显，那些自发性的社会组织才有可能成为公益性的社会组织。但是政府的公益创投强调创新，传统的"理发室"之类的公益活动被

---

① 本部分的访谈资料来自2014年1月在杭州市上城区所辖街道和社区的调研。

认为是没有创新意义的，因此根本不把它们列入公益创投项目，这些公益性的社会组织反而得不到政府的扶持。因此真正能够承担社会事务的、又被政府扶持的社会组织屈指可数，很多自发性的社会组织最后变成了营利性的，公益性目的就很难发挥作用了。

在培育社区社会组织的过程中，由于政社双方沟通不力，政府培育的目标与民众需求的社会组织之间存在着一定的矛盾和冲突，有些培育的社区社会组织因与民众的需求不符而最后流于形式，真正能够服务于民众需求的社会组织因为人力资源、财力资源等限制反而不多：

> 社会组织培育的压力是有的，社会组织的属性还有待于进一步确定。虽然上面说要大力培育公益类、慈善类和服务类的社会组织，但并不像文字说得那么好。让社区（承担起）培育社会组织，压力很大。例如，2013年我们这里注册了早教组织和夫妻关系俱乐部两个，早教组织是社区近年打算培育和发展的，但是这需要相关知识的普及，让社区工作人员来做是不现实的，特别是一些讲座等，最好都是由专业人员来做。我们认为，社区第一需要的是慈善类组织（针对个人）和服务类组织（便民的服务如修鞋、修灯等），这类组织往往需要有强大的物质和资金作为后备，让社区花很大精力去做也是值得的。但是夫妻关系俱乐部，意义不是很大。与社区需求也不是很密切。而且，到年底还要检查这两个社会组织的台账，如每月的活动，开办的讲座等，这些台账以及资金花费，都要社区去做，年审通过后，才能在来年继续拨付资金。

综上所述，社区及社区自治力量处于城市的基层，在"体制型嵌入"的模式下，获取资源的渠道就决定了其对国家和政府的严重依附，上级政府的考查、考核和指派的任务成为社区居委会工作的主要内容，由此带来社区自主性公共服务的被挤压和被忽视，使得社区自主公共服务的供给呈现出零散和缺乏的状态。

四　公众参与效能低下和对政府服务供给的依赖

在公共服务供给中，公众作为公共服务的"消费者"和参与者，对公共服务供给的服务需求和服务效能评估发挥着重要的作用。公众作为公共服务最终消费者和付费者，他们的需求意见、愿望和利益诉求都是确保公共服务有效和公平、公正供给所必须考虑的重要因素。

在中国，政府长期以来都是社会管理和公共服务供给的唯一主体，"强政府—弱社会"模式是其突出特点。新中国成立后，国家更是通过计划经济、单位控制等方式，对社会成员提供统一的、同质化的管理和服务；服务的数量、种类和方式都由政府决定，公众则处于被动接受状态。民众往往会在潜意识中对政府形成依赖，长此以往，就会出现公众"舒适地躺在摇椅里，观看政府改造自身，等着政府服务"的等、靠、要心态[1]，缺乏主动参与。鉴于政府的权威和强大影响力，民众不论是涉及公共利益问题，还是涉及私人利益问题，仍过多地寄希望于政府加大对社会的关注和投资力度，期望政府通过多办一系列的"民心工程"来改变公共服务"供给不力"等亟须改变的严峻现实，而不是寄希望于改变现行的"供给模式"。民众对政府的过度依赖和被动依附在堵塞了公民参与渠道的同时，还在一定程度上导致了公民民主参与效能的低下。虽然当前中国民众的参与意识和参与能力有了较大幅度的提高，参与的积极性也随之增强，但从民众与政府的被动依附关系来看，民众参与更多地体现了参与规则和参与进

---

[1] Carolyn M. Hendriks, "Intergrated Deliberation, Reconciling Civil Society's Dual Role in Deliberative Democracy", *Political Studies*, Oct., 2006, Vol. 54. Issue 3, pp. 486 – 508.

程严重依赖于政府的"行政吸纳型"参与。① 当前许多城市公民参与的"评议"活动都带有明显的政府主导色彩,即政府主导下的邀请性参与——参与主体、时机、形式、范围、步骤乃至机制等核心问题都是由政府所决定,相应地,邀请公众参与绩效评价首先是作为控制官僚的手段而决非目的本身②,公众参与效果大打折扣。

由于政府的强势和民间社会主体力量的弱势,民众长期以来对政府高度依赖,对需求和问题的解决惯性于"找政府",即使是在相对发达的城市,这种现象也依然占主导地位。笔者2017年年初对杭州市上城区、下城区、西湖区、拱墅区等六个主城区的377名随机调查者的问卷统计结果显示,③ 在问及"在您享受的服务中,您觉得哪一类服务最让您满意?"时,有近30%的访民选择的是"政府",在问及"您更喜欢哪些组织提供的服务?"时,"政府"所占比例接近40%。这表明,即使是在市场化程度较高、全市人均可支配收入达46000多元、人均GDP已经近2万美元的杭州,④ 公众对政府的依赖依然十分显著。此外,由于对政府的高度依赖,公众对参与公共事务和志愿服务的意识和参与度都比较低,周边的人参加社会组织的也不多。在问及市民是否经常参加社区和社会组织的活动时,虽然大部分市民都表示在有时间的情况下愿意参加听证会和社会组织志愿活动,但是在实际的生活中,不仅对社会组织了解少之又少,参与的程度更低。调查数据显示,有40%以上的市民"从没有参加过社会组织",参加了10个以上社会组织的比例仅为0.53%。

---

① 杨雪冬:《走向社会权利导向的社会管理体制》,《华中师范大学学报》2010年第1期。
② 黄俊尧:《地方政府绩效评价进程中的公众参与——基于杭州综合考评个案的二维审视》,《行政论坛》2011年第6期。
③ 具体的调查方式的调查问卷将在附件中介绍,这里只先使用一部分问卷结果。
④ 此处数据来自《2016年杭州市国民经济和社会发展统计公报》,根据公报相关数据测算出2016年杭州市的人均GDP为18107美元。

◇◇ 第三章 现有制度安排下公共服务分类供给的限度分析 ◇◇

(a) 你周边的人参加社会组织多不多？

多 18.57%
不多 81.43%

(b) 你是否参加了社会组织和听证会

- 你参加了多少个社会组织
- 你是否参加过听证会

横轴：从没参加、1—3个社会组织、3—6个社会组织、6—10个社会组织、10个社会组织

(c) 你经常参加社区的活动吗？

非常多，3.98%
经常参加，11.41%
一般，16.71%
偶尔参加，25.73%
几乎没有，42.18%

(d)

- 在您享受的服务中，您觉得哪一类服务最让您满意？
- 在下列服务中，你觉得哪类服务价格最低廉？
- 在下列服务中，您更喜欢哪类服务？

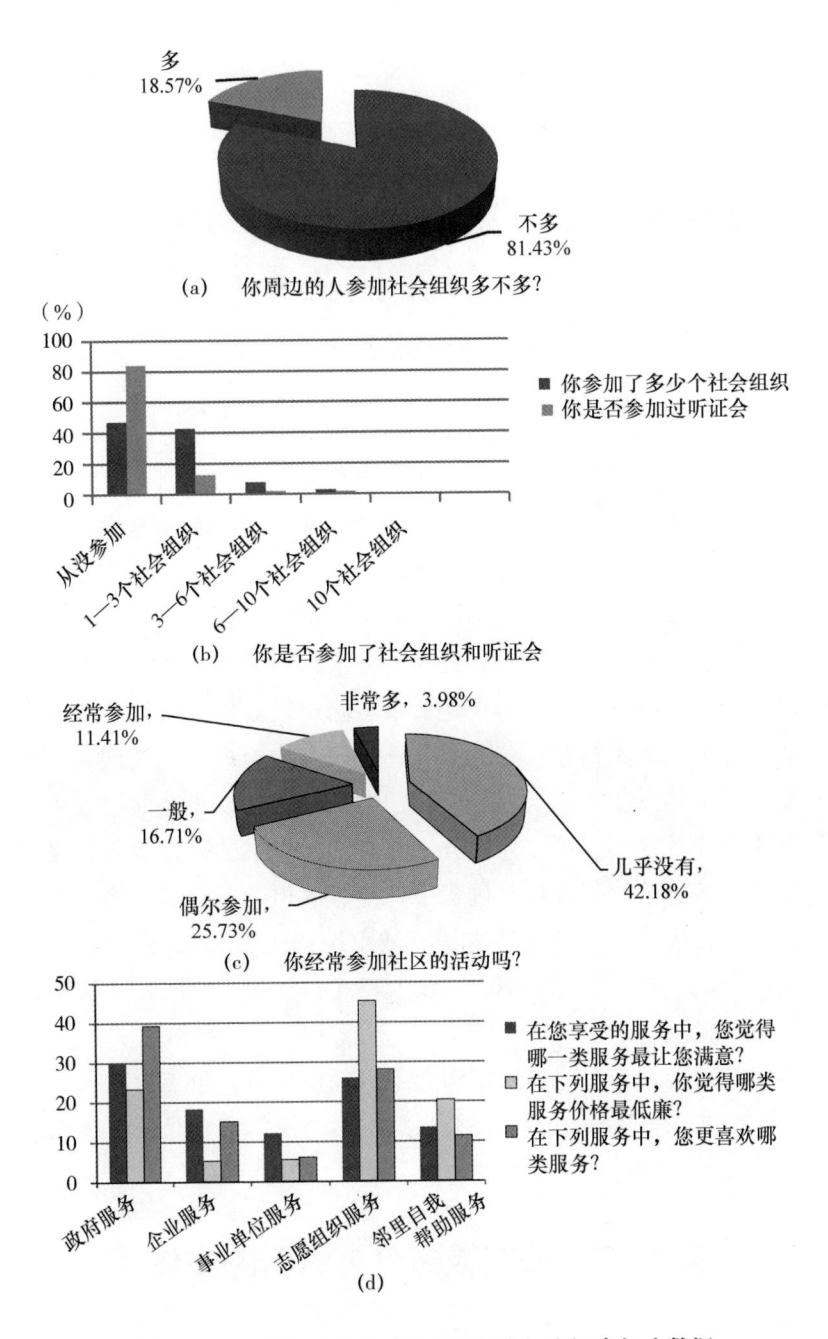

横轴：政府服务、企业服务、事业单位服务、志愿组织服务、邻里自我帮助服务

图3-2 杭州市民对公共事务参与度问卷调查部分数据

第四章 公共服务分类供给的主体认定与责任关系构建

公共服务有效供给的实现，表面上看是服务的规划者（政府）、生产者（政府和其他生产主体）和消费者三者之间的服务分工与合作，但从实践过程来看，公共服务供给从来都是围绕着政府职能转变、各主体间的职责分工等基础问题展开的，它既包括政府、市场和社会三者职责边界的调整和社会大分工趋势下各主体对公共服务供给职能的积极承接，更内在地要求不同层级政府与其他主体在供给职责方面的关系构建。公共服务选择何种供给模式，说到底是政府职责分工体系中不同层级政府责任的合理定位以及在此过程中政府与市场、社会等供给主体的分工与合作。本书的公共服务分类供给也正是基于公共服务供给过程中各主体承担的职责和供给中的角色定位，各主体在各自合适的最有效范围内进行互动与协同合作，以达到公共服务供给的最优效果。本章主要从公共服务"供给职责"上不同层级政府间的职责分工和公共服务"供给方式"上各主体间的功能划分、边界认定作为逻辑分析起点，重点分析各供给主体在公共服务供给中的责任担当与供给范围，以及公共服务供给主体间关系的构建。

第一节 公共服务分类供给的主体认定与生产方式

在实践领域，随着公共服务"生产"和"提供"的分离，政府供给、私人生产、非营利组织参与公共服务在经历了实践检验后逐渐形成特定的生产方式,公共服务多元主体供给格局逐渐形成,并在理论研究和实践认知层面达成共识。本节主要从"生产"和"提供"带来公共服务供给主体角色分离出发,阐释政府、市场和社会力量在公共服务供给中的主体认定与生产方式。

一 "生产"和"提供":公共服务供给中的主体角色分离

公共服务供给多主体参与和分类供给机制的实现,得益于经济和社会发展进程中科学技术进步带来的生产能力提升,特别是在公共产品和服务生产成本降低过程中政府单一主体供给弊端的不断显现,最终促使"生产"和"提供"在技术层面的分离。公共服务的生产方式出现多样化,进而推动多元供给主体出现并成为现实。

作为一种理念,"生产"和"提供"分离对公共服务供给模式变革的显著影响是"提供"与"生产"的区别构成了公共服务民营化的核心,同时也进一步奠定了政府在整个公共服务供给结构中的角色界定基础。因为,"当安排者和生产者合一时,官僚制的成本就产生了,即维持和管理层级系统的成本。当安排者和生产者不同时,又产生了交易成本,即聘用和管理独立生产者的成本。两种成本的相对值决定了安排和生产功能分开是否值得"。[①] 对许多公共服务来说,政府虽然本质上是一个提供者或安排者,但政府也是生产者,公共物品理论恰恰忽视了服务的提供和生产之间的区别,进而认为公共服务属于政府的"天职"而忽略了其他社会工具。

而"提供"和"生产"从概念产生到成为公共服务供给中的实然状态,体现的是从理论到实践对政府职能的重新界定以及对公共服务供给环节的重新分类和梳理。虽然马斯格雷夫等人在20世纪60年代就已经提出应该对公共服务的生产和提供做出区分,并

[①] [美] E. S. 萨瓦斯:《民营化与公私部门的伙伴关系》,周志忍等译,中国人民大学出版社2002年版,第69页。

指出公共服务的生产可以由私人和政府共同承担;① 但是一方面受当时实践领域生产技术的局限,另一方面受理论界公共物品理论主流价值的影响,公共服务的"提供"和"生产"二分说并没有引起重视。"提供"和"生产"在理论界真正引起重视,是20世纪70年代后市场力量逐渐渗透到实践领域并承担一些之前由政府垄断生产的纯公共服务(如生产国防的一些设备等)后才开始的。对于"生产"和"提供"的内容,奥克森将"生产"定义为"将一系列输入的资源转化为产品和服务的计数过程","提供"则是"一系列包括需要生产和提供哪种产品和服务,产品和服务的数量和质量,以及这些安排和服务的资金数量和来源如何约束、规范公共产品和公共服务消费中的个人行为等选择行为的总和"。② 随着生产技术革命性变革带来公共服务供给模式的变化,理论家们逐渐意识到,"生产是一个物理过程,公共服务和产品可以依据生产而成为存在物,提供则是消费者得到什么产品的过程",二者虽然与公共服务密不可分,但是针对的主体并不完全相同;进而认识到,公共服务的供给是一系列集体选择的综合,公共服务的提供主要是消费者需要什么、需要多少,以及如何安排公共服务的问题,公共服务的生产则是如何将一系列的公共资源通过什么样的技术手段转化为具体的产品和服务。③ 萨瓦斯在指出"服务的生产,完全可以通过合同承包、补助、凭单、特许经营等形式由私营部门或社会机构来完成"基础上,进一步将公共服务的参与者分为提供者、生产者和消费者,生产者即直接组织生产或直接向消费者提供服务;提供者是公共服务的安排者或指派者,通常情况下服务提供者是政府

---

① 学界普遍认为,公共服务的"提供"和"生产"这两大概念最早是由经济学家理查德·马斯格雷夫提出的,随后被文森特·奥斯特罗姆等制度经济学派继承并加以明确;民营化研究的集大成者萨瓦斯将这两大概念进一步以明确并在实践中进行分析和讨论,提出公私合营10种分类。

② 转引自翟志远《公共服务供给中的主体间关系——基于中国的多案例研究与比较》,博士学位论文,浙江大学,2012年。

③ [美]迈克尔·麦金尼斯:《多中心体制与地方公共经济》,毛寿龙译,上海三联书店2000年版,第4—8页。

等公共机构。① 可以看出，上述诸种观点对"提供"和"生产"的阐释和论证，其实质是为多元主体参与公共服务供给提供了理论支撑和实践领域的操作路径。

从公共服务多元供给机制的实践来看，"提供"和"生产"两环节的区分，也就意味着公共服务供给主体角色的分离和对政府供给公共服务职责的重新定位：公共服务供给虽然仍是政府的天然职能，政府仍需要保证公共服务的有效提供，但这并不必然意味着公共服务的生产职能也要由政府来完成，政府不一定需要直接生产这些公共服务；相反，同一项公共服务可以同时由政府、企业、社会组织等多个主体进行生产。公共服务的提供侧重于公共服务供给的责任划分和责任归属；公共服务的生产则侧重于公共服务供给的过程和效率提升。具体来说，公共服务的提供主要是公共机构（政府）根据公众的需求对公共服务供给的数量、质量、覆盖领域等供给责任问题进行决策并做出相应的安排。作为公共服务的提供者，政府需要承担的包括是否提供哪些公共服务、提供该项公共服务的资金来源、如何供应等责任，即公共服务的组织者、协调者与监管者。公共服务的生产则是将公共服务所需资源通过较高的效率转化为具体的公共产品和服务。在此过程中，根据公共服务生产成本的需要，"提供"和"生产"既可以合二为一，又可以完全分离，在实践中，往往是政府致力于公共服务的制度设计与供给安排，而把生产职能转移给专业服务生产者。② 公共服务供给多元参与和分类供给成为客观现实。

二 公共服务政府供给的主体认定和供给方式

虽然政府一直都是公共政策的制定者和公共利益的执行者，但政府真正承担起公共服务职能并大规模提供公共服务始于第二次世

---

① ［美］E. S. 萨瓦斯：《民营化与公私部门的伙伴关系》，周志忍等译，中国人民大学出版社2002年版，第69页。
② 张菀洺：《政府公共服务供给的责任边界与制度安排》，《学术研究》2008年第5期。

界大战之后。面对1929—1933年经济危机和第二次世界大战带来的冲击，"守夜人"政府理念逐渐被抛弃，以"凯恩斯主义"为主要内容的国家干预在战后整个西方世界中盛行，政府职能由传统的国防、法制等领域迅速扩展到宏观调控、医疗卫生、社会保障、失业救助、义务教育、基础设施、环境保护等经济发展和社会建设，几乎覆盖了个人"从摇篮到坟墓"的所有领域。《贝弗里奇报告》中勾勒的公共服务体系成为第二次世界大战后西方国家建设福利国家的制度样本。1948年英国首先宣布建成福利国家，随后欧洲各国及日美等国也纷纷宣布完成高福利建设。政府大规模垄断供给成为这一时期公共服务供给的主要特征和方式。虽然20世纪80年代后政府垄断供给的方式逐渐受到批评并大规模减少，但即使是现在，政府生产依然是公共服务供给的主要方式和重要内容。政府生产和提供公共服务的方式主要体现在：

1. 政府直接生产和政府间联合生产。政府直接生产包括政府机构及其官僚组织直接生产和政府企业直接生产两个方面。最初政府直接生产公共服务的目的主要是弥补市场缺陷，合理调控和再分配公共资源，实现国家发展的战略目标、对弱势群体进行社会扶助，为政治家提供政治资源等。[①] 除国防、法律制度等纯公共服务由政府无偿供应直接生产之外，在社会领域内政府也开始直接承担和兴建那些耗资巨大、经营利润较低、规模效应不明显的基础设施和铁路、天然气、供暖、水电等公共事业。为更好地保障教育、增加就业和医疗保险等社会福利，政府开始兴办学校、医院、图书馆、博物馆等公共机构和公共设施。在这些公共服务中，有些是政府机构及政府雇员直接生产公共产品和服务，有些是通过政府所属的国有企业、国管企业及国有控股公司等进行垄断生产。有资料显示，第二次世界大战后英国政府将钢铁、煤炭、铁路、航空、电信等公共基础事业全部收归为国有。1950年英国国有资产约占全国

---

① 转引自唐娟、曹富国《公共服务供给的多元模式分析》，《华中师范大学学报》（人文社会科学版）2004年第2期。

资产的五分之一。[①] 除政府机构直接生产外，政府之间也会对一些跨区域公共服务进行联合生产，如美国的市政府向县政府购买司法服务、日本的基层政府联合起来成立消防总署，共同提供消防服务对抗地震、海啸等。相对于市场购买的私人物品而言，政府直接生产的公共服务价格相对低廉，多为免费性享用，覆盖面广，也无可避免地产生垄断性供给和消费者被动消费等特点。

2. 政府采购。政府采购兴起于20世纪80年代，主要是指政府为减少公共服务直接生产数量，降低财政压力而采取的政府从私人部门和社会组织等非政府主体购买服务的形式，可以视为政府的间接生产。政府作为公共服务供给的核心主体，出资购买非政府主体生产的产品和服务。至于生产什么和生产多少包括相关的价格制定都由政府来定，政府在对非政府主体实行监督生产的同时，也承担相应的公共服务责任。基于委托—代理原理，政府在采购公共服务中通过与生产公共服务的非政府主体签订契约或委托经营的方式授权非政府主体生产某项公共产品或服务。在这种供给方式中，私人部门和社会组织获得生产经营权，政府获得相对高质的公共产品和服务，各主体的职责相对明确，操作也相对便捷，因此在很多国家中都较流行。

3. 政府补贴。政府补贴主要是指政府在对弱势群体的扶持、公共政策制定和公共事业发展等方面，通过对社会组织和企业以减免税收、财政拨款、补助等方式与非政府主体在教育、医疗、养老、弱势群体特殊社会福利、基础设施等公共服务领域内进行合作供给，确保和激励社会组织向民众提供高质量的公共产品和服务。此外，向公众发放代金券也成为政府补贴的一种重要方式，作为政府发给居民的公共服务消费凭证，居民可以用代金券来替代现金从相关生产机构或社会组织处购买教育、食物、医疗补助、社会救助

[①] 张菊梅：《二战后英国公共服务供给模式变革及对中国的启示》，《学术论坛》2012年第2期。

等公共服务或公共产品。① 相对于政府直接生产，政府补贴既节约了政府成本，又对社会组织等起到了很大的扶持和帮扶作用，在很多领域都得到广泛使用。

总体来看，政府大规模公共服务供给在扩大公共服务领域，满足民众主要基本公共服务的同时，也直接带来了公共财政支出的大规模增加、政府规模的大幅扩大和官僚机构的膨胀。到20世纪80年代，主要发达国家普遍面临着政府机构庞大、服务效率低下的问题，以美国为例，有数据显示，1977年美国地方政府数量为4万个，而2007年地方政府数量就超过8万个，翻了一番。② 与此同时，因公共财政支出的比例也大幅增长，财政赤字大幅增加，1965年，美国联邦政府的财政赤字为14亿美元，1975年攀升至532亿美元，1982年更是达到2000亿美元。公共服务政府供给产生的一系列问题广为诟病并引发了对政府绩效改革的"新公共管理运动"。

三　公共服务市场供给的主体认定和生产方式

（一）民营化：作为一种理念的市场供给逻辑和实践

如果说公共物品理论关于政府提供纯公共产品和服务（包括一些准公共物品和服务）、市场和私人提供私人物品的分析，构成了政府与市场发挥作用的理论基础，那么公共选择理论关于政府失灵和公共服务市场提供的理论阐释则构成了公共服务民营化的原始动力。在现实生活中，民营化集大成者萨瓦斯通过对47个国家公共服务民营化的实践运动分析之后，开宗明义地指出了公共服务民营化的四种推动力量，即政府的现实财政压力、经济富裕的推动力（人们更乐于接受民营化）、意识形态方面期望更少干预的政府、

---

① 丁元竹、丁潇潇：《基本公共服务供给方式的国际视角》，《开放导报》2013年第1期。
② ［美］文森特·奥斯特罗姆等：《美国地方政府》，井敏等译，北京大学出版社2004年版，第152—159页。

追求更多公共服务选择权的平民主义。① 在萨瓦斯看来，民营化已经成为一种治理理念，一种公共服务供给的新方式和"新业态"。对于那些属于政府"天职"的公共服务，政府也首先是一个安排者即决定什么该由集体去做，以及做到什么程度或什么水平，至于如何去生产，则可以通过合同承包、补助、凭单等途径由私营部门或社会机构来完成。所谓"实施民营化，就是政府仍然保留服务提供的责任并为此支付成本，只不过不再直接从事生产"。根据安排者、生产者和消费者之间的动态关系，萨瓦斯把民营化细分为10种具体形式并做了如下的制度安排：

表4-1　　萨瓦斯关于"公共"服务提供的制度安排②

生产者	安排者	
	公共部门	私人部门
公共部门	政府服务 政府间协议	政府出售
私人部门	合同承包、特许经营、补助	自由市场、志愿服务、自我服务、凭单制

在支持公共服务民营化的学者看来，作为改进政府机构生产效率的根本战略之一，民营化是公共服务供给结构中的一种有效方式。正如萨瓦斯所言，"公共服务民营化的核心是更多地依靠市场和民间组织，更少依赖政府来满足公众的需求"。③ 关于萨瓦斯的观点，很多学者给予了肯定。从理论上讲，作为一种供给方式，公共服务民营化更多的是通过市场化手段，来提高公共服务的供给效

---

① ［美］E.S.萨瓦斯：《民营化与公私部门的伙伴关系》，周志忍等译，中国人民大学出版社2002年版，第5—6页。
② ［美］E.S.萨瓦斯：《民营化与公私部门的伙伴关系》，周志忍等译，中国人民大学出版社2002年版，第70页。
③ ［美］E.S.萨瓦斯：《民营化与公私部门的伙伴关系》，周志忍等译，中国人民大学出版社2002年版，第22页。

率,以及实现公共服务供给的多样化;即通过公共服务生产技术和生产能力的革新,在不增加政府财政支出、扩大政府机构规模的前提下,通过市场供给的机制创新,改善公共服务供给质量,帮助政府提高公共服务供给能力和供给效能。从实践形式来看,公共服务民营化化的形式比较多样,这里简要介绍几类:

1. 合同承包。合同承包是西方国家公共服务市场化中出现较早、运用也最为普遍的一种形式。合同承包意指政府以合同的方式,通过竞投标将之前政府生产的公共产品和服务,转让给私人部门或非营利组织生产,政府根据契约合同购买产品和服务并对私人部门进行监管。萨瓦斯在20世纪80年代的调查结果显示,政府官员们普遍认为,节约服务费用是合同承包最明显的优势,同时还有助于减少政府的行政规模,减少公共开支,官员初期普遍对合同承包比较满意。① 事实上,合同承包确实得到一些改革家的偏爱。英国20世纪80年代以来先后在教育、健康等领域扩大了竞争性合同承包的范围,美国的公共服务合同承包同样很受欢迎。有资料显示,1979年美国联邦政府行政部门向承包商购买公共服务的支出为230亿美元,1989年则达到480亿美元。1992年联邦政府用于政府采购的开支达2100亿美元,占其财政开支的六分之一。1996年地方政府几乎把医院、卫生保健、公共交通设施、污水和垃圾处理、监狱管理、工作培训等所有能够承包出去的大约100余种公共服务实施了合同承包。②

2. 特许经营。特许经营也是"公私合作"的一种,是指政府以特许的形式,授予企业或组织在特定的公用事业或公共服务领域内提供某种产品和服务的权力,政府允许企业或组织以较低价格向消费者收取一定的费用以收回其投资,并适当获取一定利润,公共产品的生产、价格制定和运行等要接受政府监管。与合同承包不同的是,特许

---

① [美] E. S. 萨瓦斯:《民营化与公私部门的伙伴关系》,周志忍译,中国人民大学出版社2002年版,第152—153页。

② 李军鹏:《国外公共服务改革的做法与启示》,《行政管理改革》2010年第10期。

经营是政府出让一定的经营权限吸引私人部门生产和提供公共产品和服务，政府保留对产品和服务的定价权。目前，特许经营有BOT（build-operation-transfer，建设—运营—移交）、BOOT（build-own-operation-transfer，建设—拥有—运营—移交）、ROT（renovate-operation-transfer，重构—运营—移交）等多种形式，被广泛运用在基础设施建设、公用事业特许等领域。

3. 凭单制。凭单制也被称为代金券制，是政府部门给予那些有资格消费某种服务的个体（通常是有需要帮助的相对困难群体）发放的一种有价消费券，消费者使用该券在特定的公共服务生产主体中用于购买食品、支付学费、医疗费等服务。相对于上述两种方式，凭单制主要是政府将补贴发放给消费者而非服务生产者，政府发放的购买凭证虽然是有价证券，但却不是现金，而是一种优惠券，体现的是政府对特定消费者的补贴。除医疗、教育、食品外，凭单制已经被广泛运用到住房、幼儿保健、运输、司法、环境保护等多个领域。①

（二）公私合作

公私合作（又称为公私伙伴关系）已经成为近十年来公共服务供给模式中发展速度最快的机制。虽然公私合作与合同承包、特许经营等市场化形式有着密切的关系，很多市场化机制也是公私合作的内容，但与公共服务民营化相比，公私合作更加强调公共部门与私人部门对公共服务供给的风险和责任共担，因此在公共服务供给中与纯民营化有显著的不同。目前关于公私合作尚未形成明确的内涵和外延，普遍被看作公共机构（主要是政府）通过与私人部门基于特定的公共服务项目签订的长期合同安排，政府购买私人部门的服务，私人部门在公共服务供给中充分发挥其生产技术、资金保障等优势，政府则通过长期购买实现对公共服务质量和公平供给等方面的监督，从而实现公共服务的有效供

---

① 刘厚金：《国外公共服务市场化的实践与启示》，《福建论坛》（人文社会科学版）2010年第5期。

给。公私合作的突出优势是通过公共机构与私人部门在公共服务供给中的长期合同制度安排实现公共服务供给中的责任捆绑，即通过对公共服务生产的长期联合经营与责任捆绑，将政府与私人部门联合起来，共同承担风险。从公私合作的活动领域看，公私合作已经从早期的高速公路、铁路、轨道交通等公共交通设施领域扩展到大型场馆建设、污水处理、垃圾处理以及公共教育、医疗服务、社会养老、文体产业等公共事业建设。从战略意义上看，公私合作也已经成为西方多个国家政府实现经济发展目标和提升公共服务质量的核心理念和关键措施，在全球得到推广和运用。① 有资料显示，到2004年英国共签署677份、金额为427亿英镑的公私合作合同；德国的公私合作从2003年开始突飞猛进，合同金额由2004年的3.44亿欧元增加到2007年的15亿欧元。许多欧洲大陆国家，包括芬兰、德国、希腊、意大利、荷兰、葡萄牙和西班牙都有公私合作项目。一部分中欧和东欧国家，包括捷克、匈牙利和波兰由于需要基础设施的大量投入，已开始着手开展PPP项目。②

四 社会力量参与公共服务供给的主体认定与"全球结社革命"

众所周知，在公共服务的供给主体中，除了政府与私营部门之外，还有一个"第三方"，被普遍地称为"第三部门"，通常又被称为"非营利组织""社会组织""非政府组织"等。相对于政府和私营部门来说，第三部门是从20世纪70年代末迅速发展的有别于第一部门（政府）和第二部门（私营部门）的以公共利益和公共服务为行为取向、以志愿参与为运行机制、具有显著的自组织性、非政府性、非营利性和志愿性等特征的所有组织的总和。通常

---

① 叶托：《超越民营化：多元视角下的政府购买公共服务》，《中国行政管理》2014年第4期。
② 王俊豪、陈无风：《城市公用事业特许经营相关问题比较研究》，《经济理论与经济管理》2014年第8期。

◇◇ 第四章 公共服务分类供给的主体认定与责任关系构建 ◇◇

来说包括志愿团体、非营利部门、社会组织、协会、基金会、社区自组织等。在"第三方"的称谓和选择使用上，不同国家或组织的使用习惯略微有些差异。从使用频率上看，联合国的多种资料中通常较多使用"非政府组织"，英国、法国等欧洲国家多使用"社会组织"或"志愿组织"，美国则多使用"非营利组织"；中国在经历了民间社会力量、社会团体、民办非企业等多种称呼之后，近年来官方使用"社会组织"的频率在增加，"社会组织"也逐渐获得民众接受和认可。

由于社会组织对公众需求感知具有天然的灵敏性，同时服务的专业化程度较高能够带来服务的高效率，在公共服务供给中自然而然地成为政府的合作伙伴，社会组织也在与政府合作提供服务中形成了一种相对灵活的"第三方参与"模式，使政府在规模和财政投入不增加的情况下，提高服务的供给效能。关于非营利组织等第三部门在公共服务供给中的角色，萨拉蒙将其称为"全世界范围内正在进行的一场实质性的结社革命"：第三部门首先是结构化的组织，其次，它们位于正式的国家机构之外，以非营利为主要目的（不是先把活动中的利润分配给股东或理事）；其最突出的特点是，它们是自主性、自治性的组织，包含了大量的个人志愿和努力。① 萨拉蒙在对美国等西方国家非营利组织承担的服务进行研究后发现，非营利组织与私营部门最大的不同在于其与政府有着相似的目标；从本质上讲，非营利组织服务于"公共"目标，因此非营利组织不是通过与政府对抗，而是通过与政府合作来发挥其在公共服务供给中的作用。也正因为如此，实践中政府与非营利组织是一种伙伴性的关系。这种伙伴性关系主要体现在：首先，非营利组织的资金来源在很大程度上由政府提供和支持（1982年美国非营利组织中38%的收入来自政府，有60%的非营利组织从政府获得一部分资金）。其次，尽管非营利

---

① ［美］莱斯特·M.萨拉蒙：《公共服务中的伙伴——现代福利国家中政府与非营利组织的关系》，田凯译，商务印书馆2008年版，第262页。

组织比较灵活，相对于政府和其他组织而言比较容易被解散，但由于其能够更容易地利用私人慈善资源和个人的志愿者劳动，因此其提供的服务质量要高于政府并且能够帮助政府"减少"公共开支。① 基于这些优势，政府乐于支持非营利组织在公共服务中承担政府的社会职能，除了在某些社会服务领域非营利组织比政府机构提供更多的服务外，政府甚至在一些没有非营利组织的领域创建新的非营利组织来提供相关服务。② 这一点从非营利组织在公共服务领域内的产值也能够说明：1980 年美国非营利组织中公益服务组织大约支出了 1160 亿美元，约占美国国内生产总值的 5%；③ 萨拉蒙等人对同期的北美、南美和欧洲等 36 个国家的非营利组织研究也发现，这些国家非营利组织构成了大约 1.3 万亿美元的公益产业，占到这些国家国内生产总值总和的 5.4%。④

伴随着非营利组织公益服务供给增加的是中产阶级群体的壮大以及市民社会的兴起，带动市民和非营利组织广泛地参与公共服务供给。除非营利组织的大量出现外，志愿服务和社区居民自治服务也开始充当越来越重要的角色。还以美国为例，在 1990 年美国民间的慈善捐赠资金就已经达到 1230 亿美元，其中有 90% 为私人捐赠。随着社会发展的日益多元，社区成为提供志愿供给和整合多种服务的重要领域，美国国家与社区服务机构发布的《美国志愿服务 2011》称，2010 年 6280 万名美国人参与志愿服务，约占总人口的 26.3%，平均服务时间中位数为 52 小时，

---

① [美] 莱斯特·M. 萨拉蒙：《公共服务中的伙伴——现代福利国家中政府与非营利组织的关系》，田凯译，商务印书馆 2008 年版，第 116—117 页。
② [美] 莱斯特·M. 萨拉蒙：《公共服务中的伙伴——现代福利国家中政府与非营利组织的关系》，田凯译，商务印书馆 2008 年版，第 34—35 页。
③ [美] 莱斯特·M. 萨拉蒙：《公共服务中的伙伴——现代福利国家中政府与非营利组织的关系》，田凯译，商务印书馆 2008 年版，第 57 页。
④ [美] 莱斯特·M. 萨拉蒙等：《全球公民社会——非营利部门国际指数》，陈一梅等译，北京大学出版社 2007 年版，第 19 页。

服务时间共计 81 亿小时，价值近 1730 亿美元。① 大量的事实证明，在公共服务需求日益增加，市民社会力量逐渐增强的背景下，市民与社会组织参与公共服务供给已经成为一种有效模式并越来越发挥着重要的作用。

第二节 公共服务分类供给中各主体的责任边界

在现代社会，公共服务供给早已经成为一个跨界的、复杂多样的公共问题。"生产"与"提供"环节的分离奠定了公共服务供给主体间的角色定位和相互间的责任关系，公共服务以及公共服务供给者不再是"铁板一块"，公共服务供给过程也因出现了多元主体和责任分工而变得更加细化和复杂。这其中，"责任"成为公共服务分类供给的核心概念和逻辑起点。本节主要围绕公共服务供给中的责任分工框架，分析各供给主体在公共服务供给中的作用发挥领域和责任边界。

一 公共服务供给职责的纵向间政府责任分工

虽然在公共服务供给实践领域"生产"和"提供"环节的分离带来公共服务供给模式的深刻变革，但在所有公共服务供给模式中，政府供给仍是最传统和最基本的方式。而且，随着社会事务越来越复杂化，政府在对经济和社会发展发挥越来越大作用的同时，政府内部层级的职责划分，也越来越成为影响公共服务供给实践的重要决定性因素。

从公共服务供给的纵向分布结构来看，公共服务的提供安排是由不同层级的政府来完成的。不管是单一制国家还是联邦制国家，不同层级政府间的职责分工都是实现公共服务有效供给的重要基础和前提。政府纵向间的职责分工不仅是社会公众与政府之

---

① 黄晓鹏：《美国志愿服务观察及其启示》，《中国青年研究》2012 年第 11 期。

间利益关系实现有效互动的基础，同时也是证明政府合法性存在的重要工具。诚如萨瓦斯所言，"随着社会事务的日益复杂，越来越多的个人和可收费物品被确定为'福利'并被用作集体物品或共用资源。相应地，政府的增长或者说政府在公共服务中的责任也日益增加。换言之，提供具有集体物品内在特性的物品和服务是政府自身存在的主要理由"。[①] 科学、合理的纵向间政府职责分工已经成为有效维护政治权力运行、满足民众动态变化需求的重要保障。

从世界范围来看，公共服务的属性特征、受益范围和供给效率成为纵向间政府职责分工的重要标准。越是全国性的、整体性的公共服务，其供给成本和规模效应也越明显，供给的主体也越是较高层级的政府；那些有着显著性的地域特征和受益范围较小、操作性强的公共服务，往往则由层级较低的政府来承担。伴随着社会现代化发展的需求，现代政府间的职责分工要求也越来越高，公共服务供给的纵向间政府责任分工也就自然而然成为公共服务供给主体责任的重要内容。

综观来看，发达国家在事权法定的基础上，政府间的职责分工已经比较成熟并大致形成了这样的惯例：（1）全国性公共产品和涉及全体国民利益的事务由中央政府负责；（2）地方性公共产品和事务由其主要受益范围所在的地方政府负责；[②]（3）受益具有外溢性的地方公共事务，由上级政府提供或由上级政府对负责该事务的地方政府进行补贴。在这样的惯例下，西方国家政府纵向间的职责分工大致如下：

中央或联邦政府——主要负责那些受益范围是全国性的、为全体国民共同享有的或者是关系到整个国家利益的纯公共产品和服务，如涉及法制、财税、国防、外交、货币发行、对经济的宏观调

[①] [美] E. S. 萨瓦斯：《民营化与公私部门的伙伴关系》，周志忍译，中国人民大学出版社2002年版，第63页。

[②] 刘银喜：《财政联邦主义视角下的政府间关系》，《中国行政管理》2008年第1期。

第四章 公共服务分类供给的主体认定与责任关系构建

控、社会保障、大学教育、国有资源保护、国家级公共交通与通讯、情报与国家安全等职责的公共产品和公共服务。

中间层级政府——主要负责那些受益范围在特定行政辖区内的、外溢性特征不是很显著的，主要由当地民众共享的区域性经济和社会发展的公共产品和服务，主要包括公安、消防、大部分文化事业、卫生保健、中小学教育、环境保护、就业、部分交通、市政管理、住房建设、地域经济规划与开发等职责的公共产品和服务。

基层政府——主要负责中间层级政府管理事务以外的，与基层民众生活最直接相关的职责和服务，特别是与居民生活相关的基础性公共事务（如办理户籍登记和各种许可证明等）和社区性公共服务（如社区建设和环境卫生、幼儿教育与养老事业）、狭义的基础设施建设与管理（如垃圾收集、设施建设维护等）、娱乐与休闲等职责。

此外，需要中央和地方合作的共同事项的管理由各级政府在职权法定的基础上以伙伴关系进行合作。[①] 以美国政府间职责分工为例，美国各级政府的公共服务分类供给大致如下：

表4-2 美国政府层级及公共服务职责分工概览（2012年）[②]

层级	组织形态（个）	主要职责	服务类型
中央政府	联邦政府	外交、国土安全、军事、货币、社会福利（社会保险）、贸易管理、卫生保障（部分）征税等	提供全国性服务
	州政府（50）	大学教育、社会福利（就业）、征税、基础设施、公用秩序与安全、卫生保障（部分）国有资源保护、监狱事务等	提供州内的整体性服务

---

① 朱光磊编著：《现代政府理论》，高等教育出版社2006年版，第116—117页。
② 该图的制作参考了汪菁《美国政府间关系的历史演变与"财政联邦制"问题的探讨》，《中共杭州市委党校学报》2014年第5期。

续表

层级	组织形态（个）	主要职责	服务类型
地方政府	县政府（3031）	州的一级行政单位，根据州宪法规定负责本辖区内不属于任何市镇的区域性基本公共服务，征税等	辖区内基本公共服务
	市（19519）	一般性地方政府，根据州宪法规定管理辖区内事务，提供基本公共服务，征税等	辖区内一般性公共服务
	学区政府（12880）	根据州宪法负责提供中、小学义务教育及相关公共服务	只提供教育服务
	特别区政府（38266）	由州或地方法律授权成立的负责"单一功能"地方行政单元，提供某一项服务，如供水、图书馆、消防等	某种（些）单一功能服务①
	乡镇（16360）	根据州宪法规定管理辖区内事务，提供辖区内基本公共服务，征税等	辖区居民最基本的服务

从总体的发展趋势看，公共服务供给的地方化特征有显著加强的趋势。在"一级政府一级财政"的国家和地区，承担公共服务已经成为地方政府（如美国的自治市、日本的地方自治共同体等）的重要职能。即使是在中国，21世纪以来伴随着管理重心下移，简政放权、放管结合和优化服务改革，特别是党的十九大以来"赋予省级及以下地方政府更多自主权"的改革策略部署，公共服务供给责任的地方化也已经成为公共服务供给体系改革的重要内容。

二 横向间政府在公共服务供给中的职责及供给领域

（一）责任承担主体：政府在公共服务供给中的角色定位

在现代社会，公共服务供给已突破了政府的单一主体供应模

---

① 特别区政府早期多为单一功能区政府，为辖区民众提供单一功能服务，后来出现了多功能区政府，但仍以单一功能为主，目前有90%的特别区政府提供的单一功能。

式,演变成为政府部门、市场主体和社会组织多元供给的模式安排。各主体通过什么样的制度安排,有效供给公共服务,成为公共服务供给研究中的热点问题。世界银行2004年度发展报告从"责任"这一核心概念出发,指出在"生产"和"提供"分离之后,责任即"参与者之间普遍存在的关系"成为公共服务供应链中有效衔接公共服务供给主体的关键。[①] 总体来说,政府在根据社会公众需求做出公共服务安排的同时,还需要在公共服务生产过程中承担起对公共服务的生产者进行制度规定、服务购买和质量监管等监督者的角色。市场主体和社会主体等公共服务生产者的责任相对来说主要表现为利用获得的资源灵活、高效地生产相应的公共服务和产品,以及在此过程所必须承担的社会责任。

相对于其他供给主体来说,政府是作为公共服务的"安排者"存在。换句话说,政府是公共服务的责任承担主体,政府要为公共服务有效供给承担责任。其理论基础和实践认知主要源于这几个方面:一是公共服务非竞争性和非排他性的自然属性决定了政府是公共服务的天然提供者,"市场失灵"理论更进一步证明了政府干预经济、有效提供公共服务的必要性和必然性;二是作为国家财政收入和资源再分配的决定者和执行者,公共服务成为政府的重要职能,保障公共服务的有效供给成为政府的法定职责;三是从公共政策制定和执行的角度来看,无论是过去还是现在,政府都是在对公共资源和公共利益进行分配和再次分配,公共服务供给作为政府有效管理社会的重要内容和方式,是其他主体不能替代的。在政府角色转变的过程中,"生产"和"提供"的分离开创了公共服务供给的新模式,也为进一步界定政府在公共服务供给中的角色提供了条件。政府自身也通过职能转变、优化政府机构和行政管理体制创新等途径,不断调适其作为整体规划者的角色,动态地调整与市场、社会主体发挥作用的责任边界,承担着公共服务有效供给的责任。

---

① 郁建兴、吴玉霞:《公共服务供给机制创新:一个新的分析框架》,《学术月刊》2009年第12期。

"生产"和"提供"的分离对公共服务供给机制创新和模式变革的根本性意义就在于：把政府从公共服务的"生产者"中解放出来。政府虽然仍需要承担着公共服务供给的责任和部分产品的生产，但生产方式的技术革新在很大程度上弱化了政府作为公共服务"生产者"的角色，随着越来越多的公共服务由市场主体和社会主体完成生产，公共服务的生产者由原来的政府单一主体扩展到了政府、企业、社会组织、事业单位等多个主体。政府的角色由传统的包括公共服务生产和执行的"划桨者"向公共服务宏观政策制定和规划的"掌舵者"转变，生产职能逐渐委托其他主体来替代执行。同时，由于生产主体的多元化，政府的职责功能也在顺应生产主体多元化的过程中开始转型和提升。这种转型主要体现在相对于服务的需求者和最终消费者——公众而言，政府仍然是公共服务的安排者和提供者，例如根据公共需求决定提供哪些公共服务、向哪类群体提供哪种类型的服务以及公共服务提供到何种程度、何种水平等这些问题的规划和安排，依然是政府职能的重要内容。但是在涉及具体公共服务的供给环节特别是公共服务如何生产更能节约成本、减少工作人员、提高效率等问题时，完全可以通过政府购买服务、企业生产服务、社会组织承接服务等方式转移部分政府职能，进而推动政府职能转型和公共服务供给模式的转变。因此，"生产"和"提供"分离首先推动了政府在公共服务供给中的职能转变，由此带来政府与市场主体、社会主体在公共服务供给中的作用和责任担当，诚如世界银行2004年度发展报告所言，作为研究"供给者主体关系"的责任，其表现特征包含了"授权、融资、执行、获得有关执行的信息和强制性"五个方面，整个公共服务的供给过程也相应地包含了主体间关系、资金来源、公共服务的生产和经营、监管与绩效等多项内容。①

政府的公共服务"责任主体"角色主要体现在这样几个方面：

---

① 张勇杰：《从多元主体到程序分工：公共服务供给网链化模式的生成逻辑》，《党政干部学刊》2015年第10期。

一是在政府与社会公众的关系方面，要通过与社会的有效互动，了解和汇聚社会公众的公共需求，并根据民众的需求合理制定公共服务供给的制度、政策，做出公共服务供给的合理规划，回应社会的需求；二是在政府与市场和社会中的公共服务生产者关系方面，通过契约制定、购买合同制定、委托—代理经营等市场化途径明确政府需要什么样的服务，并交于生产者进行生产，同时承担起在公共服务生产过程中的价格制定、质量监管、服务付费等管理和监管责任；三是在政府内部各层级政府以及政府职能部门间的职责关系方面，一方面要构建层级间政府合理的职责分工和权责一致的财政支出体制，保证各层级政府生产和提供公共服务的动力；另一方面要合理整合界定各职能部门间的权责，做好职能部门的合作协同，强化政府的公共服务职能，保障公共服务供给效能。

（二）政府提供公共服务的主要领域

由于公共服务供给的跨界特点，关于哪些公共服务需要政府直接提供和生产，已经成为一个相对的和动态变化的问题。第二次世界大战以后"福利国家"政府的大规模供给不仅造成公共财政的资源耗费同时也造成公共服务供给效能低下。但这并不能表明政府不需要再直接生产公共服务，事实上，即使公共服务多元供给已经十分普遍，民众选择公共服务的途径也已经多样化，很多公共服务依然由政府而且只能由政府来提供。国内学界不少学者认为，提供底线公共服务是政府的应有职责。所谓"底线公共服务"，就是在一定的社会发展阶段保障个人的基本生活和发展权利所必需的那些公共服务，[①] 这是个人在特定社会条件下维持谋生和发展的基本条件，也是政府存在和发挥职能的本质所在。政府在底线公共服务的供给中既不能缺位，也不能市场化或社会化提供。从世界范围内公共服务的供给实践来看，这些底线公共服务基本上都是一个国家或地区在其公共财力能承受范围内，由公民同享和政府免费提供，体现着社会的公平和正义，是实现社会稳定有序、和谐发展的重要保障。

---

① 杨宏山：《公共服务供给与政府责任定位》，《中州学刊》2009年第4期。

从公共服务的类型来看，底线公共服务涵盖了政务类基本公共服务、民生性基本公共服务、公共事业服务和公益类公共服务中的最基本和最低标准服务。

政务类基本公共服务——如前几章所述，政务类公共服务主要包括公共安全维护、社会治安管理、环境卫生保护、行政司法建设等公共服务。这些公共服务的供给没有显著性差异，而且基本上是靠政府内部自上而下的行政命令——执行方式维系、由政府自身的官僚组织体系来组织生产并实现供给，既是属于无法进行商业运营的基本公共服务，也是政府必须无条件直接生产并免费提供的公共服务。相对于其他类型的公共服务而言，政务类公共服务基本上都是依靠政府的权力化运作，其覆盖领域最为广阔，权力化运作也便于政府掌握政治风险。

民生类基本公共服务——对于医疗、养老、教育、保障性住房等基本民生类公共服务，虽然它们的物质形态和提供载体如学校、医院、养老院、住房等，由于具有一定的经济属性和经营性，可以通过市场化生产来完成，但是涉及具体的提供规模、享受服务的成员比例、享受服务的上限和具体内容等相关的制度安排，也只能由政府来完成。相对政府来说，对这些公共服务的制度安排，只是表明政府公共服务供给方面的生产职能弱化，引入市场化的生产机制，既是对社会资源进行合理再分配的需要，更是实现公平、公正的需要。

公益类公共服务——虽然公益类公共服务的受益范围没有上述两类服务广泛，但是由于这类服务的受益人群多是弱势群体和特别需要帮扶的群体，这类公共服务的供给更能体现公平公正，因此，政府承担着生产这类公共服务的责任。随着社会组织规模的逐渐扩大和承接能力的增强，政府的这类职能逐渐向社会组织转移，以政府购买社会组织服务的形式提供；但仍然存在着政府直接生产公益类公共服务和社会组织生产、政府购买两大供给模式。

公用事业服务——公用事业特别是城市公用事业的生产和供

给，至今政府提供的仍占大部分，特别是在供水、供电、供气、邮政、电信、石化等民生公用事业领域，政府以国有企业或事业单位直接生产的方式垄断着这些领域的提供。近些年来，随着私人资金大量涌入城市基础设施、公共交通等公用事业领域，公用事业以民营化改革以及后续公私合作伙伴方式供给开始出现。随着市场主体的大规模加入，特别是在基础公共设施领域PPP项目的大规模使用，城市公用事业服务的多样化、多层次供给成为普遍趋势。

三 市场主体在公共服务供给中的职责与供给领域

（一）生产与运营：市场主体在公共服务供给中的职责界定

在公共服务供给中，市场主体承担起了公共服务"生产者"的角色。市场主体参与公共服务供给的一个重要因素是如何提升公共服务的供给效率。政府作为公共服务供给主体面临的一个重要的难题就是公共资源利用中的成本——收益问题，即公共财政负担问题。而作为市场主体的企业（不同于国有企业，这里主要指私营企业，又称私人部门），其目的就是最大限度地赢得利润，企业在生产过程中通过对资源的有效配置，在"以最少的投入取得最大产出"方面有着政府不可比拟的优势。"政府和市场各有其功能优势和功能劣势，这是在政府权威和市场交换互动历程中显现出来的不争的事实。"[①] 与政府相比，市场主体能够以较低的投入成本、较高的生产效率、较少的管理层级和灵活的经营方式为顾客提供差异化、个性化的服务，满足顾客的需求，最大限度地赢得利润，提高产出效能。对那些能够以价格计算来购买的产品和服务，市场主体比政府更有优势。因此，在经济学家看来，那些具有不完全排他性和非竞争性的俱乐部产品即"准公共物品"和服务，可以由市场主体来提供。此外，在政府提供的那些具有自然垄断性的公共产品和

---

① 尹华、朱明仕：《论我国公共服务供给主体多元化协调机制的构建》，《经济问题探索》2011年第7期。

服务中，生产和提供环节的分离带来了成本—收益分离的可能性，而市场主体在生产环节通过对生产技术、管理成本等方面的投入，能够带来公共服务投入成本的节约和供给效能的提升。因此，市场主体在公共服务供给中的角色主要体现在其对公共服务"生产"成本效能的提升，"公共服务市场化""民营化"等的寓意也主要在这里，即在公共服务供给中引入市场主体，节约公共服务的生产成本，同时利用市场的竞争机制和资源优化机制，提升公共服务的供给效能。

（二）市场主体生产公共服务的主要领域

作为一种供给方式，公共服务市场化供给主要是通过市场化手段，在不增加政府财政支出和扩大政府机构规模的前提下，以公共服务生产技术和生产能力革新，提高公共服务的供给效率，达到改善公共服务供给质量，帮助政府提高公共服务供给能力和供给效能的目的。相对于政府提供公共服务而言，市场主体的优势主要是那些能够运用较为先进的科学技术和私营组织的管理技术降低公共服务的运营成本，同时为消费者提供多样化的、差异性服务，大幅度满足社会的公共需求。市场主体参与公共服务供给的主要领域有：

民生类基本公共服务的部分提供和生产——关于民生类基本公共服务，其供给主要是政府的职责。但是在这一领域，由于有些民生类基本公共服务有着一定的层次性、差异性和可选择性，从而也给予了市场主体提供和生产的空间，特别是在教育、医疗和社会养老保障等领域，随着民众生活水平和消费能力的提升，对高质量服务需求的增加，催生了大量的民办学校、私立医院和"私人订制"型养老机构的出现。同时，政府出于降低基本公共服务成本和公共财政支出的考虑，也鼓励这些"准公共物品"的市场化供给，即使是在美国，"市与县服务民营化最普遍的动机是一种内部尝试来降低成本，其次是外部的财政压力"。[①] 政府的供给压力和社会公众

---

① 石国亮：《公共服务合作供给的生成逻辑与辩证分析》，《江海学刊》2011年第4期。

对高质量、多元化的公共服务需求促使了公共服务民营化的出现并带动了民营化在20世纪70—80年代的大发展。但总体而言，由于民营化过程中政府职责的缺失和"市场失灵"原因，民营化在基本公共服务中的占比并不是很多，以合同形式完全外包的民营化在20世纪90年代以来呈逐渐下降的趋势。还以美国地方的公共服务供给为例，地方政府直接提供服务一直占据最重要的地位，长期在60%左右徘徊。1982年美国地方政府公共服务完全合同外包（包括政府间合作）占所有服务的比重为34%，1997年的民营化比重下降为28%，2002年比重则仅有18%。[①]

  城市公用事业类公共服务的生产——城市公用事业服务是公共服务市场化供给的重要领域，也是市场主体作用发挥比较显著的公共服务类型。城市公用事业多涉及公共基础设施建设、公共交通等具有自然垄断性，同时又有一定的规模经济效应和经营性特征的公共服务。对于这些服务的提供和生产，市场主体主要以产权为基础与政府部门进行契约性伙伴关系的公私合作，即PPP。这类公共服务供给涉及的领域主要有：（1）城市公共基础设施建设和运营。包括公共停车场、体育场等大型场馆、污水处理、垃圾处理等大项目的建设和运营等。（2）公共交通设施的建设和运营。包括高速公路、隧道建设、地铁等公共交通的建设和运营，由于涉及资金庞大，又需要先进的技术和运营理念支撑，往往是以公私伙伴关系的形式共同建设，责任共担。（3）一些特定公共服务项目的公私部门共同生产和运营。在高科技技术时代，借助于市场和私营部门的先进科技工具和手段，服务于那些技术性需求强、服务时效性显著的公共服务领域，如"互联网+政务服务"领域里的大型硬件服务设备的生产和运营等。特别值得一提的是，党的十八大以来，在政府简政放权、降低市场准入门槛鼓励市场组织进入公共服务供给领域的政策引导下，市场主体（主要是私营企业）大大增加了在上

---

① 胡伟、杨安华：《西方国家公共服务转向的最新进展与趋势——基于美国地方政府民营化发展的纵向考察》，《政治学研究》2009年第3期。

述公共服务领域内的供给力度，成为地方政府特别是城市政府公共服务供给的有力助手，为城市基础设施改善、城市环境提升和缓解民众服务需求，提供了有力的支持，推动着公共服务供给模式的不断创新。

四 社会组织在公共服务供给中职责和作用发挥领域

（一）承接政府职能转移与生产公共服务：社会组织在公共服务供给中的职责界定

从"供给—需求"的分析视角来看，在现代社会，社会组织的产生和发展主要取决于社会公共需求的发展以及政府对社会多元化需求的满足程度。在公共服务供给不同程度地存在着"政府失灵"和"市场失灵"的情况下，公民对政府公共服务供给的需求度越高，政府安排提供公共服务的精细化程度越高，社会组织发展和发挥作用的空间相对来说就会越大。作为现代社会的一种组织形态，民间社会组织已经囊括了除政府、市场组织之外的各类行业协会、社会团体、慈善组织、志愿者队伍以及民办非企业单位等多种组织类型。社会组织的民间性和志愿性特征使它们在政府与社会之间发挥桥梁作用的同时，还因专业的服务能力和公益优势而成为政府转移职能、建立合作伙伴的天然选择。在公共服务实践中，民间社会组织因与服务对象有着天然的"血缘"和"亲缘"关系，其灵活和人性化的服务方式有着官僚化的政府无可比拟的优势，也比较能获得民众的好感和信任。与私营部门相比，社会组织的公益性和志愿性使其在提供公共服务时更多的是追求公平和均等化。在中国，社会组织也已经活跃在义务教育、公共医疗、环境卫生、扶贫脱贫、文化建设、法律援助等多个领域。

社会组织对政府社会职能的承接主要体现在这些方面：一是围绕着特定功能的社会管理和社会服务，如义务教育、养老服务、职业技能培训、司法咨询与援助等，社会组织能够独立生产并有效地将服务提供给需求者，这与政府的公共服务职能是内在一致的，其区别仅在于提供服务的主体、服务的数量和服务的受益人群等方面的差别。因此,在那些属于政府职能,也是政府应该做但又无力做或者是一些需要特别惠及但政府又做不好的服务,转移给社会组织是一种可行的选择。因为,公共服务供给的关键不是谁提供了服务,而是谁以何种方式及方式组合,能够确保服务供给的有效和有益。① 二是相对于政府整体规划和提供公共服务而言,民间社会组织的很多志愿性服务是聚集在社会底层的服务,如邻里帮扶、社区矫正、居家养老、残障服务等,这些服务的发生地多在基层社区,与民众生活息息相关又各自具有一定的特殊性和差异性,由社会组织提供能够大量地节约财政支出和人力成本,在西方,社会组织已经成为很多国家完成社会福利供给的第一道防线。② 在中国,社会组织对这些领域的服务能力也在显著增强,开始成为政府提供服务的重要战略选择伙伴。

(二)社会组织承接和生产公共服务的类型

从社会组织的活动实践来看,社会组织主要以慈善帮扶、志愿救济、宣传普及、无偿提供等方式,参与生产和提供的公共服务不仅集中在社会性、公益性特点鲜明的诸如环境保护、家庭护理、邻里矛盾纠纷处理以及科技文化教育等政府供给不平衡、需求又具有一定特殊性的民生基本公共服务领域,同时还包括扶贫、帮扶老弱病残、贫困救助等私营部门不愿涉足,但却十分必需的领域。③ 近些年来,社会组织通过与政府合作,将活动领域逐渐扩展到协助解决突发的社会问题如地震中的积极救援和灾后心理康复重建,自然环境保护、动植物保护等生态可持续发展;老龄化、妇女儿童权益保护及专业救助等领域。在这些领域,社会组织因其自身的灵活性

---

① 王浦劬:《政府向社会力量购买公共服务的改革意蕴论析》,《吉林大学社会科学学报》2015 年第 4 期。
② 韩俊魁:《当前我国非政府组织参与政府购买服务的模式比较》,《经济社会体制比较》2009 年第 6 期。
③ 顾丽梅:《公共服务提供中的 NGO 及其与政府关系之研究》,《中国行政管理》2012 年第 1 期。

和业务的专业性而日益凸显其作用。目前来看，社会组织在生产和提供大批公共服务的同时，不仅通过积极参与社会管理和服务承担了社会责任，还在广阔的范围内为社会各类人员提供了大量的就业机会，对减轻社会压力，缓解社会矛盾，促进经济社会发展和维护社会稳定也发挥了积极的作用。社会组织承接和生产的服务类型主要有：

志愿提供和生产的公益性社会服务——社会组织提供公益性的社会服务，这是由社会组织自身的特性决定的，也是社会组织提供的最常见、最普遍的服务。这种志愿服务形式和途径也是多种多样，最为公众接受的有无偿捐赠、慈善投资、资助救助等行为。这些行为既是社会组织特别是慈善类社会组织发挥作用的主要方式，同时也是一个国家和地区社会发展水平、居民生活富裕程度和志愿奉献精神风貌的折射。近些年来，在中国发展较快的公益性社会服务主要体现为志愿活动的增加，特别是青年志愿活动和社区志愿活动成为近些年社会组织发展中的亮点。有资料显示，截至2010年年底，中国已经注册的青年志愿者人数为3392万人，已建成各类志愿服务站17.5万个。社区志愿者数量也已达到599.3万人，① 特别是随着社区社会组织的增多，在社区内发展起来的社区便民志愿活动、邻里帮扶、纠纷调解、居民互助志愿活动逐渐增多并呈快速发展趋势。

自发生产的公益性收费服务——在服务缺口较大而政府财政投入不是很充分的公共服务领域，社会组织以收费的形式从事公益性社会服务的生产成为一种普遍趋势。当前在教育、环保卫生和社会福利等事业领域中，公益性收费服务的生产方式逐渐为民众所接受，相对于企业的公共服务生产而言，社会组织的公益性收费服务目的不在于赢利，其收取的费用仅是维持机构自身运转，价格相对较低，更重要的目的是给需求对象提供服务，弥补公共服务供给的

---

① 魏娜：《我国志愿服务发展：成就、问题与展望》，《中国行政管理》2013年第7期。

缺失。当前，很多城市在社会工作服务领域已经开始尝试进行公益性收费服务。

承接和生产政府购买的服务——这是当前社会组织参与公共服务供给的主要方式，自2013年9月国务院办公厅发布《关于政府向社会力量购买服务的指导意见》以来，各省、市相继发布了政府向社会力量购买服务的政策条例和实施办法，大量的社会服务开始采取"购买—承接"的方式由社会组织、企业等民间社会力量承接完成。政府购买服务的工作机制也由最初的委托和委派社会力量承接政府项目发展到通过招投标、项目外包、委托发包、公益创投等多种方式。[①] 随着社会组织专业化程度的提升和国家培育社会组织力度的加强，社会组织承接和生产政府购买服务的能力逐渐增强，并成为政府公共服务供给中的有益战略合作伙伴。

综上，通过对公共服务多元主体"跨界"供给的现状分析，可以发现，各供给主体在公共服务供给中的职责边界对应着不同的公共服务类型，同时也在特定的供给领域产生出各不相同的供给方式和关系模式。如表4-3中列举所示，各主体在跨界协同供给公共服务的过程中，实则有着比较明确的职责定位和责任边界，以及与此相对应的公共服务分工机制和各主体间的角色定位。

表4-3　　　公共服务供给的主体认定范围和职责边界

类型	政府及其部门	市场主体	社会力量
主体间特征	纵向间职责体系	横向间多元主体关系	横向间多元主体关系
供给模式	提供和直接生产	契约式合作与生产	承接和生产政府购买服务
主体间关系	上下级的授权、资源分配与命令、指导	政府主导和分工安排、协商与合作	政府主导和安排、良性互动与合作

---

① 陈为雷：《政府和非营利组织项目运作机制、策略和逻辑——对政府购买社会工作服务项目的社会学分析》，《公共管理学报》2014年第3期。

续表

类型	政府及其部门	市场主体	社会力量
供给的公共服务类型	政务类基本公共服务，民生性基本公共服务，公用事业服务，购买公益社会性服务	城市公用事业服务，付费的民生类基本公共服务的物质生产和经营	承接公益性、志愿性服务；生产互助、自治型服务
价值目标	公平公正、公共服务供给保障与公众认可	提升服务效益，追求利润，承担企业社会责任	弥补"市场失灵"和"政府失灵"，社会公正
供给手段	资源调配与再分配、公共服务的安排与生产	获得许可从事生产、经营、建设	承接政府转移职能，从事公益性、行业性、专业性服务
主要表现形式	制定法律政策规定；政府、国有企业和事业单位直接生产；政府采购；政府补贴	公私合作伙伴（PPP）；民营化生产；特许经营；政府采购生产	承接和生产政府购买服务；生产收费的公益性服务；志愿提供和生产的社会服务

第三节　公共服务分类供给中的主体间关系构建

公共服务分类供给的过程实质上是基于实现公共福利这一公共目标的基础上，通过对资源的合理分配和有效安排，实现资源有效利用和公共服务的有效供给。而公共服务分类供给的实现，在很大程度上取决于供给主体间在资源配置、协同合作中相互间关系的构建和调整，以及在此基础上的相关制度安排。本节就公共服务供给主体间的关系进行阐释和思考。

一　基于"目标—责任"基础上的公共服务供给主体间关系构建

众所周知，在现代社会，民众所享受到的公共服务虽然大部分仍由政府提供，但已经有越来越多的服务由私人、市场及社会力量所组成的多元公共服务产业生产和提供。从根本上来说，公共服务供给方式的多元化，体现的是在公共服务供给过程中因应经济、社会发展和公共需求变化而带来的政府与市场、社会关系的变化以及由此产生的公共服务供给方式的变革以及各主体间力量的结构性调整与再平衡。① 进而可以发现，公共服务分类供给的关键因素在于如何利用好政府的公共权力供给机制、市场的私人生产机制和社会的志愿供给机制，构建出政府、市场与社会三维主体合理分工、良性双向互动又相互合作的供给秩序。其中，能够有效衔接公共服务供给主体间关系的主线，则是公共服务供给预期实现的目标以及在此目标上的各自基础责任。

（一）目标一致：主体间关系构建的前提

政府与市场、社会间合理、有序的分工与和合作关系首先要建立在对公共服务供给的目标认识上。目标一致是公共服务有效供给的前提和基础，因为"最为理想的工作分工，在于各主体对工作目标达成的共识和认同"，只有在目标一致的基础上，才能够结合各供给主体自身的优势和特长对公共服务供给进行合理分工，并促使各主体承担相应的职责。当前"公共服务"供给中的资源配置和利益共享已经成为一种链接政府、市场与社会分工合作的新型资源，这种资源能够把政府以外的其他主体吸引进来并牵引各主体建立一种稳定的互动和合作关系。公共服务供给中的目标一致更有利于各主体建立长期的稳定、合作关系，而不是仅仅作为合作的工具和手段。特别是城市公共服务这种区域性质显著的公共服务，保持目标一致的各主体分类供给就显得更加必要。只有各主体充分地认可参与提供和生产公共服务的目标，才有可能接受公共服务的分工并有效地生产公共服务。

需要说明的是，在达成目标一致的过程中，利益关系的调整和分配成为至关重要的因素，并推动主体间关系的变革。在公共服务

---

① 吴春梅、翟军亮：《变迁中的公共服务供给方式与权力结构》，《江汉论坛》2012年第12期。

需求扩大化、多样化和供给主体日益多元化的今天，传统的政府全能主义公共服务供给模式已经越发难以应对，所有的组织、机构和社会成员，都有享受公共服务的权利，同时也有提供、参与公共服务供给的义务。政府与市场、社会的关系也随着社会力量的增强由早期的零和博弈逐渐过渡到通过合作"取长补短"达成"多方共赢"的结果。在此期间，各主体追求"利益"的平衡和相互融合为多方共赢起到了重要的推动作用，各主体正是从自身利益出发，通过各种正式的、非正式的关系互动和利益协商，达到共同接受的目标；再在此基础上开展分工与合作。

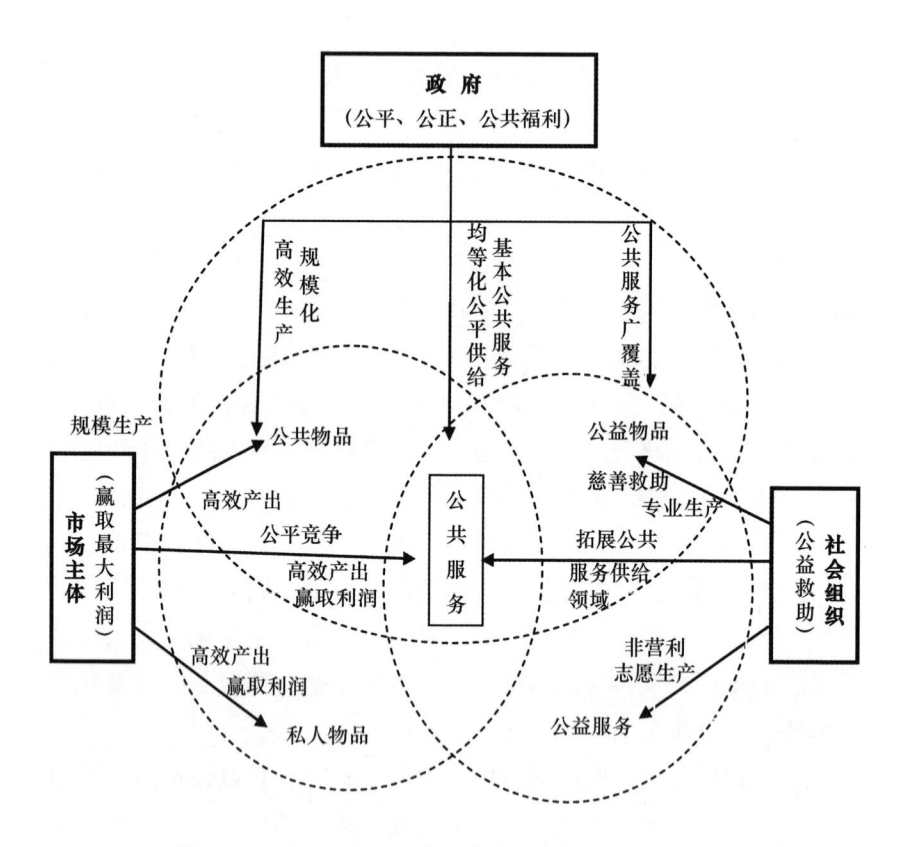

图 4-1 政府、市场主体与社会组织在公共服务供给结构中的目标一致性领域

诚然，政府、市场与社会主体在经济与社会发展中的目标各不相同，其存在的价值和追求的目标也不尽相同，公共服务需求虽然具有广泛的社会性和公共性，但是公共服务自身并不是铁板一块，而能够促使三者在公共服务供给过程中达成一致目标的主要原因在于公共服务自身的属性。公共服务的非竞争性和非排他性决定了大部分公共服务特别是民生性基本公共服务须由政府提供，但是公共服务供给中提供与生产环节的分离、公共服务生产过程中通过规模化和产业化供给提高生产效率和供给效能，以及部分公益性服务的灵活性和专业化供给，无疑吸引着市场主体和社会组织进入该领域并从事部分服务产品的生产和供应。由此，政府与市场主体和社会组织能够对公共服务就某些环节和某些服务类型的供给目标达成一致，这就构成了多主体供给的前提和基础。如图 4-1 所示，政府与市场主体在"高效和规模化"生产某些公共物品和公共服务领域能够达成目标一致；同样，政府与社会组织在"公共服务广覆盖"和"非营利性生产"公共物品和公共服务，实现社会公正方面也能够达成一致。于是，在一致的目标基础上进行分工与合作就成为可能；并且在相关制度安排和技术服务保障等多种作用的合力下，达成公共服务的分类供给。

（二）责任承担机制：主体间关系分工合作的基础

责任是整个公共服务供给体系的基石，它不仅存在于政府对公民的供给责任，同时也存在于企业、社会为公众承担的义务，彰显的是各种力量在公共服务供给中的重要意义，特别强调各主体在享受公共服务权利的同时，也要以不同方式和途径参与公共服务的有效供给。在公共服务供给过程中，政府与企业、社会等其他主体虽然有着不同的角色和职责分工，但就整个供给机制而言，各主体的法律地位是平等的，在公共服务供给过程中承担的义务责任也是一致的，即对服务的消费者——社会公众负责。具体表现在：政府通过民众的意见表达和利益诉求，收集汇总民意并制定出相应的公共服务供给制度安排，积极"回应"和满足社会需要。市场主体根据与政府的合作协议等途径以市场化方式大规模高效生产公共产品和服务，同时接受政府监管，提升服务供给质量，承担相应的社会责任。社会组织则通过积极参与，以非营利为目的，在特定的服务领域通过生产自主性、自助性服务，满足社会多元需求的同时，推动民间社会力量的发展和促进社会参与能力的提升。

　　责任机制的合理构建也体现在各主体在公共服务供给中的作用互补。如果说政府提供公共物品和公共服务是为了弥补"市场失灵"和实现社会公共福利，那么私营部门和民间社会组织等主体则通过灵活、高效地提供公共服务来填补"政府失灵"这一缺口。传统福利国家供给模式已经表明，政府虽然能够对公共服务做出全方位、整体性的制度安排和决策，但并不能"生产"所有的公共服务，政府单一主体的供给模式也已经造成服务效率低下，不能满足社会成员多样化的公共需求。相反，其他主体如私营企业可以在追求利润之外以市场化的方式参与到公共物品供给中来，如通过合同外包、特许经营、公私合作伙伴关系等方式实现对某些特定领域内公共服务的生产和供应，进一步优化服务质量；社会组织等民间社会力量则可以在某些领域内通过提供专业化的公益性服务，扩大公共服务的覆盖范围，满足社会成员多方面的公共需求。这就要求政府在自上而下以国家整体的公共服务为取向，对公共服务提供做出整体规划，承担基本公共服务和公共物品供给的同时，也要为市场主体、社会组织自下而上的发展和作用发挥提供相对稳定的成长和发展空间。政府在公共服务供给体系中发挥核心作用的同时，还需要积极引导其他主体自主、积极地参与到公共服务的供给中，并基于一定的目标和责任机制，建立起平等、互助伙伴型合作关系，通过协同、合作的方式，合理支配和调动各方资源，在公共服务供给中贡献各自的力量。

二　政府间基于职责明确分工基础上的伙伴型关系构建

　　政府作为一个有机整体，在公共服务供给中扮演着核心主体的角色，承担着公共服务供给的重要职责。在政府这一有机整体内部，因不同的层级而产生了不同层次的政府。从"目标—责任"的分析逻辑来看，政府内部各层级主体在公共服务供给的目标来看显然是一致的，即建立健全的公共服务供给体系，有效供给公共服务。但是从责任承担机制上看，各层级政府和同一层级间的不同职能部门责任机制的不同，其间的关系和互动模式也不同。传统政府单一主体供给的公共服务供给质量不高、效率低下和供需矛盾凸显等问题已经证明，如何在政府层级之间合理划分政府责任，以及在此基础上构建合理的政府间关系，成为公共服务特别是政务类基本公共服务有效供给的关键。

(一)从"命令—服从"到"责任分工—合作"关系模式的转变

湖州市户籍制度改革实践难以持续深入推进，乃至于整个国家范围内户籍制度改革都难以从深层撬动，为我们思考纵向间政府关系和互动模式提供了很好的视角。城市作为相对发达的经济、社会发展中心，在提供公共服务特别是对外来人口提供公共服务的动力、规模以及质量都缺乏持续的积极性，除了表面上是受制于户籍制度制约之外，更深层意义上的原因则是公共服务供给体系在政府纵向间的责任承担机制没有明确的分工，进而带来公共服务供给整体上的不足和低效。因此，适应公共服务供给变革需要，建立现代意义上的层级间政府关系及互动模式势在必行。

长期以来，中国政府层级间关系最直接的表现形式就是上级政府对下级政府的行政命令和领导指派，纵向隶属关系特征明显；公共服务供给、资源配置也多以命令方式进行分配和执行，横向间的政府关系几乎不存在。上级政府通过财政拨款、下派任务、指标考核、人事任命等方式，对下级政府进行层层指导和控制，通过下级政府对任务目标的执行和完成情况给予下级政府一定的奖惩。上下级政府之间形成一种相对简单的"命令—服从"关系。在荣敬本、杨雪冬等人看来，这种"命令—服从"关系体现为"压力型体制"下的上级政府层层下放任务和下级政府层层对上负责的垂直领导服从关系。① 在这种关系模式下，地方政府特别是较低层级政府运行的动力主要是来自上级政府的压力驱动，其积极性遭到遏制的同时，下级政府也往往把解决问题的希望（比如扩大公共服务供给的覆盖面）寄托于上级政府的领导和资金支持，自身解决问题的主动性不足。同时，基于地方利益考虑，地方政府往往又会在上级政府给定的制度和政策空间内，将一些模糊的共有权限发挥到极致，甚至在执行中产生异变，即人们熟知的"上有政策、下有对策"。

公共服务多元化供给对这种关系模式提出了挑战。虽然表面上看，公共服务供给模式的变革表现为政府部门、市场主体和民间社会力量多元主体供给的格局，但由于政府在公共服务供给中的特殊地位和责任担当，使得实践中多元主体在公共服务供给中的能力和拥有的权力、资源禀赋并不如想象中的那样平等和均衡。恰恰相反，由于受供给效率、受益范围、供给质量等多种因素制约，公共服务供给往往会涉及不同层级的政府和其他主体间关系的构建。因此，供给过程不仅涉及政府自身内部的责任定位和关系调整，同时还关系到该层级政府与其他非政府主体间的协同合作。在"政府—市场—社会"多元主体供给新格局中，政府层级间的"命令—服从"关系模式往往面临着效益大打折扣的风险。行政等级色彩的弱化以及伴随而来的层级间责任分工成为新的时代命题。

多元主体的公共服务供给新格局倾向于主体间的责任分工与合作。多元主体供给格局要求不同层级政府的独立性和能动性增强，政府间等级关系的逐渐弱化以及传统"命令—服从"关系模式作用发挥的弱化，取而代之的是在明确责任基础上的分工与合作。特别是在公共服务资源的筹措、生产和供给方面，不同层级政府在相对独立和资源均衡分配基础上的相互依赖和合作意识更加明确。对城市来说，城市公共服务供给的区域范围、规模、种类、质量和效益要求等相对来说都比较集中且更加精准和细化，服务供给的时效要

---

① 杨雪冬：《压力型体制：一个概念的简明史》，《社会科学》2012年第11期。

求也越来越高，这就要求有更加多元、高质的供给方式来满足多元化的服务需求，不仅对市场主体、社会力量发展有较高的要求，对城市各层级政府也提出了更高的要求。而且，随着城市权力重心的下移，公共服务供给对较低层级特别是基层政府的自主性权力提出了更高的要求。传统自上而下的"命令—服务"关系模式已经造成基层政府在落实、执行任务过程中日益面临着"体制内资源不足"和"执行成本高昂"的困境。浙江省在"权力清单"制度改革和"最多跑一次"改革中清理和梳理出各层级政府的权力清单和责任清单，其目的就是更好地厘清各层级政府职责，做好政府间的职责界定和责任分工，以便在新的社会发展业态中提高服务效率和效能。同样，在综合行政执法和行政审批制度改革的探索中，也能够看到打破政府层级间"命令—服从"关系的痕迹，特别是行政审批制度改革中职责部门权力的划转以及审批与监管分离的尝试性改革，将是对未来政府层级间关系的一种探索。

在做好层级间责任分工的基础上，纵向间各层级政府还要接受单一制国家授权体制下上级政府的领导和监督。作为单一制国家，地方政府权力来自中央政府的授予，但这与政府间合理的责任分工并不冲突，反而是市场经济条件下提升政府服务效能、做好公共服务标准化、精准化的进一步要求。因此，做好纵向政府间的政务服务类、事务类职责分工就更加迫切，这样既便于在复杂的公共服务供给中进行纵向间政府的协商，也便于更好发挥不同层级的政府主动性与能动性，[①] 提升不同层级政府与民众之间的沟通能力与回应实效，增强民众对政府整体的信任感，推动官民互信。

（二）府际间伙伴型关系的构建

相对于纵向间的"命令—服从"关系，服务型政府目标导向下的府际间关系更多地倾向于基于目标一致基础上各政府主体间的伙

[①] 鲁敏：《弹性化控制：中国转型期纵向政府关系调适》，《内蒙古大学学报》（哲学社会科学版）2012 年第 1 期。

伴型关系。关于伙伴型关系，意指基于既定目标，在双方平等基础上进行的多向度的、交织性的合作与互动关系，在实践中则外化为为实现一定的公共目标而弱化和淡化主体间的等级关系，特别是具有一定行政级别差异的上下级管理与服务。政府间伙伴型关系构建的基础：一是随着经济社会发展的加快和公共需求层次的提高，区域性公共服务供给的低效和短缺促使公共服务合力供给成为必然。为更有效地提供区域性的公共物品和服务，打破僵化的行政层级管理和服务供给模式，开展政府间的互动与合作，成为多元主体供给下政府横向间伙伴关系的新发展趋势。① 二是随着行政体制改革的逐步深入，纵向间层级政府权力划分的逐渐明晰和规范，使得各级政府独立性增强的同时，在处理日益复杂的公共事务时，出于资源的相互依赖和协同考虑，政府与政府间、政府与社会组织间的互动不断增强，伙伴型关系成为各主体协同治理公共事务、打破公共服务供给碎片化的有效途径。

公共服务供给中政府间伙伴型关系主要体现在两大方面：一是各级政府作为独立主体和行政单元，在相互平等基础上就公共服务的供给机制、供给过程、供给目标等内容经过平等地协商，达成一致性共识，根据共识进行权责对等的分工与平等关系下的互利合作，并在此基础上形成相对稳定的制度化和规范化的沟通、协商与合作机制。二是政府间伙伴型关系既包括了平级政府间的伙伴关系，同时也涉及了不同层级间的斜向政府间关系，② 这就要求伙伴型关系的构建具有较强的弹性和适用性，既能够在复杂的多元关系格局中通过有效的协商合作机制推动多元主体就公共服务供给达成一致目标并保持各主体地位平等与关系平衡；同时各种协调与合作机制又能够经受得住体制深化改革中权力结构调整和政府层级变动的考验，具有很强的灵活性和持续性。

---

① 王佃利、王玉龙等：《区域公共物品视角下的城市群合作治理机制研究》，《中国行政管理》2015年第9期。
② 杨龙：《府际关系调整在国家治理体系中的作用》，《南开学报》（哲学社会科学版）2015年第6期。

三 政府与市场、社会主体间契约式公私合作伙伴关系的构建

从深层次上说,公共服务供给主体间的分工与合作,归根到底是在寻求一种新型的多元主体供给间的互动平衡。这种平衡的构建一方面反映出各主体间职责界限的变化与权力共享机制的调整,另一方面,也反映出新的供给格局中各主体之间通过协商、沟通从而建立合作伙伴关系的重要意义;尤其是在多元主体参与到公共服务供给的态势下,主体间的互动将更加频繁和密切。现代信息网络技术的进步和发展,为各主体互动合作提供了先进的科技和手段。但先进的技术手段和工具说到底只是客观条件,主体间合作伙伴关系的有效构建还需要通过主体内部关系的实质性改变,打破以往政府作为单一主体自上而下的命令—服从关系模式,通过构建网络组织间多层次、多领域的公私合作伙伴关系,最终实现公共服务有效供给的目标。[①] 这种合作伙伴关系包括:政府与市场主体"委托—代理"关系下的公私合作与互动,政府与民间社会组织"结构—功能性"的合作与互动,以及市场主体与社会组织基于公共服务生产的"互补—合作"关系下的合作与互动。

(一) 政府与市场主体的契约式公私合作伙伴关系构建

作为一种制度化安排,公私合作关系首先表现为所有权明晰基础上的产权结构调整,即"通过各种可能的产权结构把私营部门的所有权引入国有企业;私人主动融资及其他安排使公共部门通过签订契约,向私营部门长期购买高质量的公共服务",[②] 经过在实践领域内的合作及多种形式的发展变化,逐渐演变为公共部门和私营部门基于一定的基础设施合作项目和服务生产合同,共同进行生产和提供公共服务的制度安排,成为一种正式、持久的公私合作伙伴关系。相对于政府单一生产和民营化,公私合作伙伴关系更加重视公共部门与私营

[①] Maloney, W. Smith, G. Stoker, "Urban Governance and Social Capital", *Political Studies*, Vol. 48, No. 4, 2000, pp. 802 – 820.

[②] 白祖纲:《公私伙伴关系与地方政府大部制改革》,《行政论坛》2014 年第 2 期。

部门之间的契约—合作关系，通过基于契约关系的长期合作，公共部门与私人部门共同管理或实施、运营一项公共项目，政府与私营部门按照契约规定进行资金承担、技术输出及风险承担等相关安排。

在公私合作伙伴关系模式下，政府与市场主体特别是私营企业的关系应主要体现出所有权关系明晰基础上的契约式公私合作与互动。首先，政府与私营部门的互动表现为现代契约式公私合作关系下的职责分工。将公共服务供给环节区分为"提供"与"生产"是私营部门参与公共服务供给的前提，也是政府和私营部门角色界定的基础。在二者的互动中，政府与私营部门之间表现为委托—代理关系，即政府基于对所需供给的公共产品和服务在资金筹措、成本建设以及风险评估等多方因素的综合考量下，为更广范围地拓展融资渠道和提高生产服务效能，以契约合同的方式将私营部门的资金、先进技术等资本纳入政府的生产和供给中来，使得大量的公共物品和服务供给以公私合营、风险共担的方式来完成。双方的职责也很明确：政府是公共服务安排者的角色，即安排和决定提供"哪些服务"；私营部门则是公共服务的生产者，其要解决的是"如何生产政府决定的那些服务"。

其次，私营部门与政府的互动表现为基于契约分工的合作运营、风险共担关系。"提供"与"生产"的分工就意味着政府决策与执行的分开，政府通过行政决策设定公共服务的质量标准，通过招投标、合同承包、特许经营、公私合作（PPP）等多种方式吸引私营部门参与，在竞争中完成公共服务的生产。这样，政府的角色定位由"划桨"转向"掌舵"，相应地政府与私营部门的关系也由命令和指挥转变为合作以及讨价还价的伙伴关系。私营部门按政府规定的质量标准进行公共物品的生产，根据公共项目的预期收益及政府的扶持力度进行融资和运营，政府依托私营部门的资本、专业效能及运作能力优化服务质量，提高公共物品的供给效率。

最后，市场主体在公共服务供给中离不开政府的监管和规制。"民营化政策之前提应包括三个方面：（1）民营化之公共责任由政府承担，而转移者仅是民间所展现的绩效；（2）政府角色是减少，但绝对无法消失；（3）唯有政府的能力及效率，才能保证民营化之成功"。① 政府一方面是私营部门公共服务供给的委托方与合作方，另一方面又需要对公共服务的消费者——公民承担公共责任，而私营部门在公共服务供给的过程中主要承担的只是生产质量和赢取利润。因此，政府需要通过制定公共服务的价格标准、质量评估以及相应的法律、法规等措施监督、规制和引导私营部门的生产，使其达到能力与责任的平衡。政府与私营部门的关系由命令和指挥转变为合作、生产、经营的公私合作伙伴关系。②

（二）政府与社会组织之间的"结构—功能性"合作关系构建

新公共选择理论认为，社会组织提供公共物品和服务供给是源于"政府失灵"和"市场失灵"；社会组织的公益性和非营利性以及提供的自我服务，能够弥补"组织失灵"而成为政府理想的合作伙伴。政府与社会组织能够合作的主要原因在于社会组织对社会需求的反应更加灵敏，能够在政府作用缺失或者规模投入不足的情况下，提供更加灵活、精巧和更加便捷的服务，弥补政府公共服务供给功能上的缺失。③ 即使是在发达国家，政府与社会组织间的合作也主要基于这些原因：社会组织的计划与政府宏观经济政策有密切联系；非政府组织的主要财政资金越来越多地直接或间接来自政府、他国银行的捐赠；有些社会组织是政府出于公共服务供给需要直接或间接成立；等等。④ 政府与社会组织的关系不同于政府—市场主体间的"契约—合作"关系，而是基于功能相互补充和完善意义上的亲密合作伙伴关系，即社会组织作用的发挥是对政府职能发挥的有益补充和完善；二者是一种"结构互补与功能合作"的伙伴型关系。

---

① 詹中原：《民营化政策：公共行政理论与实务之分析》，台北五南图书出版公司1994年版，第23页。

② 陈娟：《双向互动：非公企业参与公共服务供给的角色定位与路径选择——基于浙江的实践分析》，《广东行政学院学报》2012年第2期。

③ 胡薇：《政府购买社会组织服务的理论逻辑与制度现实》，《经济社会体制比较》2012年第6期。

④ 何增科主编：《公民社会与第三部门》，社会科学文献出版社2000年版，第126页。

政府与社会组织间的"结构—功能性"合作关系主要通过功能互补来实现。社会组织的社会性和公益性使得社会组织与政府的职责在公共服务供给方面具有一定的一致性,这就使得政府与社会组织合作有了前提和基础。同时,社会组织在慈善、社会福利和弱势群体保护等领域内作用的有效发挥,也为有效缓解民生需求,更好地进行政社合作提供了有利条件。政府与社会组织的合作关系主要体现在:一是社会组织不仅通过大量的社会救助、宣传帮扶和各种类型的公益性活动等途径承担起大量的社会责任,还通过社会矛盾调解和增加社会就业等途径,承担起了传统社会中的政府职能,成为政府职能转移的重要承接者和作用发挥的补充完善者。二是在公共服务的供给实践中,政府与社会组织的关系也主要体现在通过财政拨款、专项购买、项目补助等方式实现政府购买社会组织服务,以及社会组织以自助服务、志愿服务等方式在多个领域内与政府进行合作,以弥补政府供给和市场供给的不足。在具体的购买过程中,政府与社会组织间的关系又呈现出"委托—代理"关系特征。这种特征首先体现在政府作为购买主体与社会组织作为承接主体间的"委托—代理"关系,购买主体根据公共服务供给需求向社会组织明确提出所需要的公共服务类型、数量和相关质量要求,并交由承接主体组织生产和供给;其次,承接主体在组织生产公共服务的过程中,要接受委托方的监督和相应的质量绩效评估,共同完成公共服务的有效供给。

(三)私营部门与社会组织间的"互补—合作"关系

与私营部门追求利润相比,社会组织的公益性和志愿性使其在提供公共服务时更多的是追求公平和公共服务的均等化。二者之间的利益诉求和服务领域不同,构成了它们之间的"互补—合作"关系。民间社会组织的特性使得它们介于政府与社会之间发挥桥梁作用的同时,还因专业特长和较高的自我管理水平而基本具备了在战略层面上与政府和私营部门进行互动合作的能力。相对于民营化的高效给消费者带来高质量和高效率的服务,社会组织的服务更多的是对不同质量的服务进行调节和补偿(尤其是对弱势群体的关注和支援），使消费者更多地感到满意和公平。因此，虽然存在着一定程度的竞争，但私营部门和民间社会组织在公共服务供给机制中更多的是合作和作用互补的关系。它们和政府一起构成多元化的公共服务供给体系，形成新的公共服务供给格局。

第五章　城市公共服务分类供给的机制建设逻辑

从供给实践来看，公共服务供给始终是围绕着不同层级的政府和其他主体展开的，城市公共服务的分类供给也首先体现在供给职能上政府层级间的职责分工与合作，其次表现为政府与其他多元主体在供给技术和方式上的分工与合作。其中，政府责任分担机制、公私合作伙伴关系机制和政府购买与志愿服务机制的构建，成为城市公共服务分类供给机制构建的核心命题。鉴于政府在公共服务供给中的特殊地位和角色定位，围绕公共服务"供给效能"展开的城市政府与其他政府层级的职责分工与事权划分机制建设、城市公共服务市场化供给中的公私合作伙伴关系的机制建设、政府购买服务中的社会组织培育机制和服务购买机制建设，成为本章"公共服务分类供给机制建设"的重点。

第一节　政府纵向间的职责分工和责任分担机制构建

从国际经验来看，作为公共服务的提供者和安排者，政府是公共服务供给的天然主体和主导者，公共服务供给的最终责任应该也只能由政府来承担。[①] 公共服务供给机制转型和多元供给格局的最

---

① [美] 约瑟夫·E. 斯蒂格利茨：《政府为什么干预经济》，郑秉文译，中国物资出版社1998年版，第73页。

终实现，仍有赖于政府特别是政府纵向间职责的合理分工。合理划分各层级政府间职责，厘清各级政府公共服务的责任分担机制，成为公共服务多元供给格局和分类供给机制构建的基本前提。

一 城市政府与中央和省级政府间纵向职责分工的机制构建

在公共服务供给制度还有待健全的发展阶段，公共服务供给安排的首要任务应该是明确政府层级间的职责分工。在解决好政府纵向间职责分工的基础上，再通过相应的制度安排和技术变革，合理构建政府与营利组织、非政府机构、社会企业等组织形态之间关系，推动公共服务供给机制转型，实现公共服务供给主体的多元化和供给模式的多样化。党的十八届三中全会报告中明确也指出，"区域性公共服务作为地方事权"要逐步下放给地方政府。城市作为一级政府，承担着公共服务区域性供给的重要职责，作为政府层级的一部分，随着公共服务需求质量的日益提升，中央—省—市（地级）政府职责的专业化和精细化划分日益迫切。

（一）理顺政府纵向间职责配置关系，合理划分各层级服务职责

"几乎每个国家都分为不同层级的政府，但是分层不是目的，关键在于如何赋予不同层级政府适当的公共供给责任。"[①] 虽然单一制国家是一种"授权"体制，[②] 但也应该注意到，正如政治集权同行政分权不冲突一样，公共服务职责分工也是可以结合公共服务的属性、供给效率和政府管理层级等来完成的。对公共服务的纵向供职责配置，结合国际成熟经验可以考虑如下分工：

1. 根据公共服务的公益性范围和服务供给效率合理确定各级政府的专属服务。布坎南认为："各级政府间有效的职责划分取决于公共行动溢出效应地理范围的大小。每一种公共性的货物或劳务仅仅

[①] 转引自池霏霏《国外政府机构设置的做法和经验》，《中国行政管理》2008年第2期。

[②] 参见薛立强《授权体制：改革开放时期政府间纵向关系研究》，天津人民出版社2010年版。

对有限的一组人口来说是'公共性'的。这组人口的范围大小决定了应履行职责的政府单位的'规模'经济。"公共服务的自身属性决定了不同的公共服务提供责任应该由不同层级政府来承担。国际经验表明，各级政府职责专属的"异构"模式比较适用：（1）受益范围是全国性且各地方对公共服务的偏好没有明显差异的公共服务，应该由中央政府负责提供，如国防、外交、国家安全、社会保障、法制等这些具有高度外溢性的公共服务，类属经济学上的纯公共物品，符合公共物品的非竞争性和非排他性特征，由中央政府提供符合国家的根本利益，也符合公平、全民共享的理念。（2）受益范围具有一定区域性，更多体现区域特征的，甚至具有一定排他性的"俱乐部"公共物品，地方政府负责提供更具活力。如地方交通、中小学教育、警察等市政服务和区域性服务，交给地方政府负责，既能满足地方政府的特殊需要，也能够更好发挥地方政府的独立性。

2. 不同层级政府共同提供的混合性公共服务，需要明确划分各级政府的具体事项和承担比例。现实生活中总是存在着许多较强外部性或跨区域的地方性公共服务，比如跨区域河流和环境保护等，对于这类公共服务，可以考虑：（1）由上级政府专门提供服务。（2）由跨区域的地方政府共同提供，上级政府提供财政支持。（3）对上述两类事务制定专门的制度安排，须以法律制度的形式明确规定每一级政府提供混合性服务中的具体某一项或某几项，同时划清各级政府的主次责任和支出分担比例，避免出现"职责同构"下每一级政府"都要管"又每一级都"管不了"的现象。日本的义务教育就给我们提供了很好的经验启示：省级政府（都、道、府、县）负担义务教育的教职人员任命、工资发放等事项。基层政府（市、町、村）负担中小学的校舍、室内运动场、食堂设施、教材、图书、学生奖励与补助、图书管理员、伙食调理员、警务员工资等职责。国库补助金对义务教育配套项目的比例通常为二分之一或三分之一，配套的比例安排是这样的：①

---

① 李祥云：《义务教育财政转移支付制度：日本与美国模式》，《教育与经济》2004年第2期；魏加宁等：《日本政府间事权划分的考察报告》（上），《经济社会体制比较》2007年第2期。

表5-1　　　　　　　日本义务教育的国库补助金发放

支出类型	中央配套比例	配给的地方政府
小学及初中教职人员的工资	1/2	都、道、府、县
小学和初中的教材	1/2	市、町、村
小学和初中的校舍	1/3—1/2	市、町、村
小学和初中学生的奖励与补助	1/2	

从这样的思路出发，我们认为，根据公共服务的属性、受益范围和供给效率，在中央（和省级）政府与城市政府公共服务供给的职责分工上，这些职责分工应该给予考虑：（1）中央和省级政府应承担起体现全体人民基本权益的全国性、最基本的公共服务，在当前户籍制度改革和人口大规模流动态势下，要重点对跨省流动居民在流入地城市定居所需的公共服务给予整体性统筹和保障，特别是流动人口及子女的义务教育、社会保障、医疗等基本公共服务。对这些属于资源再分配性质的整体性公共服务，中央政府应制定出当前阶段全国性基本公共服务的最低标准，并在统筹的基础上合理划分与省级政府共同承担的财政分担比例和支出责任，维护整体性和地域性公共服务供给稳定。（2）城市政府特别是人口流入地城市政府应在做好区域性公共服务如城市经济和社会发展、警察秩序维护、就业保障、中小学义务教育等基本公共服务职责外，还应重点考虑流动和进城落户人员在城市居住所需要的城市扩容、公共设施建设和社会秩序管理成本，如学校建设、公共交通、医院、就业、最低生活保障等支出，保障城市的承载力和地区财政能力。

（二）细化各级政府职责分工，规范公共服务分类供给的操作和执行

关于政府间公共服务职责关系，中央也已经从宏观层面做出了制度安排：《国家基本公共服务体系"十二五"规划》中明确

要求"合理界定中央政府与地方政府的基本公共服务事权和支出责任,并逐步通过法律形式予以明确";规定"中央政府主要负责制定国家基本公共服务标准和政策法规……省级政府主要负责制定本地区基本公共服务标准和地方政策法规,提供涉及地方事权的基本公共服务……市级和县级政府具体负责本地基本公共服务的提供以及对基本公共服务机构的监管";要"逐步增加中央和省级政府在基本公共服务领域的事权和支出责任。强化省级政府在教育、就业、社会保险、社会服务、医疗卫生等领域基本公共服务的支出责任"。①《中共中央关于全面深化改革若干重要问题的决定》也提出:要"建立事权和支出责任相适应的制度,适度加强中央事权和支出责任……逐步理顺事权关系;区域性公共服务作为地方事权……对于跨区域且对其他地区影响较大的公共服务,中央通过转移支付承担一部分地方事权支出责任"。② 国务院 2016 年出台的《关于推进中央与地方财政事权和支出责任划分改革的指导意见》也提出,要在 2020 年前"适时制定修订相关法律、行政法规,研究起草政府间财政关系法,推动形成保障财政事权和支出责任划分科学合理的法律体系"。③ 党的十九大报告和十九届三中全会也明确指出,要理顺和明确权责关系,属于中央事权、由中央负责的事项,中央设立垂直机构实行规范管理,属于中央和地方协同管理、需要地方负责的事项,实行分级管理,中央加强指导、协调、监督。

从学理上说,上述制度安排为公共服务纵向间职责分工奠定了良好的制度基础。细思则会发现,上述行政规范性的制度设计虽具有十分重要的指导意义,但过于原则性和笼统,也都是对各级政府间权力秩序的基本安排,在公共服务的实际供给中缺乏规范性和可操作性;也很容易在"实施"中走样、变样。因此,除上述制度安排之外,公共服务纵向间的职责分工还需要执政

---

① 详见《国家基本公共服务体系"十二五"规划》。
② 详见《中共中央关于全面深化改革若干重要问题的决定》。
③ 详见《关于推进中央与地方财政事权和支出责任划分改革的指导意见》。

者通过更加科学的制度设计延伸出更加细致的分类，合理划分各级政府职责权限并以法律的形式加以制度化，确保其长效性和稳定性。

1. 制定公共服务供给分类细则规范，确保公共服务职责配置的制度化。政府公共服务职责的分类细则并不是说事无巨细都用法律条文规定，而是指在原则性制度安排之后应该有一个次级的法律制度规定将原则具体化，使公共服务的职责配置具有一定的操作性和执行性。即到底哪些（哪类）服务是中央范围并需要中央政府直接提供的公共服务；相应地哪些类服务应该是中央和省级政府共同提供及哪些类服务由市县级政府提供，需要经过科学论证规范并赋予其法律定位，防止随意性。诸如党的十八届三中全会《决定》中提出的"区域性公共服务作为地方事权"的原则性规定，涉及实际供给中就需要科学论证具体哪些服务是"区域性公共服务"，如何划分给地方以及划分给"哪一级"政府更合适；再如"中央通过转移支付承担一部分地方事权支出责任"究竟承担"哪一部分地方事权"以及承担"多少比例"？凡此种种划分，都需要更加细致，更加规范，一方面不因职责模糊而出现上级政府侵犯下级政府、下级政府逾越上级政府的现象；另一方面也能通过职责的细化推动各级政府在公共服务供给过程中走向规范化、标准化和精细化，提高服务供给效率。在这些方面，发达国家的做法很值得中国借鉴。

2. 根据权责一致原则完善相应的财政制度细化设计，确保各级政府公共服务供给的独立性。财政支出是公共服务供给的坚强后盾，其重要性无须多言。在财政制度的细化设计中，一方面需要注意的是，应结合已经界定的各级政府事权，调整和规范中央政府与地方各级政府间的收支关系和比例，特别要充分考虑基层政府的事权职责和财政能力，赋予其一定的财政权力，建立健全权责匹配的财政事权制度，改变职责同构下的"财政支出层层拨付"和"财政权力层层上收"的不合理格局，激励地方政府以公共福利为导向，提供更加精细、优质的公共服务。另一方面，应结合对公共服务职责的细致分类，优化转移支付制度，改变长期以来只笼统强调"增加转移支付规模和比例"的做法，改良为根据公共服务事项实际所需进行实地转移支付，科学设置和合理搭配一般性转移支付和专项转移支付，减少上级政府对财政支出的随意性和下级政府对财政预期的不确定性，推动公共服务特别是基本公共服务的长效稳定供给。

二 完善市县（市）领导体制，优化公共服务供给层级的机制构建

虽然在政治关系上，中国目前大部分省（市）实行的都是"市领导县"体制，县和县级市作为地级市的下一级政府存在。但在公共服务供给中，县（以及县级市）政府和地级市政府都是区域性公共服务供给的主体。市县关系的相对独立对促进公共服务供给效率提升有着重要的意义。与政治管理不同的是，在公共服务供给上，虽然都是一级行政单元，县级政府和市级政府都需要一定程度的独立自主性，不仅是在承接上级政府的职责分工上需要有一定的独立性，更是体现在地方政府与市场主体、社会组织分工与和合作供给方面作为一个独立政府的重要性，以便于更好地完成公共服务供给。特别是县作为地方性的政治枢纽，在中国已经有着2000多年的历史，虽然作为地级市的下辖政府，但却一直作为基层地方单元直接面对民众需求，承担着义务教育、医疗保障、社会秩序稳定和社会就业等大量的地方性基本公共服务，是地方性公共服务的核心供给主体。

随着社会发展和供需格局的变化，市县关系调整也日益提上日程。在这方面浙江省走在全国前列。浙江省自改革开放以来就一直在探索省直管县体制模式，也已经做到在财政、经济和社会管理权限上的省直管县体制。这种模式强有力地推动了浙江县域经济的快速发展和公共服务水平的大幅提升。改革开放多年来，浙江的城乡差距一直在 2∶1 左右，民间经济发达、藏富于民也成为"浙江现象"的一个显著标志。当前，城市和城市下辖的县作为区域性公共

服务供给的主要主体,在新时代社会需求增加、社会矛盾复杂叠加、行政体制改革深入推进和更好地保障服务民生的压力下,更加需要从本地居民的需求偏好出发,用开放的心态和超前的思维,多维度思考和探索市县公共服务职责分工和相对独立的合作伙伴关系构建。党的十八届三中全会报告《中共中央关于全面深化改革若干重要问题的决定》中已经提出"有条件的地方可探索推进省直管县(市)体制改革",这为城市政府和县级政府从当前管理层级中解放出来,专门提供区域性公共服务提供了很好的契机和改革方向。今后,随着省直管县体制改革的深入推进,从伙伴型政府间关系的视角出发,还需在以下几个方面考虑市和县在公共服务供给机制中的关系:

(一)加快政府职能转变改革市县领导体制,优化公共服务供给层级

从根本上来说,党的十八届三中全会提出"有条件的地方可探索推进省直管县(市)体制改革"也正是要梳理省级以下政府间的职责分工和职责体系构建。随着政府职能的逐步转型,特别是"社会管理"职能方面管理重心下移和"公共服务"职能方面基本公共服务均等化的推进,有效的治理和更好的服务成为区域性地方政府的主要职能,特别是在城镇化加速推进的背景下,城市政府和县(市)政府履职效能的发挥更多地体现为区域性社会管理和公共服务职能的实现,即"服务型政府"建设。服务型政府建设的出发点是以"人民为中心",这就需要直接面对民众的市、县政府更多的相对独立性,更好地感知区域性的需求偏好,做出更加切合实际需求的改革和服务供给。前述在分析"权力清单"制度改革和权限下放面临的上级政府认为下级政府"承接能力不够"和有些权力下级政府"不愿意承接"的问题就已经表明,不同层级间的政府其职责和功能发挥有着显著的差异性,笼统的"上下对口"和"一以贯之"管理模式将会面临越来越多的挑战和压力。除了一些特大型城市和一些强市外,很多一般性地级市在职能发挥过程中也因下辖过多的县(市)而步履维艰,受制于财政体制和管辖体制的制约,城市整个行政辖区内的公共服务很难做到均等化和有效供给。① 因此，改革管理体制，减少管理层级和管制约束，成为深化行政体制改革的重要内容。在市县职责关系的构建方面，需要面对的首要问题就是在公共服务供给中增强县（市）级政府对民众负责的权重和动力，确保公共服务供给的有效。相对于当前的县市关系而言，建立明确的市县间职责关系体系比"市是否要领导县"更加亟须。西方国家的实践也表明，市和县（市）在职能上有着显著性的差异，二者更多的是在职责分工明确基础上的独立运转和伙伴型合作关系，以确保公共服务供给的有效。

（二）合理划分市县的公共服务职责和财政管理事权

相对于中央和省级政府的职责分工和体系构建，省级以下政府间公共服务供给、财政事权和支出责任改革的试点和实践探索并不少见，但囿于顶层制度设计，市县关系改革一直面临着与上级制度建设冲突的问题。特别1994年分税制改革没有涉及省以下政府间财权和支出比例的制度安排，造成在公共财政支出上"上级请客、下级买单"的现象层出不穷，基层政府特别是县（市）政府公共服务供给和改善动力都大大缩减。相对于中央和省级政府，城市和县（市）更多的是提供区域性公共服务产品和行政辖区内的社会管理和公共事务。包括：维护本区域内的社会治安；建设辖区内的公用事业和环境生态维护；行政区域内的义务教育、科技文卫、就业和社会保障等居民基本公共服务供给（或按比例供给）；协助省级政府和中央政府完成委托的其他事务；等等。② 这些事权更多地体现在区域性的建设开发和公共服务供给，与省级政府和中央政府职责具有明显的差异。因此，在职能转变和职责合理分工的基础上构建县—市—省—中央政府的"职责一览表"，并结合时代和社会发展变化进行动态调整优化，成为合理划

---

① 韩艺：《省直管县体制改革进程中的市县关系嬗变、困境与优化》，《北京社会科学》2015年第5期。
② 卢洪友、张楠：《政府间事权和支出责任的错配与匹配》，《地方财政研究》2015年第5期。

分市县职责和管理权限的重要内容。

需要说明的是,职责和事权划分的机制构建需要体现一定的原则和侧重点。首先,需要在省直管县体制改革的探索实践中,根据责权一致的原则规划和细化相关制度规定,明确哪些职责和公共服务供给由市、县(市)承担的基础上,配置相应的财政权力和经济社会管理权限就显得愈加重要。其次,关于县(市)和市以及省之间的职责和事权划分,在管理重心下移和职权下放的体制改革中,应该考虑划分的"优先级",即结合区域社会事务管理和公共服务供给的特点和属性,先分类列举县和市的政府职能,县市没有承接能力或跨县市的大范围区域性公共事务权限,可以按比例由省级政府甚至中央政府负责供给。① 这样的分工机制一方面充分体现了公共服务自身的属性和特征,以便更好地挖掘地方政府提供公共服务的动力;另一方面根据职能差异分项列举不同层级政府的责任分工也是一种比较成熟的、国际社会普遍采用的方法,结合中国国情适当借鉴,也不失为一种机制选择。此外,"省直管县"体制下强化县市间资源分配、信息共享、责任分担、区域合作等府际间的分工与合作机制,也应成为优化服务层级后市县关系构建的重要内容。

三 城市内部政府职责分工和层级优化的机制构建

除行政区划含义外,城市作为一个区域性政府需要从整体上统领整个市级辖区的公共服务供给,这就从根本上要求市级政府从整体性利益出发,根据改革和供需结构的变革对权力结构做出调整和优化,特别体现在职能部门间的职责分工与协同合作,以及城市内部管理层级的优化与职责配置。还以浙江省为例,在各地市"最多跑一次"政府服务优化改革中,市级政府面临的主要症结就是如何以公共利益为导向,打破职能整合过程中的各种体制性阻隔。"最多跑一次"改革最终也演变为直面公共服务供给中的深层次棘手问题,

---

① 李奕宏:《我国政府间事权及支出划分研究》,《财政研究》2014年第8期。

特别是作为一个整体性政府在公共服务供给中打破部门阻隔与体制障碍，进行整体性优化供给的问题。同样，江苏省也在市级政府层面上推出了行政审批局制度建设和"不见面审批"模式的探索。① 可以说，这些改革都是城市政府作为整体性政府改革的趋势所在。从浙江省各地级市"最多跑一次"改革实践中遇到的瓶颈可以看出，未来市级政府在改革中除了与其他层级政府做好职责分工和政府间伙伴关系构建外，不仅需要从整体上做好职能部门间的职能整合，还需要做好城市内部管理层级优化与职能配置的机制建设。

（一）市本级政府以公共利益为导向，探索"整体性"供给的机制构建

城市公共服务的整体性供给首先要求打破市级政府各职能部门间的体制性壁垒，做好部门间的职责分工和职能整合的机制建构。浙江"最多跑一次"改革已经在围绕"一窗受理"和"集成服务"中心目标，通过公共服务的"一站式"供给，深入推进窗口设置的分类整合，增强综合性受理窗口与后台办事窗口的系统对接和信息联动，通过互联网建设中的"大平台"和"大数据"建设，实现数据信息的资源共享，破除部门间的信息壁垒，为职能部门的有机整合和地方大部制改革营造外围环境和制度探索。所有这些探索，说到底都是为破除职能部门壁垒、打通部门间服务的"碎片化"进行整体性治理做最大努力。② 而且，这种适应民众需求的整体性改革，探索的是城市政府服务功能的改变，是一种质的变革，不仅是"放管服"供给侧结构性改革的共建难题，同时也会成为区域性公共服务有效供给的核心问题。因此，在市级政府职能部门整合协同的机制探索中，一方面要考虑构建职能部门间的"业务性制度合作"机制，

---

① 据《新华日报》2017年11月6日刊登《江苏"不见面审批"改革获得突破性进展》中的数据显示：江苏省的13个设区市、96个县（市、区）"不见面审批"（服务）改革方案和首批"不见面审批"（服务）清单已经全部出台，省市县三级共梳理公布"不见面审批"（服务）事项37344项。

② 韩小凤：《从传统公共行政到整体性治理——公共行政理论和实践的新发展》，《学术研究》2016年第8期。

即在资源共享和大数据平台支撑下,通过减少办事材料和简化办事环节等途径,推动信息共享部门间的常规业务性制度合作,以部门间的业务性制度联动代替"领导牵头"的弹性工作机制,推动部门间由业务性联动协同到职能有机融合的转变。另一方面还需要以公共利益为导向,以职能部门间责任共担机制的构建为引导,通过诸如"最多跑一次"和"不见面办事"等此类目标性建设的倒逼机制,推动那些事项关联度高、办事内容相近和事项相似的职能部门归并和整合,使职能相近和交叉的部门逐步实现"合并同类项",助推完成机构改革和职能部门间整合的同时,重点解决公共服务供给的"碎片化"和低效,增强市级政府的公共服务供给效能。

城市公共服务供给的公共利益导向还要求从整体性治理的角度出发,优化服务层级的机制建设。优化和精简管理层级一直是多年来中国深化行政体制改革、提升服务效能探索的重要内容。在优化管理层级的改革中,除了"省直管县"的改革探索之外,城市基层内部的探索也没有停止过。早在20世纪末,为减少城市管理和服务层级,使人、财、物等公共资源更有效地配置,很多省市就已经开始了对"街道办事处"这一"二传手"机构进行了消减性的改革,在贵州贵阳市、安徽铜陵市、湖北黄石等市都做了撤销街道办事处,实行区级政府与社区直接对接的探索。[①] 可以预见的是,在城市公共服务特别是基层公共服务供求需要扩大服务事权的发展态势下,改革多层级垂直管理的指导——命令服务模式,以管理重心下移为重要内容的城市纵向间权力结构调整势在必行。通过组织结构调整和技术更新,减少纵向的垂直管理层级,构建适应现代社会发展的扁平化管理层级和多元主体参与的易于协商合作的、充满弹

---

① 以湖北黄石市的改革为例,为减少管理层级、提高便民服务效率,湖北省黄石市于2012年4月将铁山、下陆、黄石港、西塞山四区的街道办事处全部撤销,同时将原有129个社区居委会整合为72个大社区,由区级政府直接管理。撤销街道办事处之后,将原街道办事处承载的政府职能上交给区级政府相关职能部门;原街道办事处承担的党建和社会职能下放给社区居委会。街道办事处的机关工作人员充实到社区,以更好地服务社区的经济、社会、文化建设和居民生活。

性的跨层级公共服务联动供给网络。① 可以预见的是，今后在互联网等现代科技信息的助推下，以公共利益为导向，对综合职能分类梳理、并归后按照基层服务需求和新功能发展需要，回归到区级政府和基层组织中去的扁平化、规范化和网络化组织结构将成为新需求。

（二）区级政府以有效提供公共服务为导向，进一步优化职责与层级设置

"区"是"设区市"内部的重要一级管理层级存在。关于区级政府在城市管理和服务中的职能定位和职责分工，当前的《中华人民共和国地方各级人民代表大会和地方各级人民政府组织法》中并没有较多涉及。与城市下辖的县级政府不同，区级政府作为市级政府的直属下级，在市本级政府对各项工作统一调度的基础上，做好对基层政府部门的信息传递、任务分流等"上传下达"工作的同时，也承担了大量的对基层政府的监管考核工作。相对于县级政府而言，区级政府的机构设置不如县级政府那样齐全，财权和事权也不如县级政府独立，但在城市管理重心下移过程中，区级政府的职责分工与机构设置对于优化城市内部管理层级、健全市政服务功能的重要意义逐渐凸显。

城市公共服务的有效供给对区级政府的职能定位和职责配置提出了新的要求。随着城市自身规模的扩张和消费群体的增加，以及城市公共服务供给标准化、精细化等品质要求的提升，区级政府作为公共服务供给主体的功能日益凸显。作为城市内部的一级政府主体，区级政府不论是在机构设置、职责分工还是在管理体制和运行机制上，都越来越向"功能区"政府和有效提供公共服务职能倾斜。因此，从公共服务有效供给这一内在要求来定位区级政府的职能和优化区级政府机构设置，成为城市内部优化管理层级的首要前提。当前虽然区级政府机构设置并没有和市本级政府职能部门做到

---

① 唐任伍、赵国钦：《公共服务跨界合作：碎片化服务的整合》，《中国行政管理》2012年第9期。

完全"一一对应"和全部"职责同构",但市、区两级政府的职责范围同样存在着职责不明晰的症结,一些重要职能部门在设置上仍然保持着和市级政府"上下对口""左右对齐"。随着公共服务供给职能的增强,区级政府成为城市公共服务供给制度改革的"试验田",很多市级政府的改革探索都放在区一级政府,如前述的嘉兴市南湖区行政审批局改革、四川省成都市武侯区的行政审批局制度改革、广东佛山市顺德区的大部制改革试验等。[①] 这些改革一方面推动着区级政府的机构设置优化,另一方面也倒逼区级政府职能逐渐转移到公共服务供给上来。因此,在区级政府的职责分工和层级优化设置上,应该以公共服务有效供给为出发点,首先,引导区级政府功能定位到公共服务需求,包括将一些公共服务的专项生产、服务供给均等化的政策执行以及公共服务市场化和社会化安排等职责和权限转移、下放给区级政府。其次,按照特定的区域发展规划和不同城区的功能定位,合理设置各区级政府的职责权限,有效激发区级政府提供公共服务。随着城市规模的不断壮大,城市内部不同区域的功能定位和发展差异逐渐显现,使区级政府的职责差异成为一种"新常态"。因此,新常态下根据不同区域的功能定位,合理配置城市内部各区级政府的职责和机构设置,不仅可以减轻城市政府在微观服务供给上的压力,助推城市政府提升"整体性"治理能力,也能更有效地激发区级政府对公共服务需求的无缝对接,实现公共服务供给的精准化和标准化。

(三)完善基层组织公共服务供给的机制构建

社区不仅是城市公共服务消费者——居民的社会生活共同体,也是很多公共服务供给的"前沿阵地"和重要载体。自国务院颁发《国务院关于加强和改进社区服务工作的意见》和《社区服务体系建设规划》以来,社区公共服务供给成为城市公共服务供给的重要内容。发生在社区内的社会保障、社区医疗和社区就业等基本民生

---

① 详情见《佛山市四区大部制改革方案出炉 改革后党政机构统一为16个》,《南方日报》2010年6月18日。

性公共服务,志愿帮扶和贫困救助的公益性服务以及邻里自助、便民性服务供给等日益复合多元,成为社区服务的重要组成部分。①社区公共服务供给的主体也日益多元:在社区服务中,有些服务(如基本民生性公共服务)是由政府主导并实现供给,有些公共服务(如志愿性、公益性社会服务)则是由社区居民及相关社会组织供给。因此,以社区及社区服务设施为依托,搭建多种公共服务有效供给的平台,成为城市基层公共服务供给机制的重要内容。

提升基层组织公共服务供给能力。首先,要赋予社区明确的职能和参与机制。在城市管理重心下移和民众生活社区化的趋势下,社区公共服务供给的内容也日益复杂和多样,社区逐渐承担起越来越多的公共服务供给职能。但是当前社区在很大程度上成为依附于政府的类行政组织,其活动能力很大程度上受制于政府的制约。②因此,结合基层公共服务供给的要求,赋予基层组织特别是社区在公共服务供给中的职能,明确政府与社区在公共服务特别是基本公共服务方面的职责分工与协商合作机制,成为提升基层公共服务供给要面对的首要问题。在此基础上,拓宽社区参与公共服务供给的渠道与资金筹措机制建设。

其次,依托社区公共平台,完善基层公共服务供给的层级设置,优化公共服务资源的配置机制。长期以来,街道办事处作为社区的"直属上级",③在承担了大部分重心下移和职能转移作用的同时,也在事实上增加了城市社会治理和公共服务供给的层级,一定程度上影响了公共服务供给的效能。因此,结合城市管理和服务资源向基层下沉的契机,探索精简管理层级和优化城市内部公共资源配置模式的机制构建,增强社区作为基层组织在公共服务方面的

---

① 杨华、吴素雄:《社区社会组织服务供给的非规模化约束与整合主体选择》,《浙江学刊》2013 年第 1 期。
② 周庆智:《基层治理:一个现代性的讨论——基层政府治理现代化的历时性分析》,《华中师范大学学报》2014 年第 5 期。
③ 田恒:《论城市基层治理分权化改革——基于撤销街道办事处的分析》,《中州学刊》2013 年第 9 期。

供给功能、资源凝聚转化功能和社会秩序维护等功能,切实增强基层社区的公共服务资源配置和公共服务供给能力。

第二节 市场化供给中的契约性公私合作伙伴关系机制构建

"公私合作"自20世纪末起作为对公共服务民营化弊端的一种反思和结构性替代,在城市公共基础设施和相关公共服务领域内不断得到拓展。政府与民间资本和社会资本基于契约的公私合营供给成为公共服务市场化的重要供给机制创新,并得到大规模运用。为更好地提高公共服务供给效率和供给效能,本节从宏观层面的"体制机制变革"角度,对公私合作伙伴关系的机制构建和作用发挥做详细论述。

一 公私合作伙伴关系机制构建中的风险要素控制

从实践形式上看,公私合作伙伴关系主要表现为基于某一种公共服务供给合同签订下的政府与私人资本(民间资本、社会资本等)关于该项服务设施和相关服务内容的建设成本分担、服务供给期限、服务费用流向以及设施移交等多方面的契约性协议。[1] 与早期公共服务民营化相比,契约性公私合作伙伴关系构建更多的是规避完全民营化模式下因信息不对称和双方责任缺失造成的自主性与民主责任、风险承担和公共服务(产品)间的冲突,以及最终造成的公共服务供给缺失。[2] 基于民营化中存在的制度性缺失,公私合作伙伴关系将公共服务市场化的内容和具体实践"改进、更新"到公共部门和私人部门在公共服务的生产和供给中,在资金、技术、运营等方面进行细化分工与精细合作,以增强市

---

[1] 和军、戴锦:《公私合作伙伴关系(PPP)研究的新进展》,《福建论坛·人文社会科学版》2015年第5期。
[2] Bellone, C. J. and G. F. Goerl, "Reconciling Public Entrepreneurship and Democracy", *Public Administration Review*, Vol. 52, No. 2 (Mar.-Apr., 1992), pp. 130–134.

场化过程中的资金融资创新能力和风险承担能力；同时，通过在具体生产中的细节"捆绑"弱化某一方的垄断能力，提升公共服务供给质量。

从本质上来看，公私合作伙伴关系的构建，体现的仍然是公共服务市场化供给中政府职能的转变，即由传统的政府单一主体供给转向政府与市场主体的合作供给，只是政府的角色定位由"完全委托方"通过长期契约性合同转向"合作方"，政府通过政策制定和契约缔结等方式，将生产和经营权限更好地让渡给私营部门，同时通过合作经营和制度监管等方式，规避完全私营化中的服务价格高企和质量下降的负面效应，引导公私合营达到预期的效果。需要注意的是，公私合作伙伴关系作为公共服务市场化供给的一种机制更新和民营化的"升级版本"，其仍然存在着一定的风险和缺陷；PPP 同样也不是万能的，特别是在市场机制还不够健全，对私营资本的认识还存在一定误区的情况下，盲目跟风公私合营只会带来更多的问题。因此，契约性公私合作伙伴关系机制的构建，仍要从服务于公共服务有效供给这一终极目标出发，从"降低公共服务供给成本""供给效率提升"和"公共价值导向"三个要素，深度思考公私合作伙伴关系的机制构建。

（一）成本降低与公私合作伙伴关系构建的风险控制

一项公共服务由政府单独生产、供给还是由多个主体联合供给，首要的考虑因素就是公共服务供给成本。这里的成本不仅包括资金成本，还包括战略意义、生产技术等各个方面、各个环节的成本。城市公共事业自身的基础性、自然垄断性造就了长期以来政府独自供给的状态，随着民众对公共服务质量要求的逐步提高，公共服务供给的生产技术成本和资金需求量也逐步提高。特别是城市的大型公共事业项目供给，不仅需要高额的资金投入，同时也包含着设计、建造和经营管理等环节的投入，这些成本由单一机构来完成还是多个机构合力完成，成为公共服务供给成本的重要考量因素。目前来看，除了那些服务资金有专项拨款和支付渠道，同时战略性意义又非常重大的项目由上级政府直接提供外，在那些基础性强，

第五章 城市公共服务分类供给的机制建设逻辑

社会需求性征显著,有一定的技术性要求,同时战略风险相对较高的公共事业领域,政府通常都面临着规模性融资和运营管理等种种压力,与社会资本合作就会成为一种较好的选择。公私合作伙伴关系作为民营化的升级版,其背后的契约性合作模式也是对传统委托—代理关系的进一步升华,如果政府在与私人部门进行合作时能够避免产生过高的交易成本,PPP模式就会成为优势选项。从社会资本方面来看,社会资本也有着与政府合作的巨大动力,这种动力同样首先也来自投入成本的考量:与市场竞争相比,与政府合作的风险相对较低,成本回报率也比市场竞争要来得相对容易,基于投入—产出效益的考量,社会资本私人部门也乐于从资金、技术等方面加强与政府在公共服务项目方面的合作,以谋取最大限度的利润。

但也应该注意到,公私合作模式有助于降低公共服务供给成本,并不意味着公私合作模式就应该成为政府财政融资的方式。公共服务市场化供给的初衷和落脚点应该在通过契约作用实现公共服务的有效供给上。当前,BOT、TOT、BOOT等公私合作模式已经成为比较热衷的公私合作方式。一方面,随着城市化进程的加快,城市发展需要大量的公共资源投入,另一方面,在服务支出需求大增而传统融资渠道不畅特别是债务存量规模较高的压力下,引入PPP模式不仅可以获得社会资本以保证公共服务项目建设持续推进,还可以通过向合作中的私人部门租赁公共设施等方法获得一定的资金收益,减轻政府债务压力,帮助政府财政健康发展。[1] 在这种情况下,PPP模式在一定程度上异化为防范地方政府债务风险的制度安排,[2] 这显然有悖于公私合作伙伴关系的初衷。因此,在公司合作关系模式的机制构建上,要从源头上加强对政府引入PPP模式的监督和审查管理,避免公私合作成为政府减轻财政负担和"甩财政包袱"的工具。

---

[1] 蒲坚、孙辉等:《PPP的中国逻辑》,中信出版社2016年版,第211—214页。
[2] 缪小林、程李娜:《PPP防范我国地方政府债务风险的逻辑与思考——从"行为牺牲效率"到"机制找回效率"》,《财政研究》2015年第8期。

（二）供给效率提升与公私合作伙伴关系机制构建的风险控制

因供给效率低下遭受诟病也是政府在公共服务供给中寻求PPP模式的主要原因之一。相对于公共部门，私人部门在生产技术更新、运营管理等方面更具有"天然"的优势，使得政府愿意通过公私合作的方式将建设和运营方面的控制权限让渡给私人部门，并转移一部分风险。私人部门则可以基于自身在技术生产和运营管理方面的优势产生相应的经济收益，同时城市公共事业一般都是大型项目，双方也都是基于一定契约关系而签订长期的合作合同（一般都是20—30年），这期间隐形的巨额利润也吸引着社会资本积极参与进来。因此，从理论上讲，公私合作对公共部门和私人部门来说都是"双赢"的结果：政府部门希望通过公私合作，既能够吸引大量的社会资金、先进的技术和管理理念进入公共服务领域，同时也转移生产和运营等方面的风险，促进公共服务供给效率的提升；私人部门寄希望于通过PPP模式，降低市场竞争风险并在长期投资中获得更多利润，有动力在合作中生产优质的产品和服务。

但是，实践中公私合作伙伴关系的有效实施和运作却受到多方因素的制约，政府寄希望于通过PPP模式降低风险提高公共服务供给效率的目标并非一定都能实现，换言之，PPP模式可以进行合理的风险分配，但并非所有的生产技术和运营风险都可以向私人部门转移。这是因为，首先，公私合作伙伴关系本身就具有诸如BOT、TOT、TOOT等多种形式，这些形式在实践中都有着不同的细节性要求，这就要求公私双方要对项目的识别、评估、相关合同设计以及项目交易管理问题进行详细的技术性设计和相关制度规定，这无疑为风险转移带来了一定的难题。其次，公私合营对公共服务供给效率的提升也因各国制度环境而异。有学者研究发现，当政府急于摆脱财政债务负担或为吸引私人资本投资时，往往会在初期以各种慷慨的承诺或不切实际的方式设计合作合同和相关运作模式，这不仅不能合理分担和转移风险，反而会导致公私合作关系的失败，甚至会产生私人部门以"公私合作"

名义攫取公共部门资金的风险。① 因此，基于提升供给效率的风险转移和把控契约制度设计成为公私合作伙伴关系构建中的一个至关重要因素。

（三）公共利益价值导向与公私合作伙伴关系机制构建风险控制

在公共服务供给领域，公共价值是公私合作伙伴关系构建的基本前提，也是公私双方合作得以继续的内在要求。在公私合作伙伴关系中，政府作为公共部门的积极主导者和共同经营者，使得整个合作项目的功能定位和价值实现都呈现出显著的公共利益特征，既满足了民众对政府的期盼，也使政府职能有了更高效的发挥。同时，私人部门在公私合作伙伴关系中通过先进技术的使用和高效的运营管理，在降低供给成本、实现公共服务供给的同时，也能从中获得预期的稳定收益和利润，公共部门和私人部门的目标追求在公私合作伙伴关系构建中得到有力呈现。因此，在公私合作伙伴关系实践中，以公共价值为导向，引导私营部门以高效生产、技术管理和先进理念等作用的发挥策略性地与公共部门的公共价值目标达成一致，并将公共利益内化为私人部门在公私合作中所秉承和坚持的价值理念，成为公私合营伙伴关系的最高价值追求。②

但是，私人部门作为市场主体的逐利性本质并不会因与公共部门的合作而消失，相反，在相关监督和约束条件缺失的情况下有可能会异化，成为产生"市场失灵"的不确定性风险因子。诚如休斯所说，"从官僚制到市场的转交可能意味着产生腐败的风险"，③ 事实上公共服务市场化在降低成本、改善和提高效率的同时，也已经产生了许多腐败。因此，在公私合作伙伴关系构建中，一方面，公

---

① 和军、戴锦：《公私合作伙伴关系（PPP）研究的新进展》，《福建论坛·人文社会科学版》2015年第5期。
② 陈锐、杨晨晨：《公私合作模式转变的逻辑思考——以民营经济角色定位为视角》，《社科纵横》2016年第12期。
③ ［澳］欧文·E. 休斯：《公共管理导论》，张成福等译，中国人民大学出版社2001年版，第221—230页。

共部门和私人部门基于契约合同建立长期合作和风险共担关系,共同致力于公共利益价值目标的实现;另一方面,在公私合作伙伴关系构建中,还需要注意公共价值导向与契约原则的结合,用公共价值导向引导私人部门在公私合作中的角色定位和作用发挥,特别是要通过制度建设,合理引导私人部门将市场机制的效率原则与公共服务供给中的公共利益原则有机结合,通过制度设定和技术攻关将私人部门对利益价值的追求融入公共利益的实现中去,把追求利润和社会责任有机结合,使公共利益与私人资本的合理利益追求达到一种均衡,这是有效推动合作伙伴关系构建成功的又一关键性因素。

二 公共利益价值导向下政府公共责任承担和引导机制构建

(一)政府公共责任承担机制构建

作为公共服务供给的机制创新,公私合作伙伴关系的双方主体会随社会发展的深层次需求而在合作方式、合作理念以及合作的内部结构和外部表现形式等方面发生相应变化。或者说,公私合作伙伴关系是在公共服务供给需要投入更多资金、产出更高效率和更优质服务的过程中,政府寻求更好的途径将私人资金、技术和人才等社会资本更好地融入公共服务的生产和供给而做出的努力探索。因此,从根本上说,"公共服务生产的市场化并不等于公共服务责任的市场化"这一基本的原则性要求还是没有变化,在公私合作伙伴关系构建中,政府的职责并没有发生根本性转变,政府承担公共责任的角色也没有发生根本性变化。相反,在公私合营的过程中,公共部门需要通过更加完善的制度设定和技术安排来实现公私双方的责任分工,以实现风险共担。否则,"仅仅将活动转向民营部门就可以奏效,而无须其他变革,这种怀有良好愿望的思想和旧的发展行政模式如出一辙"。[①]

---

① [澳]欧文·E. 休斯:《公共管理导论》,张成福等译,中国人民大学出版社2001年版,第262页。

政府公共责任承担机制的构建，首先，要通过完善的制度规定和法律法规建设，将政府倡导和实施公私合作的根本目的和原始动机，明确限定在"运用市场化的运作模式引入私人部门的技术、资金和人才、管理等优势，更好地改善基础公共设施，提供更加优化的公共服务"这一公共目的和公共范围内，谨防因制度漏洞和规则缺失而使公私合作成为政府在债务压力增加、经济发展增速减缓的情况下增加政府融资和转移地方债务的手段，更不能成为政府转移建设风险的工具。公共选择理论的"经济人假设"早已明确指出，政府作为公共部门也有"私利"，特别是在中国市场经济体制还不够完善的情况下，政府出于自身财政压力和追求政绩的需要，存在着责任缺失和角色错位的现象。因此，政府在公私合作伙伴关系构建中承担的公共责任是首要的机制构建要素。要在项目设立之前通过科学的项目价值评估机制和风险分担评估机制来评定政府引入公私合作伙伴关系是否能更好地实现公共利益和对民众承担起相应的公共责任，进而论证是否实施公私合作。随后，要进一步明确在公共服务项目建设中引入社会资本推行特许经营、BOT、TOT等公私合作模式的根本目的是通过公共服务供给模式变革，降低公共服务供给成本，避免完全民营化的负面效应，更好地提升公共服务供给的效能，满足民众提高公共服务品质的要求。此外，在公私合作伙伴关系的机制建构中，也要通过完善的制度建设和环节设计避免公私合作成为政府或企业以"融资"为名行非公共利益之事的工具，避免重蹈民营化覆辙。

其次，作为公共服务的安排者和制度制定者，政府还承担着为民众负责的公共责任。这要求政府承担起对私人部门生产公共服务的监督责任和为民众提供高质量公共产品的担保责任，避免私人部门和政府自身在公共服务生产和供给过程中以不法手段谋取私利。也就是说，在契约的构建和公共服务生产的过程中，政府都要作为公共利益的代表和执行者，对公共服务的提供担负最终和最后责任。一方面要求双方在缔结公私合作契约的过程中本着公平、平等的原则合理划分双方的责任，通过规则制定建立合理的风险分担机制；特别要通过合理的制度安排，避免某一方成为另一方转嫁风险的"替罪羊"。另一方面，在公共服务项目实施的过程中，政府要作为政策的制定者和法律规则的执行者，从公共利益出发，制定严格、完善的过程监管制度和责任担保制度，确保私人部门在公共服务的生产、运营和供给过程中不因追求利益最大化而偏离公共利益轨道，使双方在中长期的合作中确保公共服务项目的健康发展。

（二）合理引导私人资本参与公私合作伙伴关系构建

虽然公私合作伙伴关系中各主体的角色定位和责任担负是不同的，但是各主体在合作中的作用发挥地位应该是平等的，即双方应该在公平、平等的基础上合作与互动，共同完成公共服务的有效供给。作为一种供给机制创新，公私合作伙伴关系要求政府和私人部门基于一定的法律和制度安排，进行有效的互动和合作，以实现决策的科学化、民主化和规范化。关于引导社会资本进入公共服务领域，中国在21世纪以来已经出台了多部相关的制度和政策制定，特别是《关于政府向社会力量购买服务的指导意见》（2013）和《政府购买服务管理办法（暂行）》（2014）的出台，极大地鼓舞着民间资本进入公共服务建设领域。同时，2013年以来国务院大力推进"简政放权、放管结合、优化服务"的行政体制改革，取消了大批行政审批事项，将更多的决策权交还市场；江浙等发达城市和地区的改革更加彻底，所有这些改革都极大地激发了市场和企业活力，也推动着中国公私合作伙伴关系规模化、规范化发展。但整体来看，这些政策大多侧重在开放服务项目和引进社会资本进入的精简审批程序上，其主旨更多的是为了"吸引私人资金支持"和降低政府公共服务提供成本，相应的政策话语也多显得抽象和笼统，缺乏让私人部门在公共服务业中扎根和发展壮大的具体行业性规定和政策体系。因此，真正参与到公私合作领域的社会资本和私人部门整体来看并不是很多，能够有效发挥作用的社会资本所占比例相对于国有企业来说少之又少。有学者指出，在很多公私合作伙伴关系中有不少都是国有企业改头换面，以"私的"形式与政府进行合作，公私合作在某种程度上成为政府和国有企业之间上演的"双簧戏"。这一方面反映出民营部门相对弱小的客观现实,另一方面也一定程度上反映了政府对民间资本的不信任和不推崇。① 与此同时,在公私伙伴关系的实践过程中,因涉及政府公信力与企业权益保护特别是风险分担和利益共享问题的模糊不清,社会资本对公私合作的积极性并不是很高,导致公私合作项目的发展进度整体上落后于政府的预期,② 通过公私合作伙伴关系构建推动公共服务供给模式变革还任重道远。

首先,政府在引导私人社会资本有效参与公私合作伙伴关系的机制构建中,应该在持续推进"放管服"的改革中,进一步制定公平公正的行业资格准入制度、公开公平的伙伴竞争选择制度和互利共赢的经营制度、合理规范的合同管理制度、科学可行的监管考核制度和动态调整的激励约束制度等操作性规则体系,实施更开放、更灵活的市场化运行模式;逐渐打破将公共服务与政府行为捆绑起来的传统公共服务供给方式,打破政府和国有企业的垄断经营方式;在深化"放管服"行政体制改革的过程中通过减少行政审批、优化政务服务激发市场活力的同时,逐步降低民间社会资本进入公共服务领域的门槛,为民间经济和私人资本进入公共服务领域提供更加广阔的舞台和社会发展空间,增强对私人部门从事公共服务业的信任,鼓励非公营部门真正发展壮大成为公共服务供给的有力主体。

其次,政府应在尊重市场规律的基础上以契约精神赢取社会资本的信任与合作。长期以来中国"强政府—弱社会"的关系结构使得政府在经济、社会发展中一贯处于强势状态,这固然有客观需求的一面,但同时也隐含着政府掌握着过多的权力资源和行政干预。政府势力偏强而社会资本势力偏弱使得政府几乎主导了公私合作的整个流程,不利于合作机制中双方伙伴关系的构建。在合作机制建设中,政府力量的过强一定程度上也抑制了私人部门特别是民间经

---

① 周正祥、张秀芳等:《新常态下 PPP 模式应用存在的问题及对策》,《中国软科学》2015 年第 9 期。

② 张守文:《PPP 的公共性及其经济法解析》,《法学研究》2015 年第 11 期。

济的发展。因此，在合作过程中尊重市场规律，按契约精神构建相互平等、相互尊重的合作共营机制就成为公共服务市场化的当务之急。党的十八届三中全会明确指出，要"发挥市场在资源配置中的决定性作用"，公私合作伙伴关系同样要尊重市场在资源配置中的决定性作用，尊重市场发挥作用的规律性准则，特别要秉承契约精神，在与社会资本缔结公私合营契约和相关合同时，做到遵守承诺和按合同办事，规范政府行为，减少制度性约束，特别是在公共资产筹集和信贷等方面给予私人部门相对诚信和宽松的政治空间，以诚信赢取私人和社会资本信任。此外，作为公共服务市场化的新型模式，公共服务特别是城市公共基础设施建设中的公私合作伙伴关系模式普遍存在着投资资金高额、经营利润较低、资金投资回报周期很长且利润回报模式比较单一等特点，这就要求在PPP项目的长期运营过程中，政府和私人部门要在利益共享和风险共担等原则下做好责任分担的规则制定、项目合作中的职责分工和利益分配机制构建，通过制度规则设定确保合作不因政策变动而改变，不因政府换届和法规变更而导致项目"流产"，保障私人社会资本的合法性权益，以政府行为"遵守承诺"、政策"持续稳定"和竞争环境"公开透明"，激励私人社会资本积极参与到公私合作伙伴关系的构建中来。

三 效率提升原则上的风险分担和价格责任机制构建

如前所述，公私合作伙伴关系构建是为了更好地将私人部门的创新能力、生产项目建设能力和高效的运营机制运用到公共服务的供给上来，提升公共服务的供给效率。私人部门和社会资本在公私合作中的作用发挥也相应地主要集中在公共服务供给的设计、生产、运营和维护等环节。随着政府将公共服务生产、运营和维护的权力转移到私人部门，这些领域的风险管理和风险承担机制也相应地转移到私人部门。这一方面是为了让私人部门更好地发挥资金、技术和生产等自身的专业优势，高效生产公共服务和产品，另一方面也是考虑到在公私合作伙伴关系的长期构建中，公共服务和公共产品建设成本的高昂性、生产的长期性和形式单一性，通过利益共享和风险共担，共同应对公共服务供给中风险的需要。公私合作中的风险共担主要体现在：公共部门向私人部门转移生产、运营和维护等权力以及通过政策优惠等方式，减少私人部门生产中的融资和竞争风险；而私人部门向公共部门提供资金和生产服务，将会有效地分担公共部门公共服务供给的经济及运营风险。①

（一）公私合作中的风险责任分担和风险管理机制构建

公私合作的风险责任分担主要基于双方风险承担能力和风险管理能力的强弱，将风险转移到能够更好地管理风险或者是风险成本更低的一方。因此，风险责任分担机制需要根据不同利益范畴的责任归属，建立合理的风险分配机制。政府作为公共服务供给的安排者和建设者，以及公共责任的最终承担者，在风险分担过程中要始终秉承公益性原则，从整体上承担起项目运营的公共利益和社会价值目标的风险管控，以确保公私合作项目不偏离公共利益价值目标追求，主要包括城市公共服务（特别是基础设施）需求风险、项目破产风险、汇率变更风险、自然灾害风险、受益减少风险等诸多风险，以及这些风险中的事后救灾承担。事实上，公共服务项目的公共性越强，政府承担的责任风险就越大。②相应地，私人部门在公私合作项目的具体生产和建设实施中，因需要将具体的公共资源包括运营资金、专业知识、管理技能高效地转化成相应的公共产品和公共服务，更适合也更需要承担与生产绩效相关的成本风险，即生产过程中的"投入—产出"责任风险，即以有限的投入获得最大的产出，以更有效地满足公共服务的需要。③

---

① 赖丹馨、费方域：《不完全合同框架下公私合作制的创新激励——基于公共服务供给的社会福利创新条件分析》，《财经研究》2009 年第 8 期。

② 周小付、赵伟：《公私合作伙伴关系中政府性债务的审计困境与对策研究》，《审计研究》2015 年第 6 期。

③ 缪小林、程李娜：《防范我国地方政府债务风险的逻辑与思考——从"行为牺牲效率"到"机制找回效率"》，《财政研究》2015 年第 8 期。

因此，在责任分工机制构建中，应该基于公共服务项目的公共性和项目生产成本两大核心要求，合理构建公私双方的风险责任分担和风险管理机制。

首先，基于公共服务的公共性特征，建立健全公私合作项目的公益性评估机制，通过对公共服务项目公益性的科学评估和界定，合理分担公共部门与私人部门的利益责任比例。公共服务的公共性决定了公共服务供给由政府来安排和制定，但公共服务的公共性程度为政府与市场合作提供了可能：如果该服务项目完全是纯公共服务或产品，则利益责任主要或全部为政府承担，若服务项目完全属于私人物品范畴，则由市场承担主要责任，介于二者之间的，则需要通过对该项目的公益性评估合理确定双方的利益责任比例。其次，注重项目生产中的风险评估机制构建。在合同契约缔结中，充分考虑项目生产成本的风险要素，通过对项目融资、工程设计、生产建设、管理等方方面面的细则评定和风险分担评估，确定私营部门具体承担的项目建设中的建造风险和运营风险，以及在生产和运营不同阶段的风险控制和风险管理，以防止生产和运营过程中私人利益与公共利益的互相侵蚀，确保公共资源在产出过程中的运行质量与产出效率。在项目生产过程中，要通过专业的法律制度规定、第三方评估机制和健全的监管机制构建，对项目合作中的投资资金运用、财务运转、产品质量、创新能力和行业优势等多个领域进行法律规制；通过对项目生产成本—收益进行评估，合理评定公私合作过程中的抗风险能力和风险管理能力，提升项目的运行质量与产出效力。

（二）公私合营中公共服务产品合理的价格制定机制构建

在公共服务市场化供给过程中，"使用者付费制"已经成为公共服务供给市场化的重要工具，如水、电、天然气付费，高速公路的过路费、公共交通付费，等等。但随着公共服务供给途径的多元化，公共服务产品定价和收费模式成为供给中的一个重要问题，公共服务是由政府付费还是消费者付费？消费者付费又涉及公共服务产品到底由政府定价还是由负责生产的私人部门定价？什么样的价格水平才能做到既物美价廉又能很好地激励私营部门提供高质量的产品和服务？如此，公共服务价格制定机制成为影响公共服务有效供给以及公私合作伙伴关系的一个重要因素。

在中国，由于公共服务市场化供给的时间并不是很长，公私合作更是起步较晚，在城市化和快速工业化的过程中，不少公私合作项目在运营过程中因价格上涨或价格过高而导致最终破产。以上海大场水厂建设为例，始于 1996 年以 BOT 形式生产经营的上海大场水厂在短短的 6 年后，因价格上涨和相关政策调整最终以被政府回购收场。[①] 城市公共服务特别是公用事业服务因其规模大、正外部性特征显著，又具有非竞争性和自然垄断性等特点，仅靠市场或政府单独定价，都不能够形成有效的价格激励机制。实践已经证明，政府单独供应的成本定价机制和私人部门参与合营的投资回报率定价方法都存在较大的缺陷，前者造成公共服务供给低效和质量低下，后者往往会带来私人部门价格垄断和民众不满最终导致政府回购。

合理的公共服务产品价格应该在考虑生产成本、投资回报率和汇率变更等多重因素的基础上，建立灵活的价格规则机制。一方面要在兼顾公益性和利润回报的基础上探索政府和市场共同制定价格的弹性价格议定机制，即根据公益性和技术性原则合理评估和界定公共服务产品价格中政府收费和市场收费各自应占比例，以及随着资产投资变化和成本回收过程中价格的调整机制；另一方面政府在监管过程中要建立透明、科学和灵活的价格规制机制，特别是要根

---

① 1996 年上海市政府通过《上海市大场自来水处理厂专营管理办法》授权上海自来水公司与英国泰晤士水务公司签订特许经营协议合资组建项目公司——大场水厂经营供排水建设。根据特许经营协议，由英国泰晤士公司负责大场水厂的建设，建设期 30 个月，经营期为 20 年，到期后水厂无偿移交给上海市政府。协议规定大场水厂生产的自来水由上海市自来水公司指导定价并包销。在随后的经营过程中，由于固定的投资回报率设定导致水价上涨幅度过高，民众普遍不满，更有上海人大代表提出反对水价上涨的提案出台，公众的舆论压力造成后期上海水价改革无法实施。2002 年随着《国务院办公厅关于妥善处理现有保证外放投资固定汇报项目有关问题的通知》颁布，英国泰晤士水务公司与上海市政府重新谈判，最后以泰晤士公司出售了其大场水厂的股份，上海市自来水公司代表政府回购收场。

据公共服务和公共产品的特性选择合理的价格形成机制，在政府宏观价格监管和定价范围内探索有效的市场价格形成机制，推动政府宏观调控下的行业充分竞争放松价格管制机制建设，[①] 使价格制定更好地与私人部门的利润追求挂钩，激励私人部门在长期的生产和运营中以预期的利润目标追求保持稳定的内在创新动力，推动公私合作伙伴关系的持续和长效。

四　公私合作伙伴关系的利益协调和激励机制构建

作为公共服务市场化供给的升级版，公私合作伙伴关系构建的目的仍然是向公众提供更好的服务和产品。与单一主体供给相比，公私合作伙伴关系更是一种基于契约关系的、需要长期合作的集体行动。这一集体行动中，虽然在政府引导和规制下以实现公共利益为共同目标，但在这个集体内部，两种不同性质的资本合作必然有着不同的价值追求和价值标准，这就要求在制度框架内构建有效的利益分配机制，这是不同集团在同一组织系统中得以共存并合作的前提，否则可能导致集体行动的失败。[②] 在公私合作伙伴关系构建中，各参与主体的行为动机和诉求除了公共利益取向外，还存在着基于不同资本属性而产生的多元利益追求取向。私人资本遵从市场规律追求利益最大化，政府部门遵从公益性原则追求公共利益最大化。两者之间的利益协调和合理分配成为公私合作伙伴关系顺利推进的关键。这就要求政府作为"公共权威"在供给机制之外，从合同签署到政策激励多个方面、多个角度完善制度制定，对社会价值进行合理分配，协调各主体间的利益关系，营造公共利益和私人资本间的利益协调机制，使私人资本在保障社会公共责任的同时最大限度地赢得利润，最大程度上激发各主体的积极性，最大限度地实现和增进公共利益。

[①] 聂颖、郭艳娇等：《PPP模式的财政管控策略研究——基于资本结构优化的视角》，《地方财政研究》2016年第8期。

[②] ［美］曼瑟尔·奥尔森：《集体行动的逻辑》，陈郁等译，上海三联书店2010年版，第31—34页。

（一）通过契约制度和法律体系建设，保障公私合作中的双方合法权益

政府要通过契约制度建设，尊重市场规律，以契约精神构建公共服务市场化的法律法规制度和政策体系，营造相对平等、宽松、可持续的公共服务市场化制度环境和公私合作氛围，通过合理的责任分工和风险共担机制构建，在明确双方责任的同时，规避公私合作中的不对等待遇和不公平要求，尊重社会私人部门对利润最大化的追求，保护和激发社会资本对核心科技和知识产权等资源要素的创新动力，以明确规范的法律法规体系和公开、透明的竞争运行环境建设保障社会资本的合理利益追求，取得民间资本和私人部门信任，吸引有核心竞争能力的实力派优质社会资本进入公共服务供给领域，并在制度框架内以契约为前提与公共部门达成互利共赢的合作目标。

（二）通过政策激励措施和制度安排，引导社会资本投资回报与公共利益目标同步

公私合作的项目一般都是耗资巨大的工程，合作伊始公共部门和私人部门出于对利益预期的追求都有着很强的合作动力与合作意识；然而公私合营往往又是运营期限长且在运营中面临着较大市场发展周期风险和政策风险的项目。在长期运营的过程中，一方面初期的合作动力会随着长时间的运营而逐渐消退，在没有特殊利益刺激的情况下，双方特别是项目生产方技术创新的动力会减弱。另一方面在几十年的运营过程中，资本的投资回报率会受市场汇率波动、经济发展形势和政策变更的影响，这会给公私合作带来很大的不确定隐患。因此，在合作过程中，政府应该随着时间的推移和经济发展形势的变化，通过税收减免政策、价格合理调整、发放基金证券等有形杠杆建立弹性的补偿机制和企业生产创新激励机制，将公私合作的公共利益目标与私人部门的高效生产追求利润目标有效挂钩，激励私人资本投资回报与社会公共利益目标同步。

（三）从公共利益出发，健全公私监督机制

公私合作伙伴关系构建的终极目标是通过市场化运作，提升公共服务的供给能力与供给效率。因此，公私合作伙伴关系构建过程中要通过有效的监督机制，减少"政府失灵"和"市场失灵"，实现公共利益。高质量、高效率的服务需求正在使"越来越多的人相信，在子女的教育和医疗卫生方面，通过在相互竞争的公、私组织之间的投资方式能够比通过纳税的方式获得更好的服务"，通过市场生产和购买更优质的服务成为打破行业垄断、提高效率、减少搭便车行为的便捷路径。因此，一方面政府要从承担公共责任的角度通过制定监管细则对项目生产过程、产品质量、服务价格等多方面进行细化、规范的监管和根据市场环境变化进行评估等机制和方式，对项目生产和运营的私人部门进行有效的监督和管理，防范因私人部门的天然利益垄断造成"市场失灵"。另一方面也要注意防止政府公共责任缺失过度追求政府部门利益最大化和权力寻租造成的"政府失灵"以及特定情况下公私双方合谋带来的"合约失灵"。这就需要完善对政府的监督机制，在加大权力机关主要是人民代表大会对行政机关监督政府依法行政规范政府行为、防止政府过于强势的同时，也要在责任共担机制建设中增强民众作为服务消费者的监督责任意识，鼓励和引导民众通过社会监督和第三方评估等渠道积极参与到相关规则制定和标准监督实施等程序中来，以确保公私合作项目的招标、生产和运营等各个环节都受到有效的监督和制约，保障公共服务供给的质量和效率。

第三节　社会化参与中的政府购买和社会组织培育机制构建

当前，在城市社会事业性服务特别是那些不适宜采取市场机制和竞争机制的社会福利服务供给领域，政府购买和志愿服务机制成为重要的路径探索。但在"体制型嵌入"背景下，政府购买和志愿供给服务实践明显地呈现出民间社会组织力量对政府资源的体制性依附与自身独立性不足、政府购买服务的制度性缺失以及社会力量承接能力不足等问题。因此，本节就政府购买公共服务和社会组织培育机制进行分析和探索。

一 政府的规范性购买机制建构

如第三章所言，在城市社会性事业服务供给中，政府购买服务和志愿服务机制成为主要的实践途径探索，有资料显示，在卫生服务、社会服务和教育科研等方面，西方国家政府对社会组织的财政支持占其收入的40%以上。[①] 近些年来随着国家加大政府购买社会服务力度，特别是在就业援助、社会养老等社会福利领域的购买力度显著增强，各类社会服务机构和民间社会力量也逐渐成长为承接政府购买服务的主体。[②] 政府也开始通过合同购买、委托外包等方式向社会力量购买公共服务。社会组织也以依托自身优势充分配置社会资源，以较低的成本和更加专业灵活的方式生产出更加有效的公共服务，满足不同群体的需求；社会组织的公益性和互益性特性得到很好呈现。在这个过程中，政府作为公共服务购买主体充当着供给责任担保和保障服务有效供给的角色，承担着公共服务购买主体职责和公共服务供给中的责任监管职责，从公共服务的规范性购买合作和有效供给的需要出发来看，以下几大方面的机制构建成为必须。

（一）加强政府承担购买主体职责的机制构建

首先，清晰界定政府购买公共服务的范围和界限。政府作为公共服务的购买者，首要职责就是从公众需求出发，保障公共服务的有效供给，满足公众需求。因此，首先，政府应该根据公共服务的属性和生产效率明确界定政府购买的内容和职能转移限度，即哪些服务是政府能够购买的，哪些服务和职能是政府不能够转移和移交的。萨瓦斯曾经提出，政府适宜购买的公共服务常常是那些非竞争性和难以排他的"公共物品"、市场失灵时的"个人物品"和"可

[①] 王浦劬、[美]莱斯特·M.萨拉蒙：《政府向社会组织购买公共服务研究：中国与全球经验分析》，北京大学出版社2010年版，第202—206页。
[②] 财政部科研所课题组：《政府购买公共服务的理论与边界分析》，《财政研究》2014年第3期。

收费物品"。在中国，社会事业性公共服务已经涵盖到社会就业、教育、卫生保障、文化科技体育、生态环境保护等多个领域，由于这些服务对社会公众的重要性随着经济社会的发展而不断提高，政府投入生产和购买的比重也在逐渐加大。从法理上看，政府购买服务的底线是将政府承担的一些技术性、行业性、服务性、协调性、辅助性的职能转移给那些符合资质的社会组织。但是，即使是能够购买的公共服务，受现阶段市场和社会组织发育程度的制约，政府也不能将能够社会化的服务职能完全放开或肆意甩手全部转移给市场和社会，[1] 以免造成政府公共服务供给职责的缺失。

其次，根据公共服务的类型，规范政府购买服务的方式和购买制度，保障公共服务供给的公平和公正。当前中国政府购买公共服务的方式主要有公开招标购买、定向委托外包和单一性来源采购等形式。长期以来，由于政社不分和社会组织对政府资源的体制性依附，造成依附性非竞争性购买成为常态，在一定程度上既不利于政社分开，也不利于公共资源的有效利用和社会组织的健康发展。因此，结合公共服务的类型，合理评定并制定有效的购买形式，也是规范性购买机制构建的重要内容。目前来看，在那些属于政府"底线服务"但又和公共权力行使关系不太密切的诸如居家养老、职业教育、就业保障等服务，以公开招标和公平竞争或委托外包的方式由社会服务机构承接和提供已经成为普遍的选择。鉴于公共服务供给的多样性、复杂性和供给质量的高效性，究竟哪些类型的服务适合哪一种购买方式，应该有明确的界定和相关的购买服务清单明录。[2] 因此，应结合公共服务的类型、民众需求的紧迫性和当前不同类型社会组织的发育情况，建立相关的评估标准，分类梳理究竟哪些公共服务因需求层次的多样性适用于竞争性购买、哪些类型的公共服务因受益主体范围和专业技术要求较高适用于定向招标和定向委托；以及哪些公共服务涉及公共权力的直接行使而不适合政府

---

[1] 许燕：《我国政府购买公共服务的界限分析》，《河北法学》2015年第11期。
[2] 周俊：《政府如何选择购买方式和购买对象？——购买社会组织服务中的政府选择研究》，《中共浙江省委党校学报》2014年第2期。

购买。此外，不论采取何种购买方式，都须按照法律制度的规定和相关程序，在公开、公平、透明的环境中进行，规范政府购买的竞争制度和法定程序，组织符合资质的社会服务机构和社会组织参与到政府购买服务的机制中去。在政府与社会组织确立了服务购买关系后，通过购买制度的完善以法定形式明确服务购买和承接双方的职责义务，使双方在服务购买和承接供给的过程中有着明晰的职责边界，避免政事不分、政社不分和资源浪费。

（二）规范服务购买过程中的政府责任监管机制建设

从经济学的视角来看，政府购买服务以及后续的服务供给过程都体现着委托—代理关系。一方面，政府是社会公众的服务需求代理方，另一方面，政府又将公众的服务需求委托给社会组织进行生产和供给，这就涉及服务的购买是否是公众所需以及服务质量如何监督的问题，既要防止民众所需的公共服务未购买导致政府公共责任缺失的现象，[1] 同时又要防止在委托—代理关系中的信息不对称和压力型体制下政府因"制度企业家"角色导致政府监管缺位。[2] 首先，政府作为服务购买的委托方和服务购买者，要通过精细、规范的服务生产质量标准制定、生产过程监督和服务质量达标要求等具体项目的细节性指标体系建设，加强和规范对公共服务供给方的监督和激励。政府要围绕公共服务项目建立透明、公开的招标平台和制度程序，吸引和筛选专业性强的承接主体进入和开展合作；同时，围绕具体的购买项目设计科学、可行的服务指标评价体系和纠错机制，将政府购买与相关质量和绩效标准精准挂钩，以具体的量化指标激励和监督供给方生产和提供高质、高效的产品和服务。其次，规范公共服务供给过程中的政府责任监管机制建设也同样重要。不仅要在购买关系确立前通过事前评估，最大限度地吸纳社会公众、专家、媒体、第三方机

---

[1] 项显生：《我国政府购买公共服务边界问题研究》，《中国行政管理》2015年第6期。

[2] 孙晓莉：《政府购买公共服务中的风险及其防范与治理》，《理论导刊》2015年第7期。

构等社会公众参与到公共服务购买的评估机制上来，通过合理的评估机制和社会监督，确定政府购买的公共服务项目和服务内容确实为公众所需，并监督政府按照规范、法定程序购买；在购买关系确立后，也要通过法定程序监督政府实施监管的过程和方式，特别是政府作为"精明买家"是否适当地使用其"和谁购买"的自由裁量权。① 同时，还要通过权力机关的权力监督和司法机关的惩处问责机制建设，防止政府和购买者之间因相关制度漏洞而产生"委托—代理合谋"，减少公共服务购买中的制度腐败和公有资源浪费。

二 政府扶持社会组织发展的机制构建

社会组织虽然是散落于民间的"非政府组织"，但是作为民间社会力量在公共服务供给中发挥着重要的补充作用；而且社会组织作用的发挥在很大程度上源于政府充分发挥职能的需要。在公共服务供给多元化格局中，政府与社会组织已经形成了相互补充和相互支持的关系，不论在哪一个国家，若没有政府的支持，社会组织很难将对公共事务的治理与公共服务的提供进行到底，离开政府的合作与支持，社会组织甚至很难提供优质的社会服务。② 同样，相对于政府而言，"公共服务的提供常常需要政府自己建构市场，这就要求买方与卖方之间不能过于疏远"，换言之，政府和供应商（非政府组织）之间是亲密的合作伙伴关系，而不是市场上偶然相见的买方与卖方的关系。③ 在当前中国"强政府—弱社会"的社会格局和发展阶段中，社会组织作用的充分发挥还需要有良好的发展空间和培育机制构建。

---

① 詹国彬：《需求方缺陷、供给方缺陷与精明买家——政府购买公共服务的困境与破解之道》，《经济社会体制比较》2013年第5期。
② 顾丽梅：《公共服务提供中的NGO及其与政府关系之研究》，《中国行政管理》2012年第1期。
③ 姚贱苟：《公共服务供给中的政府责任定位与实现》，《法制博览》2012年第5期。

(一) 社会组织发展的政策空间培育机制

关于政府购买社会服务,国务院办公厅 2013 年在《关于政府向社会力量购买服务的指导意见》中重点指出,在就业援助、社会养老、残疾人照顾和弱势群体扶持等领域,要加大政府购买服务的力度。党的十八届三中全会报告中也指出,要"推广政府购买服务"。关于扶持社会组织发展,近几年国家也出台了大量的政策和相关配套资金措施,特别是《关于改革社会组织管理制度促进社会组织健康有序发展的意见》的出台,加快了对社会组织的登记和管理体制改革速度,降低了社会组织特别是社区社会组织登记的门槛;此外,对枢纽型和支持型社会组织的大力培育也有力地推动着社会组织的健康有序发展。但从总体发展态势上来看,中国社会组织发展仍然处于起步阶段,社会组织特别是体制内的社会组织对政府的依附性十分明显,其作用发挥的空间也主要聚集在限定的领域,政社不分的现象还依然存在;草根社会组织受制于资源、人脉和资金等多方掣肘,发展瓶颈依然很突出。

社会组织发展的政策空间首先来自国家的认可和支持,以推动产生足够量的社会组织来承接政府购买的服务。应该看到,在扶持社会组织发展方面,长期以来的双重领导和注册门槛已开始逐渐被打破,在东部经济先发地区,社会组织的注册门槛已经大大降低。但从全国范围内来看,社会组织培育和发展的空间依然受到较大制约,政府购买公共服务的制度性缺失依然显著存在。因此,关于社会组织发展的政策空间,一方面,继续通过"备案+注册"以及行业协会商会类、科技类、公益慈善类、城乡社区服务类等四类社会组织"零资金"直接登记的方式变革降低社会组织的注册门槛,通过分类扶持和管理,为社会组织培育和发展营造相对宽松的政策空间。另一方面,也是时候结合社会组织的发展和壮大,在《关于改革社会组织管理制度促进社会组织健康有序发展的意见》基础上,考虑制定和出台专门的关于社会组织的全国性法律如《社会组织法》,从法律上对社会组织的性质、职责定位、作用发挥和发展领域做出明确规范的界定,以法定形式解决社会组织的政治定位和发展方向，既能有效引导社会组织健康发展，也通过法律制定从源头上杜绝社会组织因政策和制度缺失而产生的非法腐败和营利性活动，防止社会组织偏离其产生的初衷。

除上述最基本的法律和政策创新之外，扶持社会组织发展的政策空间还需要从更大范围内对相关配套政策制度和政策环境做出相应的调整。特别是近些年来国家大力扶持的社会组织服务中心、枢纽型社会组织等中介平台发展的政策制定，成为短期内社会组织规范发展、提升专业技术能力和有效承接政府购买服务所不可缺少的硬性政策环境，需要大力支持。此外，健全与社会组织发展密切相关的慈善捐赠制度和政府购买服务的税收制度也成为社会组织发展壮大所必需的。相对于事业单位和体制内社会组织而言，扎根于民间的草根社会组织特别需要借助政府的财政支持、社会慈善捐赠和相关税收政策减免，为其后续发展提供财政资金保障。因此，完善公益慈善捐赠和募捐制度，扩充社会组织的资金来源和渠道；制定科学、合理的公益性捐赠和相关公益性服务收入的税收减免制度规定和政策法案，力争为社会组织发展营造出一个相对宽松、可持续性的发展空间。

（二）扶持社会组织承接公共服务的可操作性机制培育

政策扶持为社会组织发展壮大提供了前提条件，但具体到社会组织"如何有效承接"政府购买公共服务方面，还需要有细节性的可操作性机制建设。

一要在科学分类政府购买社会组织服务项目基础上，梳理和规范政府购买服务目录清单，使政府购买服务和社会组织承接服务都做到"有法可依"和"有法可循"。自2013年国务院办公厅颁发《关于政府向社会力量购买服务的指导意见》以来，各省市纷纷以指导目录的形式制定出政府向社会力量购买服务目录清单，指导政府购买社会力量服务。大中型城市也都相继出台了政府购买社会力量服务的指导目录。从表5-2中几大城市政府购买社会力量服务指导目录的内容来看，基本上政府购买社会力量服务的类型比较统一，分为基本公共服务、社会事务服务、行业管理与技术性服务和政府履职所需辅助性服务几大类。但再细看各城市的目录分类就会发现各城市关于哪些是基本公共服务事项、哪些是社会事务服务事项以及哪些是政府履职所需辅助性事项的内容和具体分类各不相同。这里以2015年郑州等几大城市购买"基本公共服务事项"的目录清单为例,表5-3的内容可以看出,根据自身发展和遵从相关法律的需要,各城市的政府购买服务项目清单不完全一致,政府向社会力量购买服务的清单并不统一规范,涵盖的内容也迥异。这在一定程度上反映出当前政府购买社会力量服务非制度化,政府职能转移和购买界限在操作性上仍然存在着一定的交叉空间;尤其是"其他"一项服务项目具体指向不明,言语不详。因此,根据公共服务属性对政府购买服务进行合理分类,在此基础上从顶层制度设计出统一、规范的"政府购买社会力量服务"目录清单,为社会组织承接政府购买公共服务提供有效的可操作性规程和客观量化标准,保证政府购买社会力量公共服务获得良性、持续和健康发展。

表5-2 城市政府向社会力量购买服务指导目录一览

年份	名称		购买服务目录中的目录分类
2015	《郑州市政府向社会力量购买服务指导目录》	五类 26项45细目	基本公共服务事项（13项21细目） 社会管理性服务事项（2项2细目） 技术服务事项（5项5细目） 政府履职所需辅助性事项（5项16细目） 其他事项（1项1细目）
2015	《杭州市政府向社会力量购买服务指导目录》	四类 48项166细目	基本公共服务事项（13项81细目） 社会事务服务事项（7项17细目） 行业管理与技术性服务事项（13项34细目） 政府履职所需辅助性事项（15项34细目）

续表

年份	名称	购买服务目录中的目录分类	
2016	《汕头市政府向社会力量购买服务指导目录》	五类 59项342细目	基本公共服务事项（20项154细目） 社会事务服务事项（14项79细目） 行业管理与协调事项（3项11细目） 技术服务事项（8项35细目） 政府履职所需辅助性和技术性事项（14项63细目）
2015	《西安市政府向社会力量购买服务指导目录》	五类 55项275细目	基本公共服务事项（20项153细目） 社会管理服务事项（12项36细目） 行业管理与协调事项（8项29细目） 中介技术服务事项（9项39细目） 其他公共服务事项（6项18细目）

注：该表是根据上述城市2015年的《政府向社会力量购买服务指导目录》整理、汇总所得。

表5-3 2015年各城市政府向社会力量购买服务的"基本服务事项"清单一览

城市政府	基本公共服务事项	基本公共服务项目
郑州市	13项21细目	公共教育、劳动就业服务、社会保险、养老服务、残疾人服务、医疗卫生、住房保障、公共安全服务、公共文化、交通运输、三农服务、环境治理、市政管理
杭州市	13项81细目	教育类、医疗卫生类、文化类、体育类、交通运输类、住房保障类、公共就业服务类、服务"三农"类、资源环境类、旅游休闲环境营造类、城市推广类、食品药品类、产品质量监管类

续表

城市政府	基本公共服务事项	基本公共服务项目
汕头市	20项154细目	教育类、基本医疗卫生服务类、人口和计划生育服务类、文化类、体育类、交通运输类、住房保障类、社会保障类、公共安全类、民政类、残疾人服务类、青少年事务类、劳动就业类、人才服务类、服务三农类、资源环境类、信息化建设类、项目运营及维护类、其他
西安市	20项153细目	基本公共教育、劳动就业服务、人才服务、社会保险、社会救助、社会福利、基本养老服务、优抚安置服务、基本医疗卫生、人口和计划生育服务、基本住房保障、公共文化、公共体育、基本公共安全服务、残疾人服务、环境保护、交通运输、市政管理、三农服务、其他

注：该表是根据上述城市2015年的《政府向社会力量购买服务指导目录》整理、汇总所得。

二要为政府购买社会组织服务搭建有效的制度平台，探索政府购买社会服务的多种方式和渠道，助推社会组织发展。目前来看，政府购买社会组织服务的渠道和方式比较单一，囿于社会组织自身的规模、专业化发展程度和资金来源等因素限制，政府购买社会组织服务的"非竞争依附性购买"现象十分显著，这一方面导致政府购买行为的"行政化"和购买服务的路径依赖，另一方面也不利于其他社会组织在公平、竞争的环境中承接公共服务。因此，结合社会组织发展，搭建政府购买制度平台，探索多样化的政府购买社会服务模式，成为培育社会组织发展的又一大助推力量。在制度平台建设上，政府作为服务购买方应以开放的心态建设公开、透明的招标网络平台，给不同类型、不同层次的社会组织以同等的机会和待遇，吸引和鼓励更多的社会组织积极参与到政府购买服务中来，以公平、平等的机会参与购买服务的竞争与合作。① 在政府购买服务的承接主体选择方面，除了委托外包和单一性来源采购外，从提升公共服务供给质量和降低成本角度出发，增加政府购买的公平竞争机制建设，推动非竞争性依附购买模式升级为"独立性竞争合作购买模式"，让政府购买社会力量公共服务竞争常态化，提升服务供给质量。在社会组织承接生产公共服务的过程中，政府应通过质量监管、绩效评估和社会信用体系评估等机制建设，建立高效的政府购买服务评估制度平台，激发社会组织活力，推动社会组织为公众提供更加高质和更加精细的公共服务。

三 提升社会组织承接政府购买公共服务的能力机制构建

除政府大力扶持和精心培育之外，社会组织自身治理结构变革和能力提升也是其能否有效承接政府购买服务和志愿供给服务的重要内容。诚如萨拉蒙所言，政府资助的社会组织存在着三个方面的潜在危险：一是失去独立性或自治性，特别是会弱化该部门的倡导作用；二是会出现"卖方主义"弊端即社会组织在寻求政府资金资助过程中会扭曲和偏离自己本身的属性；三是可能会出现官僚化或过度专业化倾向，失去了本该是自己特色的灵活性。② 这些潜在危险在中国的社会组织建设中也同样不容忽视。

（一）加强社会组织的责任机制建设

社会组织的公益性和非营利性特征决定了社会组织在公共服务供给的角色定位，即实现一定范围内的公共利益和公共福利，承担一定社会范围内的公共责任。社会组织生存、发展以及作用的发挥也主要体现在促进社会公益事业的发展，其所从事的活动不适合采用市场机制的领域，也不适合竞争激烈和谋取最大利润为目标的行业，相应地主要聚焦在公共教育、理疗救助、环境卫生保护、弱势群体救助等社会事业领域。社会组织的非营利性也同时决定了社会

---

① 魏娜：《政府购买公共服务的边界及实现机制研究》，《中国行政管理》2015年第1期。
② ［美］莱斯特·M. 萨拉蒙：《公共服务中的伙伴——现代福利国家中政府与非营利组织的关系》，田凯译，商务印书馆2008年版，第109页。

组织活动的收入不能成为个人私有财产，只能从事于公益或互益的公共产品和服务供给，这一点在慈善组织活动中更是必须。首先，这就要求在社会组织建立和发展之初，在注册或相关职能部门的监管中制定内容明确、要求规范的法定章程确立其公益性宗旨，通过便于执行的公益性内容明确组织的使命；同时要通过制定相应的行为规范和社会组织活动章程，使社会组织的活动内容和行为规范显著地体现公益性、互益性和志愿性特征，以健全完备的法律规章制度和行为激励机制，引导社会组织成员形成强烈的公益性、志愿性和服务使命感、责任感。其次，在社会组织承接政府购买服务和从事志愿性实践活动中，一方面，要通过独立的组织运作能力、规范的承接和生产服务能力、透明的社会公益信息公开能力以及相应的法律责任承担能力机制建设，提供高质、专业化的公共产品和服务，实现其公益性和服务性宗旨。另一方面，也要以激励机制、行业自律机制和道德风范引导机制培育社会组织员工的志愿精神和非营利性服务意识。这不仅是社会组织自身的要求，同时也是增强社会公众对社会组织的信任，获得社会公众的信任和支持，进而赢得社会捐赠和资助的重要途径。通过志愿性非营利性服务意识建设，增强社会成员的服务使命感和责任感，更好地服务于社会需求，实现社会公益目标。

（二）加强社会组织的能力提升机制建设

社会组织自身的能力提升是其生存和发展的重要内在因素。虽然"强政府—弱社会"在很大程度上限制了社会组织的快速发展壮大，但是社会组织自身的创新能力、专业化承接能力和适应能力则是社会组织安身立命和长久持续发展的根本。与政府购买服务的需求量相比，中国当前社会组织不仅数量少、规模小，组织自身的创新能力和发展能力等也都处在相对较低的发展水平上。虽然近些年来也发展壮大了一些社会组织，甚至一些大型社会组织也已经借鉴国际经验建成会员大会、理事会、监事会等现代化的治理结构，但由于缺乏完善的制度设计和职责分工体系，整体上运转的效果并不好。因此，提高社会组织自身的能力建设，首先，要依照法规政策和活动章程建立健全法人治理结构和运行机制,通过自身治理结构变革,完善组织内部的权力结构,构建科学、合理和细致的职责分工和分权机制,使会员大会和理事会、监事会等权力结构通过合理的职责分工和职责设计真正发挥作用,推动社会组织作为一个组织机构形态真正地运转起来,增强社会组织作为社会主体的竞争能力和发展能力。① 其次,构建有效的内部管理机制,通过社会组织内部的民主选举、民主决策和民主管理,健全组织内部监督机制,使社会组织成为权责明确、运转协调、能够独立承担法律责任的法人主体,增强社会组织自身的独立性和抗风险能力。最后,加强社会组织的专业化人才队伍建设,通过与专业性机构合作培育和吸纳专业性人才,加强对社会组织成员进行公共服务供给的专项服务技能和管理能力培训,提升社会组织成员专业化水平,② 完善社会组织的专业化服务设备,优化公共服务流程,提升社会组织人员的专业能力和创新服务能力,有效地承接并生产出高技术含量的、高品质公共服务。

(三) 加强社会组织的自律机制建设

行业自律和公信力是社会组织得以长存的内在灵魂和根本保障。中国社会组织发展起步较晚,经验相对比较缺乏,特别是在社会组织的资金管理和使用上,一方面由于资金使用不公开透明,另一方面由于缺乏专业的审计和有效的监督,很多服务项目资金出现被随意使用和贪污挪用的现象,这不仅严重影响了社会组织能力的发挥,还在很大程度上降低了公众对社会组织的信任和支持,影响民众对社会组织捐赠的积极性。行业自律问题"已经成为社会组织公益建设中的首要大问题"。③ 因此,社会组织行业自律机制的构建不仅要遵守现行法

---

① 曾维和、陈岩:《我国社会组织承接政府购买服务能力体系构建》,《社会主义研究》2014年第3期。
② 赵雅琦:《登记管理制度与社会组织的政府监管》,《人民论坛》2014年第32期。
③ 邓国胜:《公益丑闻是促进行业自律的催化剂》,凤凰公益(http://gongyi.ifeng.com/news/detail_2013_08/30/29144895_0.shtml)。

律法规，更要在政府指导、监管和社会监督的环境中自发、主动进行。从社会组织自身来说，首先，要求社会组织从内部治理结构出发，通过内部治理结构调整，加强会员大会、董事会和监事会之间的相互制衡，增加社会组织民主决策和科学决策的能力，避免决策权力过度集中到某个人或某一部分人手中。其次，加强信息公开制度建设，以信息公开、审计公开等机制建设增加社会组织项目资金使用管理信息和公益活动服务供给信息的透明度，以自律建设增加自身的公信力。从行业发展来看，要加强行业协会对社会组织自律的引导和监督机制建设，以行业内部监督促进社会组织自律。通过大型社会组织的引导，在各自行业内部由行业会员集体协商和制定本行业的行业标准、从业人员职业操守、行为规范和服务质量等标准，配置以相应的激励和惩治措施，引导行业内社会组织自律机制构建。[①] 在此基础上，充分发挥同类联合组织、枢纽型组织、行业联合会和社会组织服务中心等在行业自律方面的监督职责，完善社会组织自律机制建设。

---

① 李迎生：《慈善公益事业的公信力建设论析》，《中共中央党校学报》2015年第6期。

第六章　完善公共服务分类供给保障机制的路径思考

相对于公共服务分类供给的机制建构而言，法律法规、财政分配制度建设以及机制运行中的民众参与和监督也是确保公共服务有效供给的重要保障，既要通过制度建设保障公共服务能按照自身属性和各供给主体的职责范围做到分类供给，又要通过一体化的协调机制建设，保障公共服务分类供给实现预期效果。基于上述思考，本章主要从"职权法定"的法律法规制度建设、"事权与支出责任相匹配"推动财政制度改革、深度简政放权推动公共服务供给监管机制建设和合理引导民众有序参与四个维度，分析保障城市公共服务分类供给的路径完善思考。

第一节　公共服务供给中"职权法定"的制度保障建设

公共服务分类供给的法律法规制度是对各供给主体的职责定位、作用发挥、分工合作与利益分配等内容的结构性、制度性安排，具有全局性、根本性和长远性的特征，是实现公共服务分类供给的基础。"职权法定"的法律法规制度建设更是从根本上保障各主体间的合理定位、关系互动等内涵，不仅涉及政府与市场主体、社会力量在供给中的职责分工和有效合作，还关系到政府层级的职责分工、层级优化与职能整合，是实现公共服务分类供给的基础性保障机制。

一 "职权法定":政府间公共服务职责分工的法律制度保障建设

(一) 发达国家政府职责划分的法制保障经验

政府间的公共服务职责划分,即各级政府间的公共服务职责配置,不仅是公共服务有效供给的前提和基础,更是关系到整个国家公共服务供给责任的根本性问题,这一问题的合理配置必须由最高层的法律制度规范作为根本保障,并辅助于相关的法律制度建设来实现。通过科学的法律制度建设实现政府间公共服务分工效率,以相对稳定的责任分工体制有效地回应社会公众的服务需求与变化。从国际社会经验来看,虽然各国政府间的职责分工不尽相同,但绝大多都是在本国宪法和基本法律层面对政府间公共服务职责划分和后续调整加以规范。联邦制国家如《美国联邦宪法》及《美国联邦宪法修正案》对联邦政府和州政府的法律地位和权力秩序明确规定,在列举了联邦政府的公共服务供给职责后,明确规定"剩余权力"(指联邦政府职权之外同时又没授权给地方政府处理的所有一切事务)留给各州。《德意志联邦共和国基本法》将政府间公共服务职责和财政收支划分相结合,详细列举和规范了联邦政府、州政府和州以下各级政府在公共服务事项、税收权限以及公共支出等各方面的分工;同时,辅助于《促进经济稳定和增长法》《税收通则》《财政平衡法》等多项法律制度,共同构成德国政府间职责分工和财政收支划分的基础法律。① 在单一制国家,虽然下级政府与上级政府是行政隶属关系,按照各级政府职责领域范围配置各级政府职权,但也是通过宪法和相关法律明确规定各级政府的法律定位、权力秩序和政府间的职责分工。例如法国先后通过《法国宪法》《权力下放法案》和《地方行政指导法》《市镇、省、大区与国家权限划分法》《地方公共服务法》等法律制度建设明确规定各

---

① 王子立:《国外财政收支划分法律制度的探析与启示》,《税收经济研究》2013年第4期。

级政府职责分工；英国通过《权利法案》《地方政府法》《地方政府社会服务法》等法律组合逐步实现和完善了中央政府与地方政府的权限划分。① 日本以《日本宪法》为基础纲领，通过制定和完善《地方自治法》《地方财政法》和《地方税法》等一系列法律，明确了中央政府和都府道县（中间层级政府）、市町村（基层政府）的公共服务职责配置关系和政府间财政收支划分关系。

整体来看，上述国家政府间的职责分工和责任范围划分都通过法律制度给予明确。为更好地实现专项公共服务项目的有效供给，发达国家还在宪法或基本法的法律框架内，制定了专门法对各级政府的主要公共服务项目职责给以明确，如英国于 1902 年、1944 年、1988 年和 2002 年分别制定和完善的《教育法》，美国于 1935 年制定的《社会保障法案》，以及 20 世纪 60 年代以来西方国家普遍制定的《环境保护法》《财政法案》等，对各级政府承担的公共服务职责划分和履行职能所需的财政支出范围划分通过分项列举、推定列举等方式做了翔实而规范的规定，既通过法律化对各级政府的职责范围以及履行职责奠定了法律依据和保障，同时对各级政府的法律地位和政府间关系构建也起到了很好的保障和制约作用。

（二）城市政府公共服务供给职责的"职权法定"制度构建

在中国的政府运行实践中，一般把政府职能的作用范围、职责边界以及在管理国家事务过程中对公共权力的行使称为"事权"，相关法律制定也沿袭使用了这一称谓。但是，在中国单一制中央集权结构形式下，政府间的事权关系更多地体现为上级政府对下级政府的授权，政府间上下级的行政隶属关系特征明显，具体表现形式为"上级主导、层层下放"和"下级对上级负责"。在层层授权模式下，一方面由于较多的政府管理层级，另一方面由于各级政府的事权并没有科学合理的分工和相关的法律制度保障，在实践中致使"上级政府请客、下级政府买单"成为"常态"，"权责不一致"现

---

① 黄景驰、蔡红英：《英国财政事权及支出责任机制研究》，《河南大学学报》（哲学社会科学版）2016 年第 1 期。

象比较凸显。① 公共服务供给也受此影响呈现出地方公共服务供给整体能力不足的问题。笔者认为，受国家政体、政治文化背景和社会发展阶段制约，中西方对某些关键性问题的理解有着本质性差异，西方国家的实践经验并不适合直接拿来使用或"断章取义"地借鉴。但在操作实践方面，结合中国国情，透过意识形态探寻其背后的规律，扬长避短，去伪存真将会对实践创新有着非常重要的借鉴意义。在这方面，国际社会中的"事权法定"经验作为一种操作性规程值得我们学习和研究。相对于城市政府公共服务供给职责的"职权法定"制度构建而言，以下两个方面值得重点思考：

　　首先，需要明确城市政府在公共服务供给职责分工体系中的法律地位和支出责任。"职权法定"要合理划定各层级政府的事权，结合政府层级间的职责分工，根据公共服务的属性或受益范围，制定相应的供给标准，由此确立不同层级的政府承担相应的公共服务供给职责。城市公共服务供给同样绕不开城市政府在公共服务职责中的定位和权限划分，即城市作为一级地方政府究竟应该承担哪些方面的公共服务职责，进而需要提供哪些领域的公共服务？换句话说，从法律意义上讲，不同层级的城市政府到底应该承担哪些事权和财政支出责任？这个问题的解决是城市公共服务有效供给的前提和基础。对城市公共服务供给而言，划分城市政府与中央和省级政府的事权和支出责任成为首要任务。诚如笔者在分析户籍制度改革与湖州市公共服务供给案例中指出的那样，（1）中央和省级政府——应对最基本的公共服务及跨省新居民在流入地城市定居所需公共服务给予整体性统筹和保障，重点是义务教育、社会保障、医疗等基本公共服务。（2）流入地城市政府——重点考虑进城落户人员在城市（镇）居住所需要的城市扩容、公共设施建设和社会秩序管理成本，如学校建设、公共交通、医院、就业、最低生活保障等支出，保障城市的承载力和地区财政能力，同时做好常住人口的预

---

① 徐阳光：《论建立事权与支出责任相适应的法律制度——理论基础与立法路径》，《清华法学》2014年第5期。

测和规划。(3) 以常住居民为主体，协调统筹公共服务的区域性覆盖与整体性供给。在合理制定各级政府公共服务供给职责分工和责任分担机制的基础上，将基本公共服务作为全体国民的基本权益由中央政府和省级政府统筹提供；在区域性与整体性协调的过程中，动态调整义务教育、社会保障等专项转移支付的属地性差异，根据常住人口的规模增加流入地城市基本公共服务财政支出比重，真正实现基本公共服务的"广覆盖""均等化""可及性"。

其次，按照"事权法定"原则，完善各层级政府公共服务供给职责分工的法制化建设。"依法治国"是中国社会主义现代化建设的重要内容，法律法规是"依法治国"背景下政府承担职责和行使事权的重要保障。党的十八届四中全会报告明确指出，要"推进各级政府事权规范化、法律化，完善不同层级政府特别是中央和地方政府事权法律制度，强化中央政府宏观管理、制度设定职责和必要的执法权，强化省级政府统筹推进区域内基本公共服务均等化职责，强化市县政府执行职责"。[①] 党的十九大报告也指出，要"建设法治政府，推进依法行政，严格规范公正文明执法"。因此，在党的十八届四中全会报告和十九大报告的指导下，根据公共服务的属性和受益范围，科学划定各级政府职责和事权范围与支出责任，合理吸收和借鉴发达国家法律列举方式中的有益经验，通过全国人大立法的形式，建立合理的事权和支出责任划分框架，以法律形式明确各级政府的事权。同时，从实践性和可操作性出发细化和列举各级政府应承担的公共服务供给职责，制定和完善相应的法规制度建设，确保各级政府实施职责和行使权力有明确的法律依据和法律保障，推动政府职责行使走向法治化轨道。

二 建立和完善法治主导模式下的"权力清单"制度改革

党的十八大以来，各省在深化"放管服"政务服务改革过程中，都不同程度地进行着"权力清单制度"改革，如浙江省政府

[①] 详情见《中共中央关于全面推进依法治国若干重大问题的决定》。

2014年全国首个公布并实施的4236项"权力清单";吉林省公布并实施的3675项"权力清单",[①] 江苏省"晒"出行政部门十大类5647项权力清单,[②] 广东省2014年和2015年分两批共公布的6971项权力清单,[③] 等等。应该说,"权力清单制度"改革为各级政府有效履行职责,更好地建设服务型政府发挥了重要作用,但是在"依法治国"制度环境下,政府的每一项事权行使都应该有相应的法律依据支撑。在当前各级政府事权和支出责任不明晰和缺乏相应法律法规保障机制的情况下,一方面因全国缺乏统一的法律法规标准而导致各省市内部政府的"权力清单"标准和内容不统一;另一方面由于"上位法"没有变革,地方性的机制变革又往往面临着与"上位法"矛盾和冲突的问题。因此,以法律制度为依据,在法治思想主导下进行"权力清单"制度改革,协调好"权力清单"制度改革与当前法律法规的系统配套,也成为公共服务供给中"事权法定"法律法规制度建设需要解决的问题。

首先,"权力清单"制度改革要依法进行和法治主导,实现权力清单的"职权法定"。每一项权责事项改革都应该有法律法规作依据并与法律法规相一致,政府特别是行政机关的职权变革和权力行使必须要有法律依据,否则就是"乱作为"。如第三章所述,当前各级政府间的职责不明晰,宪法和《中华人民共和国地方各级人民代表大会和地方各级人民政府组织法》中的规定也都较原则和抽象,弹性有余而操作性不足。2013年以来新一轮简政放权和"权力清单制度"改革均是在"上位法"和权力机关授权"缺位"的情况下各省市政府自身牵头进行。从政府的权力来源来看,这并不符合中国宪法和法律规定,从法理上说,政府的权力来自权力机关

[①] 参见《吉林省政府发布省政府行政权力清单的公告》,中央政府门户网站,2014年8月22日。
[②] 参见《江苏52个部门晒"权力清单"分十大类共5647项》,人民网江苏视窗,2014年11月14日。
[③] 参见《广东省人民政府关于公布省直部门权责清单(第一批)的决定》和《广东省人民政府关于公布省直部门权责清单(第二批)的决定》。

即各级人民代表大会的授权。党的十八届四中全会报告明确指出，"行政机关要坚持法定职责必须为、法无授权不可为"，因此，"权力清单"制度改革以及改革过程中的权限下放和机构调整都要按照法定程序，在宪法和相关法律法规规定范围内，在各级人民代表大会的确认下进行。政府"晒权""配权"和"制权"等各种权力清单的制定也都应该纳入宪法和相关法律法规的范围内，同时应该与各级政府的事权和支出责任相一致，避免因法律法规约束不力而出现政府授权和裁量权由上级政府和职能部门"自我认定"和"自我编制"的现象。各种"权力清单""责任清单"以及"负面清单"等各项制度的制定也都应该在各级人民代表大会的授权下，通过多方参与和科学民主论证，确保各项清单"有法可依"，以实现权力清单程序的规范化和权力行使的责任法定化。

其次，在"依法治国"模式下，以政府间事权和支出责任立法推动"权力清单"的法治化和明晰化。任何重大改革都要于法有据，整个改革过程都应该高度重视运用法治思维和法治方式，"权力清单制度"改革也应该与法律法规制度改革配套进行。在深化"放管服"改革过程中，通过对政府事权责任和其他各项清单的梳理，政府大幅度减少对市场的行政审批权限，对激发市场活力起到了积极的促进作用。但是由于各级政府缺乏明确的事权划分，"权力清单"制度改革还是产生了上级政府"随意"下放权限和下级政府"不能"和"不愿"承接的问题。因此，"权力清单"制度改革的核心和重点仍然是要通过明晰事权和支出责任来推动"权力清单"制度的深层改革。在依法制定和完善各级政府事权和支出责任法律法规制度建设的基础上，各省级政府和城市政府结合自身管理和服务供给需要，以明晰的事权和支出责任为依据，分类梳理和列举各级政府的权力事项清单和责任清单。在法定范围和法治主导下，从提升政府行政权力运转效率出发，探索具有一定弹性的、适应本地发展需要的权责明确和操作性强的事项目录清单，既保证权力清单制度改革是由法律法规所确认、每一项权责事项都有相应的法律依据；同时又通过各地权责清单的梳理与法律法规进行系统性衔接，通过权力的高效行使显现出政府自身的自主性和自主能力。

三 完善公共服务多主体供给的制度建设

党的十八届四中全会报告中指出："法律是治国之重器，良法是善治之前提。"完善的法律法规制度建设，是政府、市场和社会合理分工、有序运行和良性合作的重要保障，是实现社会主义现代化建设和公共服务有效供给的重要保障。长期以来，中国"强政府—弱社会"的关系模式造成了政府"一方独大"和强势的局面，"行政与法二元主义"乃至"行政大于法"的局面成为法律制度建设中的显著问题。在缺乏有效的法律制度制约下，全能型政府的职能转变以及在社会主义市场经济体制下如何合理界定政府职能，减少对市场和社会的干预，一度成为学术界和舆论社会的重点；甚至于在公共服务体系构建中，不少学者就明确指出，要把公共服务体系纳入行政法范畴之中，并认为这是行政法对社会进行有效控制所必需的。[①] 近些年来，随着公共服务多元主体供给格局逐渐形成，关于公共服务供给体系的法律制度建设，特别是如何以法定形式界定政府与市场、社会主体间的职责定位，合理处理好各主体间的关系；如何在法治基础上明确政府的"权力清单""负面清单"和"企业责任清单"，构建与多元主体相适应的公共服务供给法律框架，成为保障公共服务有效供给的重要内容。

首先，以公共利益和公共服务有效供给为导向，通过公共服务市场化法律规范建设，完成政府与市场、社会在公共服务供给中的"职权法定"。在多元主体参与公共服务供给过程中，法律法规的制度性规定是保障公共服务市场化、社会化规范运行的前提和重要基础。近几年来，在党和国家政策指导下，各省市政府通过"权力清单"制度改革和深化"放管服"改革，减少行政审批和行政干预，并逐步规范和明晰政府与市场的职责边界；同

---

① 参见张淑芳《论公共服务体系的行政法构造》，《法学论坛》2014年第5期。

时，通过职权下放和管理重心下移，承担起越来越多的社会管理和公共服务职责。但由于缺少法律法规授权，事业单位改革和社会组织发展进度相对缓慢，"政事不分"和"政社不分"现象依然十分严重，阻碍着政府职能的社会化转移和社会组织等服务机构的有效承接。因此，通过出台专门的市场化法律法规制度，依法明确政府、市场和社会主体在公共服务供给中的职责定位，做到"职权法定"就显得异常重要。如同政府间"事权与支出责任相一致"，在公共服务供给多元主体参与和分类供给模式下，政府与市场、社会三者的职责边界也应该有明确的法律制定约束。在公共服务市场化法律规范建设方面，英国早在18世纪就通过制定《公路收费法案》将公路收费制度严格限定在法律框架内。同样，在21世纪初公私合作伙伴关系模式出现后，又通过《公共合同法》《公共设施合同法》和《公共采购法》将其纳入规制范围。[①] 在这方面，中国虽然出台了许多具有一定法律意义的"指导意见"和"管理办法"等政策文件，真正意义上的法律法规制度建设还基本上处在空缺状态。因此，加快制定《政府购买公共服务法》《公私合同法》等规范性的法律制度，同时改革完善《行政法》，合理界定和明晰各主体在公共服务供给中的角色安排、责任承担和权利义务边界，为多元主体合理分工与协同合作营造规范的法治化环境，并搭建起有效的法律运行框架。

其次，制定和完善相应的法律法规实施细则，为多主体分工合作公共服务供给的规范性操作提供法制保障。公共服务供给是一项政策性、实践性和操作性都很强的系统工程，与公共服务多主体供给格局相比，中国的法律制度建设明显相对原则和抽象，使得公共服务多主体分工与合作供给缺乏有效的可操作规则借鉴。因此，在加快制定政府购买公共服务法律法规制定的基础上，还应提前思考和制定相关法律的解释性文件，为多元主体供给公共服务提供操作性规范。以政府购买公共服务为例，在加快

---

① 牛永宏：《英国公私合作（PPP）法律制度研究》，《卷宗》2015年第1期。

出台《政府购买公共服务法》的基础上，还应该加快制定和实施诸如《政府购买公共服务法实施条例》或《政府采购法实施细则》，对政府具体购买公共服务的范围、服务生产者的资质确认、购买公共服务方式以及购买公共服务的经费支出监督等内容都要有规范的可操作性规程设定，保障公共服务供给依法可依和依规施行。

第二节　事权与支出责任相匹配的公共服务财政保障机制构建

财政制度建设是公共服务有效供给的坚强后盾。根据事权与支出责任相一致，财政制度建设也应随着政府公共服务职能转变，增加公共服务支出的财政制度构建。在此基础上，坚持事权与支出责任相匹配，侧重于探索层级政府财政能力、公共服务转移支付和政府购买公共服务的公共财政制度建设，多角度、多层次增强公共服务供给能力。

一　以更好地保障和服务民生为目的，增加公共服务支出的财政制度构建

长期以来，经济建设成为政府的首要职能，"建设型政府"模式下政府主导经济发展并在此过程中一度扮演着"企业家"的角色，大量的公共财政支出被投入到市场领域，从事着经济建设和市场经营活动。在"职责同构"的政府机构设置模式下，上级政府的"层层指导"和下级政府的"层层负责"逐渐在政府职能发挥过程中异化出了中央对地方政府的"晋升锦标赛"考核机制。周黎安等人指出，在中国多级同构的行政体制下，中央政府对下级政府实行的以 GDP 为主要指标的"多任务下强激励"考核模式，在推动中国经济 30 多年快速发展的同时，也致使政府职能履行呈现出"多维度和多任务"的特征，晋升锦标赛促使地方官员只关心"可测度"的经济绩效，而忽略了许多长远的影响，其中重要的一环就是

公共服务的供给。① 现在看来，GDP 指标强激励机制确实影响到了地方医疗、卫生、环境保护等具有"长期效益"的公共服务供给，也引发了诸如基础公共设施供给过剩等结构不合理现象。在过度重视经济增长指标的竞争激励机制下，地方公共服务发展呈现出"短期化"，过度追求在较短时限内取得较快的发展速度和增长绩效，因此地方政府的财政支出绝大多数投入追求经济增长的各项措施中，甚至为了更好地"招商引资"而大幅度进行城市扩建、开发区建设等基础设施和"政绩工程"建设。公共服务供给特别是地方公共服务供给出现了严重的结构性偏离。

党的十八大以来，在中央政府"更加保障和服务民生"战略调整下，"基本公共服务均等化"成为党和政府重要的制度安排，以往过度强调 GDP 强激励的考核机制已经有所改善，民生指标和环境指标在考核体系中开始出现并呈比重逐渐增加的趋势，政府也在职能转变的过程中更多地考虑公共服务供给质量，中央在公共服务供给中的财政支出大幅增长，社会保障、医疗卫生和教育等服务供给也得到显著改善，但与经济支出相比，比重仍然过低，结构不合理特征仍然明显。鉴于中国当前经济社会发展的不平衡和不充分，短期内很难实现高度统一的城乡公共服务均等化，近些年自"管理和服务重心下移"以来，地方政府承担了中央政府越来越多的事权和支出责任，但是分税制改革后省级以下各级地方政府的税权改革却没有再跟进。地方财力不足成为公共服务供给中的重要制约因素。

因此，在新时代"中国社会主要矛盾已经转化为人民日益增长的美好生活需要和不平衡不充分的发展之间的矛盾"态势下，在政府职能转变和工作重心切实转移到更好地提供公共服务供给上来的过程中，财政支出结构应该与政府职能转变相适应，调整公共财政支出结构，加大公共服务供给的财政制度改革也就势在必行。特别

---

① 周黎安：《政府转型——一场"触及灵魂"的革命》，《北大商业评论》2015年第5期。

是随着政府职能向公共服务供给转移和公共服务多元供给格局的形成，以公共福利为导向的"服务型政府"建设必然要求公共服务供给在支出结构中的比例增加。作为公共服务职责的承担者，政府的财政支出结构将随着公共财政资金从市场竞争性领域的直接退出和减少对市场经济的直接干预而向公共服务领域倾斜。在"经济建设、社会建设、政治建设、文化建设和生态文明建设"五位一体的战略布局中，在深化"放管服"制度改革充分发挥市场在资源配置中的决定性作用推进经济稳步发展的同时，切实加强和完善保障民生的财政制度和支出机制，以"保障基本""守住底线"和"保持公平"为原则，以实现最低基本公共服务标准为底线目标，不断提高民生支出占财政支出的比重，加大在民生、社会保障、基础教育等基本公共服务的财政供给力度，切实纠正长期以来基础教育、卫生医疗保障、环境保护等民生类基本公共服务供给缺位的现象。

在全面建成小康社会和基本公共服务均等化战略目标下，结合全面推进依法治国的战略举措，通过立法，在法律层面上保障基本公共服务在整个财政支出结构中占据合理比例，并建立与之相适应的财政制度。按照"事权与支出责任相一致"的原则，合理划分中央政府和地方各级政府的支出责任，政府特别是中央政府，应该在全国性基本公共服务供给事权上移的过程中，坚持事权与支出责任相一致的原则，加大全国性基本公共服务的财政支出比重。在实施过程中以法律的形式分项列举出中央和省级政府财政支出的承担比例，以及省级以下政府在专项公共服务供给和混合性公共服务供给中的事权与支出责任，形成全国性基本公共服务事权和支出责任向中央和省级政府上移、区域性公共服务供给向城市和基层政府下移的新格局。[1] 特别是发达地区的城市政府，政府的职能定位将更加突出公共服务和公共产品有效供给；伴随着市场在资源配置中发挥决定性作用，各层级政府将逐渐退出微观经济领域，与事权相一致

---

[1] 张德勇：《政府间事权与支出责任划分的难点和对策》，《中国国情国力》2015年第9期。

的支出责任和财力保障制度建设就十分必须。

二 坚持事权与支出责任相适应，加强各层级政府财力的财政制度构建

"事权与支出责任相适应"是党的十八届三中全会以来深化各级政府财政事权改革的重要提法与重点改革内容。"事权与支出责任相适应"既是为了解决权力"层层下放"过程中由于各级政府职责分工不明晰造成的"上级政府请客、下级政府买单"症结，同时也为构建政府间明晰的财政制度提供了明确的指导方向。虽然中国的财政体制与西方国家的"一级政府、一级财政"有着本质上的不同，但是政府间的财政支出责任一直也没有比较清晰的划分。1994年分税制改革只是划分了中央和省级政府的财政收入，关于政府间财政支出责任与财政支出的改革却一直没有提上日程，相应地也就没有诸如《财政法》《财政收支法》等法律法规的制度性约束。现有的财税体制显然已经不能满足转变政府职能、加大公共服务财政支出和提高公共服务供给效能的需求。

从根本上来说，"事权与支出责任一致"是关于公共权力如何规范配置以及如何保障的问题，其必然涉及中央与地方政府间的事权与支出责任划分，其本质则是国家财政制度的基本内容，应该以立法的形式来确立。[①] 原则上来说，当一项事权由某一级政府承担，那么相应地该级政府也就获得了与之匹配的财政支出权限，即"权责一致"。这样既能从根本上避免因职权交叉重叠出现的层层推诿现象，实现"谁请客、谁买单"的改革目标，又能在政府的实际运行中更有效地监督和审计政府的财政绩效。因此，在现行分税制的基础上，坚持"事权与支出责任相适应"的原则，以社会管理、公共服务供给等政府职能的履行为目标，合理划分中央政府与地方各级政府的财政收支比例，使各级政府的支出责任与财政能力相平

---

① 贾康：《从原则到现实：中央、地方事权与支出责任合理化中的立法思维》，《财会研究》2014年第5期。

衡，构建权责一致的新型中央——地方财政关系及相关的财政制度，是增强政府特别是基层政府公共服务供给能力、提升公共服务供给水平的重要保障。

坚持以"事权与支出责任相一致"原则，深化财税体制改革要求明确每一级政府的事权和各自承担的支出责任，特别是在共同服务事项中按职责分工和服务事项分类划分各自承担的类型以及由此承担的支出比例。在当前公共服务和社会管理重心下移的过程中，由于财权"层层上收"的体制没有变革，致使近些年来地方政府事权增加的同时，财政支出权限逐渐萎缩。来自官方的数据显示，1994年分税制改革以后地方的财政支出比例在全国财政总支出的比例逐年增加，由1994年的69.1%增加到2014年的85.1%，而中央政府和地方政府的财政收入占比基本持平，地方政府承担了大量的支出责任而收支平衡越发困难，财政赤字显著。① 分项财政支出的情况更加不乐观，有研究表明，在基础教育、社会保障和医疗卫生、文化体育等公共财政支出方面，地方政府几乎承担了90%以上的财政支出责任，几乎承担了除外交和国防之外的全部支出。② 因此，在国家财政总体稳固的基础上，理顺中央和地方各级政府的事权后，根据事权和支出责任相一致的原则，根据各级政府的事权合理确定本级政府的财政权力和相应的支出责任。合理划分中央和地方以及省以下政府的财政收入和财政支出比例，特别是在事权下沉的过程中，增加地方政府特别是基层政府的税权和财政收入比例，合理确定地方的主体税种和分税比例，保障支出责任与承担的事权相一致，应该成为公共服务有效供给的第一道财政制度保障。

在合理划分各级政府的支出责任后，要秉持公共服务支出责任与财政能力相平衡原则，增强各级政府的财政支出能力，确保公共服务有效供给。当前的实际情况是，基层政府的财政支出能力不足

---

① 浙江省财政厅课题组：《浙江省部分市县教育事权与支出责任研究》，《公共财政研究》2015年第4期。
② 徐博、马万里：《财政体制改革的制度匹配：解析路径转换与模式再造》，《财政金融》2013年第10期。

以支撑当前的公共服务供给需求，财力和支出责任不匹配，地方政府的财政压力巨大，"事权与财权倒挂"成为当前基层政府财政能力的显著特征。[①] 因此，加快省级以下财政体制改革，理顺省级以下政府事权与支出责任划分，增强省级以下政府财政支出能力，成为今后地方区域性公共服务有效供给的重要保障。以党的十九大报告和十九届三中全会提出的"赋予省级及以下政府更多自主权"为指导，在事权下沉的过程中，赋予地方政府在财政税收方面相应的自主权，确立"权随责走""财随事转""以钱养事"的公共财政预算和分配机制。合理调整政府间的分税比例和财政支出比例，赋予不同层级政府与事权相匹配的财政支出责任和支出能力，建立基本公共服务支出责任与财政支出能力相平衡的财政制度，为公共服务供给提供切实有效的财政保障。

三 完善财政转移支付制度建设，增强公共服务均衡供给能力

作为当今世界上普遍使用的一种财政资源再分配制度，"转移支付"通常表现为中央政府或上级政府通过财政预算提供资金转移支付方式，对地方政府公共服务供给进行无偿拨付和帮扶，以弥补政府间公共服务供给不均衡的一项财政制度。由于竞争和区域间发展的不均衡，转移支付制度普遍被寄予厚望，视为实现基本公共服务均等化的重要财政制度创新。在中国，中央政府1999年以来也逐年加大了对地方的财力性转移支付资金比重，但从实践结果来看，用于公共服务供给的财政转移支付至少存在如下两方面的问题。一是由于各层级政府间公共服务供给职责不明晰，转移支付也同样存在着层层下拨给政府而不是拨付到具体公共服务上的情况。在事权和支出责任大量下沉而财权上移的过程中，地方的财政能力在缺少本级财政收入支撑的情况下，只能依靠中央政府和上级政府的转移支付。数据显示，2007年中央政府的财政转移支付规模为

[①] 张德勇：《政府间事权与支出责任划分的难点和对策》，《中国国情国力》2015年第9期。

18137.9亿元，2012年就增加到45383.5亿元，平均年增长率为29.7%，地方政府事实上已经对转移支付高度依赖。① 二是从转移支付资金的用途来看，尽管中央政府大规模转移支付的本意是促进地方公共服务供给，但是由于受政治因素影响较大，中国的转移支付并不是以事项分级测算并细致分类拨付到具体公共服务事项，而是较为笼统地拨付给省级财政并由省级政府层层转移拨付。在此过程中，由于相关监督制度不健全，中央政府无法确切获知财政转移到地方或基层的真实用途，地方政府特别是基层政府在资金困难时出于自身的利益动机会调整财政支出结构，将转移支付挪作他用。"经纪人"假设就认为，地方政府在与中央的博弈中，出于对地方利益最大化考虑，有动机利用信息不对称隐瞒自己的真实情况。② 在地方财力吃紧、转移支付制度又缺乏规范性操作与监督和评估制度的情况下，公共服务转移支付用作他途也就会时常发生了。甚至有学者认为，财政制度不健全成为中国基本公共服务缺失和基本公共服务供给失衡的重要制度性原因。③

健全公共服务供给的财政转移支付，仍然要坚持事权与支出责任相一致原则。首先，要在合理划分各级政府事权基础上，规范和梳理专项转移支付。"如果中央政府下放支出责任却又上收财政收入权力，转而通过转移支付（特别是专项转移）强制基层政府履行公共服务提供责任，这将大大削弱基层政府对地方需求做出灵活反应的能力，难以实现公共服务的提供效率。"④ 因此，改变传统转移支付模式，根据公共服务的属性分类，将全国性的、兜底性的基

---

① 谢芬、肖育才：《财政分权、地方政府行为与基本公共服务均等化》，《财政研究》2013年第11期；徐博、马万里：《财政体制改革的制度匹配：解析路径转换与模式再造》，《财政金融》2013年第10期。

② 于长革：《中国式财政分权与公共服务供给的低效率》，《河北经贸大学学报》2008年第6期。

③ 丁辉侠：《财政分权、制度安排与公共服务供给——基于中国省级面板数据的实证分析》，《当代经济科学》2014年第5期。

④ 高琳：《分权与民生：财政自主权影响公共服务满意度的经验研究》，《经济研究》2012年第7期。

本公共服务（如教育、医疗、社会保障和就业、环境保护等）的事权和职责上划给中央政府和省级政府，同时降低、减少乃至逐步取消这些基本公共服务的一般性财政转移支付力度，一方面通过将这些基本公共服务上移成为中央政府和省级政府的事权，大幅减少一般性转移支付规模；另一方面通过将这些事权上划，减少地方政府特别是基层政府的支出责任和财政支付能力，降低地方政府对中央政府转移支付的过度依赖。其次，按照事项分类规范专项转移制度的目标设定和使用范围。从国际管理经验来看，专项转移支付一般是把那些具有外溢性和特殊性的跨区域共同事权（如跨区域性河流治污）、突发性的公共事务（如突发性自然灾难）和区域性外部不经济（如区域性贫困）等作为专项转移支付的重点；而且根据"专钱专用"原则，通过细致的制度设计和监督机制，保障专项转移支付用于特定的用途和实现特定的政策目标。因此，基于基本公共服务均等化和减少区域性差异、实现全面建成小康社会等战略目标，灵活借鉴国际转移支付中成熟使用的"公式法"，合理分配公共服务事项转移支付的比例和资金转移支付结构，加大对贫困地区和中西部地区转移支付的力度，重点解决社会发展中的精准脱贫等需要保障的问题。同时，借鉴西方国家纵向转移支付和横向转移制度相结合的经验，在完善从中央到地方的纵向转移支付的基础上，通过增加横向转移支付比重，平衡区域间财政，推动实现基本公共服务均等化供给，在一定程度上减缓发达城市和地区的公共服务供给压力。①

为保障转移支付目标实现，还应结合对公共服务职责的细致分类，优化转移支付制度和创新转移支付方式，改变长期以来只笼统强调"增加转移支付规模和比例"的做法，改良为根据公共服务事项实际所需进行实地转移支付，科学设置和合理搭配一般性转移支付和专项转移支付资金比例。通过设立专门的转移支付监管机构对

---

① 谷成、蒋守建：《我国横向转移支付依据、目标与路径选择》，《地方财政研究》2017年第8期。

专项支付资金进行监督管理，特别是要加强监督专项转移支付资金的具体使用情况和对转移支付资金使用绩效评估制度建设，减少上级政府对财政支出的随意性和下级政府对财政预期的不确定性，推动转移支付资金使用透明化、明晰化，解决专项资金使用不到位的"顽疾"，推动公共服务特别是基本公共服务的长效稳定供给。

四 完善政府购买公共服务的公共财政制度建设

在公共服务多元化供给格局中，政府购买公共服务已经成为公共服务有效供给中的重要一环。政府购买公共服务不仅是公共服务供给方式的创新，同时也是创新公共财政资金使用方式、提高公共财政资金使用效益的质的变革。党的十八届三中全会明确指出，要推广政府购买服务力度，"凡属事务性管理服务，原则上都要引入竞争机制，通过合同、委托等方式向社会力量购买"。随着政府购买公共服务力度的增加，政府与其他主体在公共服务供给的公共财政配置关系构建、资金预算和管理建设也逐渐提上日程。政府作为"精明的买家"，要在做好增加公共服务财政支出与减少对市场直接干预的财政支出比例调整的基础上，加强公共服务市场化供给的公共财政使用和管理的财政保障制度建设，包括以财务投资者身份与社会资本进行公私合作经营，以公共服务购买方身份购买社会组织及其他社会服务机构的服务。

完善政府购买公共服务的财政制度建设，首先需要把政府购买公共服务纳入和规范到公共财政制度的综合预算内。当前中国的公共财政制度更多地侧重于政府间的事权和财权建设，政府购买公共服务的预算大多还都是以"单项资金"的形式单列，还没有真正纳入公共财政制度建设范围之内，相应地也还没有相关的财政预算目录和清单。因此，在今后的财政体制改革过程中，随着政府购买公共服务规模的增加，政府购买公共服务应该作为一个独立项目和单元纳入政府公共财政预算和建设中去，这不仅是根据公共服务种类科学分类并制订政府购买计划的需要，也是规范和提高公共财政资金使用效益的前提条件和保障。

完善政府购买公共服务的财政制度建设，需要做好政府购买公共服务的科学编制预算。从"提供"与"生产"二分的角度来看，公共服务市场化过程中的"公私合营"和政府向社会组织购买公共服务说到底都是政府作为"买家"购买其他主体组织和生产公共服务的行为，本质上都能够划入"政府购买公共服务"的范围。因此，政府作为"精明买家"购买公共服务的一个重要内容就是做好购买公共服务的财政预算编制建设。要根据公共服务供给需求和公共服务的生产效能，科学编制相应的购买计划与资金预算，以及在公共服务生产过程中细化预算的使用环节，保障预算的有效执行与合理使用，避免因公共财政资金编制不当造成使用过程中的资金规模过大带来资源浪费或资金规模偏小导致公共服务生产能力不足。

完善政府购买公共服务的财政制度建设，还需要加强公共财政资金的规范化使用机制建设。政府购买公共服务的初衷就是以合理的资金投入产出更多的公共服务，提高公共财政资金的使用效能。因此政府购买公共服务中的资金使用管理成为保障公共服务有效供给的重要内容。在公共资金的使用过程中，要通过专门的政府购买公共服务立法和专门的监管机构建设，借鉴企业的成熟经验，对公共资金建立起诸如"专款专用""按需拨付""按事付费""钱随事转"等使用规范。严格规范购买方和承接方使用资金的方式和行为，通过对公共财政资金支出的规范化管理，推动公共资金使用效率最大化。此外，加强对公共财政资金的监督机制建设，避免资金在使用过程中的贪污和腐败行为，压缩公共资金滥用的空间，提高公共财政资金的使用效能。

第三节　深化简政放权推动公共服务供给监管路径建设

公共服务供给主体间的合理分工与持续有效合作，离不开强有力的政府引导和机构的自我改革。在公共服务多元主体分类供给格局中，政府在引导、规范多元主体积极参与公共服务供给的同时，

第六章 完善公共服务分类供给保障机制的路径思考

自身作为公共服务责任承担者需要做好政务服务供给的效能建设。2013年以来推行的"放管服"改革已经触及这方面的根本，但有些问题仍需要深度推进。本节在思考浙江各地市政务服务改革所遇问题的基础上，从政府职能部门的有机整合与职责明确的协同机制建设、深化行政审批制度改革与加强事中事后监管机制建设、第三方评估与政府购买公共服务监管机制建设三个角度，分析公共服务有效供给的监管路径建设。

一 职能部门的有机整合与职责明确的协同机制建设

"在一些情况下，市场化也许是最好的选择，但是在另外一些情况下，对公共部门进行改革也许反而是更好的选择。"[①] 在中国，公共服务的有效供给从根本上说取决于党委政府顺势而为的改革与相关制度建设。2013年以来，新一轮的深化行政体制改革加快了政府自身改革的进程。"放管服"改革成为此轮改革的重要抓手，梳理各层级政府的权力清单、深化行政审批制度改革和综合行政执法改革等措施成为此轮改革的重要内容。从实践效果看，这些改革对进一步激发市场和企业活力、推动政府政务服务优化起到了积极的推动和规范作用。但是，囿于长期职能部门职责交叉、部门林立的现状，部门间的职责关系并不是很明晰，"九龙治水"现象一直长期存在，并造成了公共服务供给的"碎片化"和低效率。浙江省各地市推行的"权力清单"制度、"四张清单一张网"和"最多跑一次"改革都从本地实际出发探索破解横向职能部门间职责交叉的路径，改革中面临的问题也为破解职责交叉难题，构建政府职能部门的协同整合提供了借鉴。

（一）理顺政府内部的职责关系，实现服务供给从"业务管理"走向"综合服务"

众所周知，当前中国的政府部门设置基本上还是计划经济时代

---

① 沈荣华：《公共服务市场化反思》，《苏州大学学报》（哲学社会科学版）2016年第1期。

建立的、以产业分工为主要标准，依据产业类型设立业务主管部门的模式，各业务主管部门制定行业政策并承担相应的监管职责。从业务发展来看，这种模式有助于业务主管部门系统依托于行业的专业技术和技能，对本行业进行精细化的管理和服务。[①] 但是，随着市场经济体制的建立以及政府的经济职能更多地转向宏观调控，以行业标准划分的部门职责交叉和不协调问题就逐渐凸显并成为新发展态势下整体性服务效能提升的阻碍。因此，理顺市场经济条件下政府部门内部的分工与协同机制，合理定位政府的角色并确保其职责到位，成为政府职能部门协同整合的重要内容和目的。从2008年国务院开始的大部门体制改革趋势来看，打破业务部门设置制约，走向综合管理和服务是大部制改革的初衷，即打破传统产业的划分标准，对性质相同的业务或事务主管部门的职能进行整合或合并，形成综合性的管理和服务部门，以减少行政资源浪费，提升整个行业领域内的管理和服务效率。特别是2013年航空、公路、铁路、水运等交通行业的职能部门整合，不仅大大打破了部门内部的行业壁垒，提升了部门运作的行政效率，也对市场在资源配置中发挥决定性作用起到了很好的推动作用。

浙江的"最多跑一次"改革正是沿着这一思路出发，以"一窗受理"和民众办事"最多跑一次"目标一改之前"各行业职能部门"审批模式，走向"综合业务指导部门审批和服务"。"一窗受理"窗口背后的几大综合性窗口（商事登记、社会公共事务、项目投资、建设交通）也正是综合性业务部门的梳理和整合。今后，以综合性业务宏观管理和指导为原则，打破政府内部行业性的壁垒和职责垄断，形成大范围大领域的综合性业务主管部门，不仅是大部门体制改革的重要内容，同时也是提供大范围和高水平管理和服务，提升公共服务供给效能的要求。因此，适应社会发展阶段新变化，从现代公共服务和市场经济、社会发展需要出发，结合新形势

---

① 马英娟：《大部制改革与监管组织再造——以监管权配置为中心的探讨》，《中国行政管理》2008年第6期。

下产业发展和社会需求发展趋势，梳理和整合政府的公共服务职能，以综合性业务服务和管理为出发点，做出前瞻性的职能部门规划和调整，使政府部门设置与市场、社会对政府的职责需求相适应，推动政府部门内部的有机整合，建立职责分工明确、设置科学合理的"大部门"，减少因业务重叠造成的部门推诿和资源浪费，使公共资源得到有机整合和合理利用，提升政府的管理和服务效能。

（二）加强部门间的资源共享和协同合作机制建设，推动地方大部门服务体制改革

公共服务有效供给不仅要求职能相近的部门内部有机协调和职能整合，同时大范围和高水平的服务也要求政府以人民为本位，以满足公众需求为目标，以技术联动等手段推动跨界部门间能够基于资源共享的原则相互协同与有效互动，形成高效联动、结构互补的良性运作机制，提高政务服务的运作效率，使政府整体效果最大化和服务效能最优。因此，部门间的协同合作机制建设成为政务服务有效供给的重要保障。

加强部门间的协同合作机制建设，首先，要求各职能部门坚持资源共享，破除部门壁垒和保护。衢州市"最多跑一次"改革探索围绕"一窗受理"和"集成服务"中心目标深入推进窗口设置的分类整合改革措施特别值得借鉴。以增强综合性受理窗口功能和作用发挥为起点，推动后台办事窗口职能部门的系统对接和信息联动，通过综合受理窗口的"大平台"和"大数据"建设，实现部门间数据信息的资源共享，破除部门间的信息壁垒，"倒逼"职能相近的部门实现职能整合和不同部门间的有效协同，为地方的大部制改革营造外围环境。其次，在协同合作机制构建中，应以"责任、整合、共建、共治"为出发点，坚持责任共担，促进部门间的主动协作。在当前资源共享和"大数据"平台支撑下，通过综合业务部门的设立，减少办事材料和简化办事环节，变"由主管部门牵头"为信息共享部门间"业务性制度合作"，推动部门间的职能融合，加强责任共担机制的探索和引导。最后，坚持能并则并原则，推动实现政府管理层级优化、职能部门整合和"整体性"政府的运作模式构建。在浙江省各地市"最多跑一次"改革过程中,通过"减层级、减事项、减材料、减环节"等机制创新,可以加快对关联度高、办事内容相似的事项整合归并,有效推动职能相近或交叉的部门真正联动和职能融合,这不仅为地方大部制改革提供了可资借鉴的路径,同时也为优化部门管理层级和跨界协同创造了良好的条件,值得深入研究。

(三)依托"互联网+"信息技术,优化政府的"整体性"政务服务能力水平

"互联网+政务服务"是信息技术时代提升政府管理和服务水平的新要求。当前,各地市政府普遍建立了政务服务网,并依托政务服务网络平台服务,链接纵向、横向政府部门,为公众提供一体化的政务服务,成为信息技术时代政府提升政务服务能力的新路径探索。从技术层面上说,在畅通制度建设的基础上,政府部门间的协同与合作应该更多地借助信息技术手段来实现,但本质上来看,信息技术只是手段,最终目的是把现代信息化技术融入新的服务理念中去,依托现代信息技术革命开创"互联网+政务服务"新模式,倒逼政府打通层级间、部门间的各种制度和体制壁垒,切实解决政府服务供给"一条腿迈进了信息化时代,一条腿仍停留在计划经济时代"的困境。

首先,通过政务服务网络平台资源共享和网络平台上的部门联动、协调机制建设,推动纵向、横向政府部门实现跨部门和跨层级信息资源共享和数据统一交换、业务协同流转,解决数据资源跨部门、跨层级、跨区域共享的技术难题,推动政府作为一个整体拓展基于公众需求的大数据分析研判、业务整合和内容调度等实施更新,实现政府提供服务的实时感知、精准决策和灵敏回应。同时,借助于信息兼容技术优化网络办事的系统设计,推动政务服务网与各种特色信息化平台的功能兼容和信息共享,建设"大平台、大数据、大系统",使网上政务服务平台与网下行政服务中心等服务平台联动,实现网上服务平台与网下服务中心同步,建成网上和网下

统一、权威、便捷的政务服务渠道，使公众与政府实现"零距离"对接，通过政务服务网运转效率和使用效益的提升，推动政府内部跨层级、跨部门的协同合作，更好地为公众提供无缝隙的高效、便捷、优质服务，提升政府整体的服务水平和服务效能。

二 深化简政放权与强化事中事后监管机制建设

优化公共服务供给和提升公共服务供给能力同样涉及职能部门的简政放权和审批监管制度建设。在现代社会，每个国家的机构设置和政府运行都不同程度地存在着权力责任配置不明晰和职责交叉重叠的问题，改革永远都是时代发展的主题。但是，任何改革都不是一蹴而就的，渐进式变革往往成为社会转型和过渡时期稳定推进改革的最佳选择。中国正在进行的深化"放管服"改革也正是在前几轮机构改革的基础上，从深化行政审批制度改革入手，持续推进。从国务院分批取消和下放行政审批项目到全国各省市的权力清单制度改革和"行政审批局"试点，改革正在稳步前行。

（一）以职能转型和规范事权为基础，推动简政放权和政务服务"权力清单"制度建设

公共服务的供给侧结构性改革重点侧重于政府与市场、社会主体的角色定位以及职责关系的重构。本轮行政审批制度改革取消和下放行政审批的最终目的也是调整政府与市场和社会的关系，将原属于市场和社会的权力放权给市场和社会，更好地激发市场和社会活力，进而推动公共服务的合理分工与有效供给。在这个过程中，政府事权管理和服务重心下移由于缺乏明确和规范的下放标准，在取消行政审批和权力下放的过程中出现了权力的真空地带，导致上级政府下放的权限与下级政府的承接愿望与承接能力错位的问题。

与公共服务供给应满足社会公众需求相一致，深化简政放权虽然是行政系统内部的自我改革，但作为政府职能转变的一项重大改革内容，也应该坚持公共价值取向，在取消和下放行政审批权限中以市场和社会需求为重心，减少传统以政府行政为中心的改革价值取向，转向为企业和社会提供更加优质和便利的服务，即从传统

"管制"到"服务"的理念转变,避免权力截留而导致简政"形式化"。① 因此,在深化简政放权和行政审批制度改革过程中,应坚持社会本位,合理确定政府与市场、社会的角色定位和各自发挥作用的边界,政府应以整体公共利益和公共责任为取向,将职责范围限定在"市场失灵"领域,对市场监管和公共服务做出全面规划,并承担政策制定与执行、宏观管理与规范、公平正义秩序维护、社会资源整合和优化组织协调服务,减少过多的行政干预。与此相对应,行政审批也应由以前置审批为主的行政管制方式转移到事中事后监管为主的规制服务方式。通过削减行政审批项目减少政府对市场的行政干预和微观控制,市场主体则在法定范围内通过高效组织生产个性化和差异性的产品和服务,满足不同社会群体的社会需求,激发市场和企业活力。在社会领域,加快政社分开步伐,推进政府向社会放权,通过对事业单位的分类改革和扶持社会组织发展,加快政府所属机构与行业协会、事业单位脱钩,通过加大对社会组织的扶持和培育,引导社会组织充分发挥专业和技能特长,灵活、志愿地提供公益性社会服务,扩大公共服务的覆盖范围。通过深度简政放权推动政府、市场、社会的职责归位,以制度规范引导市场和社会力量在社会治理和公共服务供给中更好地发挥作用。

与此同步,权力下放也需要在合理界定各层级政府职责权限基础上,根据权力与责任相一致原则,做好下放过程中的"权力清单""责任清单"和"负面清单"配套制度建设。特别是随着管理重心的下移,地方特别是基层政府的责任大大增加,"属地化管理"贯穿了整个基层政府的工作和任务绩效考核,过多的责任负担和体制内行政资源的"倒金字塔"型分布使得基层政府更是苦不堪言。上级政府的权力如何下放和下级政府如何有效承接是权力下放取得实效的关键。究竟哪一项事权应该下放以及具体事权下放到哪一个层级,应该根据公共服务的属性和政府服务效能科学制定,在

---

① 张定安:《全面推进地方政府简政放权和行政审批制度改革的对策建议》,《中国行政管理》2014年第8期。

下放事权的同时配备相适应的人力和财力资源,改变当前基层政府事权责任和资源配置倒挂的现状。在此基础上,通过对政府及其部门所能够行使的公共权力进行梳理并依据相关法律制定目录清单,以列举和图解的方式进一步明确政府依法该做什么的"权力清单"、不该做什么的"负面清单"以及如何做好管理和服务的"责任清单",规范政府行使公共权力,真正做到"法无授权不可为""法定职责必须为"和"清单之外无权力"。①

(二)坚持深化行政审批制度改革与加强事中事后监管机制相结合

简政放权的落脚点在于创新政府治理模式,运用新公共服务理念通过政府自我改革,增强市场、社会活力与民众的获得感。减少行政审批放权给社会是其中的重要内容。当前,"集成服务"已经成为城市政府提升政务服务供给水平的显著性发展趋势,② 行政"集成"审批也已经成为大势所趋,各地的行政服务中心和行政审批机构的试验,也都是为了进一步集中行政许可权,优化行政审批环节与提高行政审批服务效能。深化行政审批制度改革要求在简政放权基础上继续以削减行政审批为抓手,深度简政放权。目前全国范围内的"五证合一、一照一码"和发达地区推行的"多证合一""一个窗口、集成服务"等机制创新已经大幅度精简了行政审批环节,降低了市场准入门槛,为企业节约成本费用和提升竞争效能开辟了新的制度环境空间。未来随着审批业务的大量集成和行政许可权的相对集中,将推动审批由政府内部互为前置的事前审批走向法治建设中符合法律制度和政策标准下的"集成审批"模式。因此,借行政服务中心、行政审批局等相对集中行政审批权改革试验,进一步打破体制壁垒,通过精简审批流程和取消、下放审批权限,简化审批流程与审批集约化办理,推动行政审批权力结构重塑与审批

---

① 胡宗仁:《政府职能转变视角下的简政放权探析》,《江苏行政学院学报》2015年第3期。

② 艾琳、王刚等:《由集中审批到集成服务——行政审批制度改革的路径选择与政务服务中心的发展趋势》,《中国行政管理》2013年第4期。

流程再造，建设适应市场化需求的新型行政审批运行机制。

深化行政审批制度改革还要处理好取消、下放审批与事中事后监管间的有效衔接问题。取消和下放审批权限是对传统"重审批、轻监管"模式的解构与重建，[①] 放松审批和降低市场准入门槛就意味着需要加强对产品生产和服务质量的事中事后监管。相应地，简政放权之后政策制定方与各监管部门之间、审批与监管分离后审批部门与各监管方的关系及协调合作机制建设，就成为深化行政审批制度改革中需要重点研究和解决的课题。长期以来"谁审批、谁监管、谁负责"的"裁判员+守门员"模式被打破，"政监分离"后审批标准该如何制定？政策制定如何与各监管部门进行有效衔接？行政审批机构成立后究竟哪些审批权限可以划转给行政审批局？行政审批局的事前审批与各监管部门的事中事后动态监管如何做好协调？这些问题的解决无疑都会影响到政府服务效能的优化和政务服务水平的提升。因此，在放松审批过程中，一方面要明确界定审批部门的审批权限和审批责任；另一方面还需要加快明确各监管部门的监管内容，通过科学界定各监管部门"管什么"来界定各监管部门的职责边界，特别是哪些事项属于"事中和事后监管"的范围以及相应地承担哪些监管责任，应有规范性和法律性规定。在此基础上，强化监管过程中职能部门的监管职责和监管能力建设，探索和完善审批与监管的良性互动协调机制，做好放松审批和加强事中事后监管的有效衔接，提升最终产品和服务质量的监管效能。

三 加强政府购买公共服务监管与第三方评估机制建设

加强对政府购买公共服务监管是公共服务有效供给中的重要保障。政府通过自身改革提升公共服务供给效能的同时，在公共服务多元供给中还肩负着整个公共服务供给质量监督的责任。由于公共服务供给整体水平较低，政府对公共服务供给的监管也存在着监管

[①] 刘琼莲：《中国行政审批制度改革的关键：放权与监管》，《领导科学》2014年第3期。

手段单一、监管法律缺失和标准滞后以及第三方评估缺失等问题。①政府购买公共服务方面因起步较晚而存在更多的法律缺失和制度漏洞，存在着公共服务"一买了之"和"钱花出去就行"的弊端。②今后，随着政府购买公共服务规模的逐渐增加，加强政府购买公共服务的监管机制建设势在必行。

政府作为政策的制定者、公共服务供给的安排者、规则的执行者和裁决者，在政府购买公共服务监管方面，首先需要制定出一套切实可行的公共服务质量标准评价体系，这是监管执行的首要前提。只有有了科学的标准，才能在事中事后的公共服务生产和质量评估中做到规范化评估和制度化监管。在这方面，可以借鉴西方国家的成熟经验，考虑在相关综合部门内组织专业的技术人员和资金审计人员组成专业的政府购买公共服务独立管理机构，专门负责政府购买公共服务监管工作，并形成规范的监管评价体系。主要包括：（1）制定专业的质量标准、规章制度、实施细则等法律法规，强化制度制定与监督执行；（2）形成专门的体制内监管体系，对政府购买公共服务的资金预算、购买内容、购买方式等细节性内容核定审核与审批；（3）对社会组织和其他服务机构等承接主体的公共服务生产进行专业的资金核算、价格评估，对服务质量进行专业化监管，监督承接主体形成良好的自律机制；（4）与人大、政府审计部门、纪检监察、司法部门和社会公众协同合作，形成良性互动的监管系统；③等等。

当前，"第三方评估机制"成为加强政府购买公共服务监管机制的有益经验。从理论上讲，独立的第三方机构能够通过专业的技术，客观、中立地对政府购买服务进行审计评估，较好地实现

---

① 张晓红、王向：《政府购买公共服务监管风险的诱导因素分析与预警控制》，《财政监督》2017年第4期。
② 孙晓莉：《政府与市场关系视角下的购买公共服务监管》，《行政管理改革》2015年第8期。
③ 财政部科研所课题组：《政府购买公共服务的理论与边界分析》，《财政研究》2014年第3期。

评估的客观与公正。在实践领域，第三方审计评估机构在环境保护、能源安全、法律援助等方面也能够运用专业的技术和专业的评价指标体系，对政府购买公共服务的质量和效能进行评估，不仅评估结果比较客观，还能就评估结果提出相对中肯和专业的纠偏策略。引入第三方评估机制，也能在一定程度上降低政府的评估监管成本，对于充分发挥多元主体参与政府购买公共服务监督也能起到很好的促进作用，助推形成有效的外部监督评估机制，弥补政府内部评估的不足。

第四节　公共服务供给中的公众有效参与机制建设

作为公共服务供给的实际付费者和最终消费者，公众有效参与是公共服务供给的内在要求和服务有效供给的重要保障。在当前条件下，加大政府引导，构建公众参与平台，畅通公众参与渠道和完善公众参与制度建设，将公众参与融入公共服务供给的决策制定和供给过程中，既有利于政府真正了解社会公众需求、有效整合和合理配置公共资源，也能够通过公众有效参与增进公共领域发展空间，增强公共服务供给主体间的相互沟通、信任与合作，提高公共服务的供给水平，增强民众对公共服务供给的满意度和获得感。本节从政府引导、平台构建和制度完善等方面做路径构建思考。

一　转变服务理念，创造制度和政策环境引导公众有效参与

（一）公众参与：公共服务有效供给的内在要求和动力

从世界范围来看，20世纪90年代以来的"全球结社革命"推动公众参与作为一种民主制度逐渐走向成熟和完善，公众参与的扩大化自身就意味着自下而上的公共服务有机供给体制机制创新。组织化、专业化、多元化成为西方国家公众参与的显著特征。从参与内容上看，公众参与已经从代议制政治下的投票、选举等政治参与，越来越多地指向所有关于公共利益、公共事务管理和社区自治

等领域的民主行政参与。在中国，城市尤其是发达城市地区，随着公共卫生、环境保护、保障和服务民生问题的日益重要，公共事务治理和公共服务供给成为政治领域之外十分重要的领域；公共服务供给逐渐发展成为城市政府职能的核心内容。公众参与的议题也逐渐从政府的政策目标延伸到公共事务治理和公共服务供给的结果目标。现代信息通信技术的普及，又为公众参与解决城市议题和公共服务供给开辟了新的路径。当前，伴随着城市治理格局逐渐走向利益相关者"共建共治共享"，公众参与也从传统城市行政管理模式下的"告知型被动参与"扩展到各个层面、各种层次的"决策性参与"和"执行性参与"。虽然政府仍然是城市治理和公共服务供给的主导和核心力量，但社会公共空间领域的扩大和民间社会力量的成长，使得不同利益的参与主体日益增多，在城市治理过程中逐渐形成"社会化参与机制"并走向常态化，公众参与能力不断提升，参与领域不断深化，初步呈现出"对政府政策直接参与"和"对公共事务直接治理"的趋势。公众参与已经成为现代城市发展趋势的必然要求和制度安排。

对城市公共服务供给而言，公众参与是形塑公共服务多主体供给格局的内在要求。无论公共服务的"生产"和"提供"如何分离，公共服务供给主体间的生产者、提供者和供给者等角色如何分工与合作，其最终目的都是回应和满足公众作为"消费者"的需要。因此，公众有效参与是公共服务有效供给得以实现的重要因素，公众参与的过程也正是公共服务供给者与需求者双向互动和信息沟通的过程；在此过程中，社会公众的种种利益诉求和需求偏好通过相关政策决策和政策执行得到体现。也只有更多的公众参与和社会资本介入，公共服务供给才能够形成共建共治共享格局。相应地，公众参与的规模、深度、广度和制度化水平将关系到公共服务供给目标的实现和供给能力的提升。政府允许并选择持不同意见的公众参与公共事务，共同协商审议公共议题的做法，已经是政府管理理念和职能转变的需要，体现的是政府与其他主体在资源结构中的相互依赖与协同。因此，只有在公众有效参与的基础上，多元主体之间才能进行有效互动，形成政府自上而下的主导和社会自下而上的积极参与；各主体才能在保持相对独立性的前提下，实现彼此功能与结构的嵌入，完成公共服务的有效供给。①

(二) 制度和政策引导公众有效参与公共服务供给

公共服务的"公共性"特征也要求政府改变以往的"单一主体供给"模式发展成为接受公众深度参与的"共同治理"模式；公共服务供给的运行向度也逐渐从政府单一主体供给发展到各主体在达成共识基础上通过分工、合作和协商，结成伙伴型关系实现公共目标。作为衔接公共服务供给者与消费者之间的桥梁，公众参与不仅能够推动公共服务决策的科学化与民主化，制度化的公众参与也能有效促进公众与政府之间培养出深层、持久的互动回应与协同合作，提升公众对政府的信任度。在当前的制度安排下，政府应该通过转变职能，将政府的角色更多地定位在"合作""引导"而不是"支配"和"指导"，将逐步壮大的市场和民间社会力量融入体制内部，释放并整合市场和民间社会的力量，引导和扩大公众深度参与，建立和完善政府与其他主体分工合作的多元供给格局。有学者将公众参与公共服务供给总结为六种参与类型，即公共服务决策过程中的决策型参与、有限吸纳型参与、告知型参与和公共服务提供阶段的校正型参与、改善型参与和合作型参与；② 这些类型的参与在公共服务供给的各个环节都不同程度地存在。公众有效参与从客观上要求政府变传统的政府单一主体的单向度权威理念为多元合作理念，在协同合作过程中以公共利益和公共责任为取向，做好角色转型，树立合作意识，积极与社会进行协同共建共治共享。

在制度环境营造和政策引导方面，可以通过制定和完善相关制度、法规将一部分权力回归社会，特别是通过相关制度设计和政策支持，培育热心公益的社会公众力量，以及基层社会中有号召力和影响力的"民间达人"，引导他们带动公众深度参与，形成公众有

---

① 郁建兴、张利萍：《地方治理体系中的协同机制及其整合》，《思想战线》2013年第6期。

② 汪锦军：《公共服务中的公民参与模式分析》，《政治学研究》2011年第4期。

效参与的基本元素支撑。另外，结合民间社会力量在承接公共服务、转移政府社会职能中的重要作用，通过逐步解除限制民间组织发展的规制等途径，鼓励民间社会力量发展、壮大，使民间社会力量成长为公众深度参与社会治理的重要社会资本，为公共服务多元供给、政府社会协同共治打下良好的社会基础。

二 完善公众参与的制度操作设计，为规范公众参与提供制度保障

随着公众参与能力的提升，公众参与的形式也日益多样，目前人们熟知的以公民个人参与形式就包括万民评议、听证会、论证会、恳谈会、民主协商会、各种征求意见、民意调查以及近几年随着互联网普及而兴起的网络参与等多种途径。但是，也应该看到，公众有效参与需要满足一些基本条件，包括合适的参与渠道、正确恰当的参与方法以及一定的参与能力等要素。[1] 特别是在实际操作过程中，公众究竟应该具备什么样的参与能力，在什么样的范围和程度内参与，这是政府需要把控的问题。事实证明，并不是所有的参与都一定能够起到积极的效果，[2] 实践领域内因参与需求与技术设计失误造成参与失败的案例比比皆是。因此，公众参与的制度设定与规制建设也应提上日程。

（一）加快公众参与的规范化法律制度建设

规范公众参与的制度建设，首先要加强公众参与公共服务供给的法律化和制度化建设。公众参与也是不同利益相关者的对话和协商过程，公共服务供给引入公众参与本意是希望利益相关者的介入，一方面通过公众对公共服务需求的意见表达和利益诉求，将公共服务中的需求矛盾直接呈现，为政府科学决策提供参考依据；另一方面通过公众的有效参与和互动、协商，吸纳公众解决问题的专业知识和技能，寻求整合多方资源实现有效供给的

---

[1] 周红云：《公共政策制定中公众的有效参与》，《人民论坛》2011年第2期。
[2] 张晓杰、娄成武等：《评估公众参与公共决策：理论困境与破解路径》，《上海行政学院学报》2016年第5期。

合力。这既有利于提高政府自身合法性,也有利于提升公众对公共服务供给的满意度。但是,在公众参与迅速深入扩大的同时,如果相关的法律制度建设没有到位,过于激烈和不规范的公众参与就容易演变成利益的争论和冲突,产生决策低效和社会风险高发的隐患。①

首先,有效的公众参与必须要在法制轨道内运行。要在宪法和法律规定的参与权限内,进一步健全和完善选举制度、听证制度、公民参与立法制度、陪审制度、公民批评建议制度、公民质询制度、政府回应制度、公众利益表达和协调制度等公众参与的制度建设,对公众参与公共服务供给的类型要求、内容范围、参与方式和参与途径做出明确规定;将公众参与的权利和义务用法律形式固定下来,形成科学的制度体系,引导公众在法定范围内有序参与。其次,政府自身也要加强信息公开制度建设。信息开放的程度和获取信息的途径直接影响到公众的参与兴趣和能力,在一个信息严重不对称的社会里,不可能存在真正意义上的多元参与,只有让公众充分了解法律法规与政策制度的制定过程以及执行情况,才能缩短公众对政策的认知和接受过程,降低参与门槛,提升公众的参与积极性。在信息公开制度建设过程中,要依法、有序地公布公共服务政策制定和执行的信息,通过信息公开化、透明化制度建设,重点强调与保障信息的真实性和公众依法享有获得公共服务信息的权利,使公众能够及时准确地了解公共服务相关信息,为公众有效参与提供前提和基础,也为公众参与监督公共服务供给提供保障。

(二) 规范公众参与的操作性制度规程

理想与现实之间总是存在着一定的偏离,虽然从政治民主化建设来看,参与是公民应当享有的权利,但从公共服务供给的过程来看,并不是所有的公共服务项目都需要公众参与,也并不是所有的

---

① [美] 塞缪尔·亨廷顿:《变化社会中的政治秩序》,王冠华等译,上海人民出版社 2008 年版,第 108—120 页。

公众参与都是有效的；而且在特定的公共服务供给范围内，并不是公众参与的程度越高就越好。①特别是那些专业性知识和技能都很强的领域，需要的是该领域专家的论证而非普通性质的公众参与。因此，在实践领域中应该针对公共服务的类型和相关需求对公众参与做出相应的细节性和规范性的操作规程设定，以法律制度的形式明确公众参与的相应权利和义务，降低公众参与的无效和风险系数。

根据公共服务项目明确不同类型公众参与的主体界定。在公众参与中，选择什么样的公民代表参与是个首要环节。要通过制度性章程明确对公众参与能力的要求。公众的知识结构、专业技能、所拥有的资源禀赋等特性不仅影响着公众参与的态度和意愿，同时也影响着参与的质量和效果。因此，要通过操作性的制度设定和政策支持，注重从年龄结构、专业知识、群体分布等多方面进一步充实、完善不同类型公共服务所需的参与成员构成，以形成代表性广泛、年龄分布合理、知识专业性强的参与主体结构，以便参与主体的多元化、信息的多样化和在此基础上的理性沟通与协商，促进公共服务决策的科学化和民主化。

加强参与过程中的信息沟通和政府回应制度建设。公众参与不仅需要政府通过制度建设尊重和保护社会主体的表达权、参与权和监督权，积极为社会主体参与创造条件；同时还需要建立有效的信息沟通与反馈机制，对公众参与的结果进行合理的反馈与回应。对公共服务的制度安排者而言，公共服务供给本身就是一个"从群众中来"，再"到群众中去"的过程。公众参与有利益诉求，但更多的是意见与建议，这里面都隐含着民众对决策者回应的期待。因此，政府应该建立有效的反馈机制，对公众参与的内容进行及时反馈和回应，特别是在大型动员的公众参与之后，要对公众的诉求、意见与建议进行梳理、归纳和有针对性地给予答复、解释和回应，在制度安排者和消费者之间建立起良性的互动机制，激发公众参与

---

① 汪锦军：《公共服务中的公民参与模式分析》，《政治学研究》2011年第4期。

积极性的同时，提高公众参与的质量。

加快公众参与中的公共服务质量评估与监督机制建设。公共服务质量关系到公众消费公共服务的切实感受，公共服务质量的监督与评估也已经成为公众参与的重要内容，并成为一种常态化机制。因此，加大公众参与在公共服务质量评估中的权重，通过公众满意度评估机制构建、民意调查制度建设和民众质疑投诉回应机制等制度建设，推动公共服务供给质量的提升。此外，将民主参与完善对政府和其他主体监督机制与权力机关监督政府依法行政有机结合，确保公共服务有效供给的同时，鼓励公民、社会组织和其他团体通过多样化的监督机制和渠道积极参与公共决策、政策执行和质量绩效评估等各个环节，形成一体化、弹性化的社会公众监督体系。

三 健全基层服务平台，完善协商制度建设，引导公众参与志愿服务与自我服务

对公共服务供给而言，社区既是居民获得基本公共服务供给的最直接和最重要场所，也更是公众参与公共服务供给的重要平台。随着权力下放趋势的增强，社区正逐渐成为市民自我管理和自我服务的重要载体。在"全球结社革命"运动中，公众在基层社区中的广泛参与和自我服务，起码发挥了如下三个方面的作用：（1）公众广泛参与基层社会建设开启了政府与社会双向沟通和良性互动的渠道，居民的自我管理和自我服务使社会力量和政府力量之间保持了合理的"距离"，避免社区功能的随意"延伸"和变化，有助于更好地发挥社会力量自我发现问题、自我协商和自我解决问题的能力。（2）公众广泛参与社区建设有效地推动着社区功能的回归和作用的发挥，公众在社区的广泛参与有利于借助社区平台建立和完善各主体间的理性对话和协商机制，以保证实现公共利益的最大化。（3）公众在社区以志愿服务、邻里帮扶和矛盾自我协调解决、公益慈善救助等多种形式的参与，以及社区社会组织的发展壮大，直接推动着社会公益性服务的生产和有效供给，在有效承担政府社会职能转移的同时，也增加了公众对社区生活共同体

的认同感和责任感,更对"强化市民文化,促进志愿行动,改善社会基层民主基础等,具有切实的意义"。① 党的十八届三中全会明确提出,要"健全基层综合服务管理平台,及时反映和协调人民群众各方面各层次利益诉求"。因此,以社区为载体,健全基层综合服务平台建设,是公众有效参与的重要保障。

通过政府职能转变和深化简政放权,推动社区职能回归,健全基层综合服务管理平台。需要明确的是,作为城市治理和居民自我管理自我服务载体的社区"是群众性自治组织"而不是政府各专职部门的"义工",社区与区街之间的关系也不应还停留在行政隶属关系层面。社区更应该是"居民表达诉求和实现利益的不可或缺的生活共同体";随着全面小康时代中国城市居民的物质富裕程度、受教育水平、社会资本网络和社会力量的发展,不仅居民有效参与有了一定的条件支撑,城市社区也已具备了一定的自治基础,居民能够在一些领域提供更专业的自我管理和服务。社区的职能更多地体现在社会救助与福利服务、公益性与社会化服务、便民利民服务。因此,在全面小康时代,应该对城市社区的社会属性、结构功能和角色定位进行再研究。依照《城市居民委员会自治法》,让社区向群众性自治组织回归,把社区从日益繁重的行政工作中"解放"出来,避免居委会自治职能和服务功能的"边缘化";强调社区作为独立主体在社会治理中的角色和作用,突出社区自治的本质属性,在行政性和自治性之间找到平衡点。

依托社区和社区社会组织,健全公众参与平台建设,构建有效的公众参与和公共服务供给协商机制。依托社区平台,通过创设公共议题,讨论社区基本公共服务供给决策等途径,科学引导社区居民积极主动参与到公共服务供给中来。通过居民内部的沟通、协商达成重叠共识,使民众通过参与和解决社区公共事务真正成为社区主角,搞活基层社会自治,引导居民自我管理、自我服务、自我解

---

① [法]阿尔坎塔拉:《"治理"概念的运用与滥用》,载俞可平主编《治理与善治》,科学文献出版社2000年第17页。

决矛盾。在此基础上，推动政府与社会主体多元复合，建立有效的政府与社会互动机制，增进新常态下的官民互信，建构有效的公众参与协商机制。此外，社区社会组织的快速发展，在提供服务、参与社会治理和承接政府社会职能方面已经展现出了自身的优势，一些社会组织已经具备了在战略上与政府协商合作的能力，成为承接政府社会职能的良好伙伴。因此，激发社会组织和公众参与社会治理、鼓励探索有效的自治和合作机制，不仅能够有效缓解基层基本公共服务供给不足的难题，也成为未来社会治理体制创新的重要内容。加快社会组织体制改革，完善社会组织决策参与机制，将社会组织打造成公共参与的有效载体，发挥社会组织在反映社情民意、提供社会服务、化解社会矛盾等方面的积极作用，提升公众自我管理和自我服务的能力。

依托基层综合服务平台探索有利于公众有效参与的协商制度体系。在基层的自我管理和自我服务中，公众基于一定的行为规则在社区平台上有效参与，其最终目的是通过协商实现公共服务决策和执行的科学性、合法性和实效性。① 协商民主已经成为公众有效参与自我管理和自我服务的重要制度保障。党的十八届三中全会也强调要"开展形式多样的基层民主协商，推进基层协商制度化，加强社会组织民主机制建设"。今后，实现公众有效参与自我管理和自我服务还需加强在协商内容、协商机制和协商程序等方面的制度建设。在协商内容方面，应该主要扩大公共服务供给的领域和范围，使得在公共服务供给的相关政策决策、执行和生产中能有更多的议题纳入到公众参与的范畴、能够采用民主协商的方式进行理性讨论，以保证公共服务的供给确实是公众所需。在公共服务供给的自我管理和自我服务过程中，应该通过切实可行的程序规则设定和具体的方法设计，确保围绕特定公共服务供给进行商议的参与者具有广泛的代表性，既能保障参与者获得决策影响力的机会平等性，同时又保障达成更好公共理性的技术可行性，使协商真正成为一种可

---

① 王浦劬：《中国协商治理的基本特点》，《求是》2013年第10期。

操作的管理和服务手段。① 在协商程序上，通过制度设计一方面能保证公众参与者之间依据一定的程序就公共议题达成理性认知；还要通过相应的制度建设确保协商过程公开、透明，确保公民个人和媒体能够多渠道、多维度、多层次地对协商的各环节进行有效监督，以保证决策的科学性和合法性，最大限度地实现公共利益。

---

① 张敏：《协商治理及其当前实践：内容、形式与未来展望》，《南京社会科学》2012年第12期。

参考文献

一 著作

陈昌盛：《中国政府公共服务：体制变迁与地区综合评价》，中国社会科学出版社2007年版。

陈振明：《公共服务导论》，北京大学出版社2011年版。

何显明等：《城市治理创新的逻辑与路径：基于杭州上城区城市复合联动治理模式的个案研究》，中国社会科学出版社2015年版。

何增科主编：《公民社会与第三部门》，社会科学文献出版社2000年版。

靳永翥：《公共服务提供机制：以欠发达农村地区为研究对象》，社会科学文献出版社2009年版。

敬乂嘉：《合作治理——再造公共服务的逻辑》，天津人民出版社2009年版。

劳动和社会保障部社会保险研究所组织翻译：《贝弗里奇报告——社会保险和相关服务》，中国劳动社会保障出版社2008年版。

李军鹏：《公共服务学——政府公共服务的理论与实践》，国家行政学院出版社2007年版。

李拓等：《中外公众参与体制比较》，国家行政学院出版社2010年版。

林尚立：《国内政府间关系》，浙江人民出版社1998年版。

齐海丽：《我国城市公共服务供给中政社合作研究》，上海交通大学出版社2015年版。

上海金融学院城市财政与公共管理研究所编：《政府购买公共服务：理论、实务与评价》，中国财政保障经济出版社 2015 年版。

沈荣华：《政府间公共服务职责分工》，国家行政学院出版社 2007 年版。

石淑华：《我国公用事业民营化改革的若干反思》，中国经济出版社 2012 年版。

孙柏瑛：《当代地方治理——面向 21 世纪的挑战》，中国人民大学出版社 2004 年版。

孙晓莉：《中外公共服务体制比较》，国家行政学院出版社 2007 年版。

汪锦军：《政府责任、合作提供与混合竞争——现代公共服务体系构建中的组织与机制》，中国社会科学出版社 2015 年版。

王浦劬、[美] 莱斯特·M. 萨拉蒙：《政府向社会组织购买公共服务研究：中国与全球经验分析》，北京大学出版社 2010 年版。

王浦劬、徐湘霖主编：《经济体制转型中的政府作用》，新华出版社 2000 年版。

王千华、王军编著：《公共服务提供机构的改革：中国的任务和英国的经验》，北京大学出版社 2010 年版。

王树文：《我国公共服务市场化改革与政府管制创新》，人民出版社 2013 年版。

吴群刚、孙志祥：《中国式社区治理：基层社会服务管理创新的探索与实践》，中国社会出版社 2011 年版。

辛方坤：《地方政府公共服务供给及其优化研究》，上海社会科学院研究社 2014 年版。

徐宇珊：《服务型治理：社区服务中心参与社会治理》，社会科学文献出版社 2016 年版。

薛立强：《授权体制：改革开放时期政府间纵向关系研究》，天津人民出版社 2010 年版。

叶响裙：《公共服务多元主体供给：理论与实践》，社会科学文献出版社 2014 年版。

俞可平主编：《治理与善治》，社会科学文献出版社2000年版。

张康之、石国亮：《国外社区治理自治与合作》，中国言实出版社2012年版。

张同林等：《现代城市公共服务问题研究》，上海社会科学院出版社2015年版。

郑德涛、林应武主编：《公共服务的理念与实践》，中山大学出版社2014年版。

郑晓燕：《中国公共服务供给主体多元发展研究》，上海人民出版社2012年版。

中国行政管理学会主编：《政府层级管理》，人民出版社2009年版。

朱光磊编著：《现代政府理论》，高等教育出版社2006年版。

朱光磊等：《服务型政府建设规律研究》，经济科学出版社2013年版。

朱光磊主编：《城市公共服务体系建设纲要》，中国经济出版社2010年版。

［澳］欧文·E. 休斯：《公共管理导论》，张成福等译，中国人民大学出版社2001年版。

［澳］史卓顿等：《公共物品、公共企业和公共选择》，费昭辉等译，经济科学出版社2000年版。

［美］B. 盖伊·彼得斯：《政府未来的治理模式》，吴爱明等译，中国人民大学出版社2013年版。

［美］E. S. 萨瓦斯：《民营化与公私部门的伙伴关系》，周志忍译，中国人民大学出版社2002年版。

［美］戴维·奥斯本、特德·盖布勒：《改革政府——企业家精神如何改革着公共部门》，周敦仁等译，上海译文出版社2006年版。

［美］丹尼尔·W. 布罗姆利：《经济利益与经济制度——公共政策的理论基础》，陈郁译，上海三联书店2007年版。

［美］丹尼斯·缪勒：《公共选择理论》，杨春学等译，中国社会科学出版社1999年版。

[美] 弗雷德·E. 弗尔德瓦：《公共物品与私人社区：社会服务的市场供给》，郑秉文译，经济管理出版社2007年版。

[美] 华莱士·E. 奥茨：《财政联邦主义》，陆符嘉译，译林出版社2012年版。

[美] 杰克·奈特：《制度与社会冲突》，周伟林译，上海人民出版社2009年版。

[美] 莱斯特·M. 萨拉蒙：《公共服务中的伙伴——现代福利国家中政府与非营利组织的关系》，田凯译，商务印书馆2008年版。

[美] 理查德·C. 博克斯：《公民治理：引领21世纪的美国社区》，孙柏瑛等译，中国人民大学出版社2005年版。

[美] 迈克尔·麦金尼斯：《多中心体制与地方公共经济》，毛寿龙译，上海三联书店出版社2000年版。

[美] 曼瑟尔·奥尔森：《集体行动的逻辑》，陈郁等译，上海三联书店2010年版。

[美] 乔尔·S. 米格代尔：《社会中的国家：国家与社会如何相互改变与相互构成》，江苏人民出版社2013年版。

[美] 小约瑟夫·S. 奈等编：《人们为什么不信任政府》，朱芳芳译，商务印书馆2015年版。

[美] 约瑟夫·E. 斯蒂格利茨：《公共部门经济学》，郭庆旺译，中国人民大学出版社2005年版。

[美] 约瑟夫·E. 斯蒂格利茨：《政府为什么干预经济》，郑秉文译，中国物资出版社1998年版。

[美] 詹姆斯·M. 布坎南：《公共物品的需求与供给》，马珺译，上海人民出版社2009年版。

[美] 詹姆斯·M. 布坎南：《自由、市场和国家》，吴良健等译，北京经济学院出版社1988年版。

[美] 珍妮特·V. 登哈特、罗伯特·B. 登哈特：《新公共服务：服务，而不是掌舵》，丁煌译，中国人民大学出版社2010年版。

[英] 达霖·格里姆赛等：《PPP革命：公共服务中的政府与社会资本合作》，济邦咨询公司译，中国人民大学出版社2016年版。

［英］朱利安·勒·格兰德：《另一只无形的手：通过选择与竞争提升公共服务》，韩波译，新华出版社2010年版。

二 论文

白秀银、祝小宁：《公共服务供给的网格机制及其效能研究》，《求索》2016年第1期。

白祖纲：《公私伙伴关系与地方政府大部制改革》，《行政论坛》2014年第2期。

柏良泽：《公共服务界说》，《中国行政管理》2008年第2期。

蔡昉：《户籍制度改革与城乡社会福利制度统筹》，《经济学动态》2010年第12期。

陈海威：《中国基本公共服务体系研究》，《科学社会主义》2007年第3期。

陈为雷：《政府和非营利组织项目运作机制、策略和逻辑——对政府购买社会工作服务项目的社会学分析》，《公共管理学报》2014年第3期。

丁元竹：《基本公共服务如何均等化》，《瞭望新闻周刊》2007年第22期。

高海虹、邢维恭：《服务型政府建设与公共服务有效供给》，《东岳论丛》2015年第4期。

顾丽梅：《公共服务提供中的NGO及其与政府关系之研究》，《中国行政管理》2012年第1期。

管兵：《竞争性与反向嵌入性：政府购买服务与社会组织发展》，《公共管理学报》2015年第3期。

韩俊魁：《当前我国非政府组织参与政府购买服务的模式比较》，《经济社会体制比较》2009年第6期。

韩小凤：《从传统公共行政到整体性治理——公共行政理论和实践的新发展》，《学术研究》2016年第8期。

何艳玲：《"嵌入式自治"：国家——地方互嵌关系下的地方治理》，《武汉大学学报》（哲学社会科学版）2009年第4期。

胡薇:《政府购买社会组织服务的理论逻辑与制度现实》,《经济社会体制比较》2012年第6期。

胡伟、杨安华:《西方国家公共服务转向的最新进展与趋势——基于美国地方政府民营化发展的纵向考察》,《政治学研究》2009年第3期。

黄新华:《从公共物品到公共服务——概念嬗变中学科研究视角的转变》,《学习论坛》2014年第12期。

贾康:《从原则到现实:中央、地方事权与支出责任合理化中的立法思维》,《财会研究》2014年第5期。

贾义猛:《优势与限度:"行政审批局"改革模式论析》,《新视野》2015年第5期。

姜国洲:《城市政府社会管理和公共服务体制改革思路研究》,《中国行政管理》2008年第10期。

句华:《美国地方政府公共服务合同外包的发展趋势及其启示》,《中国行政管理》2008年第7期。

赖丹馨、费方域:《不完全合同框架下公私合作制的创新激励——基于公共服务供给的社会福利创新条件分析》,《财经研究》2009第8期。

李德国:《走向实践的新公共服务:行动指南与前沿探索》,《国家行政学院学报》2013年第3期。

李军鹏:《国外公共服务改革的做法与启示》,《行政管理改革》2010年第10期。

李奕宏:《我国政府间事权及支出划分研究》,《财政研究》2014年第8期。

刘厚金:《国外公共服务市场化的实践与启示》,《福建论坛》(人文社会科学版)2010年第5期。

刘建平、杨磊:《我国城市基层治理变迁困境与出路——构建一种"嵌合式治理"机制》,《学习与实践》2014年第1期。

刘琼莲:《中国行政审批制度改革的关键:放权与监管》,《领导科学》2014年第3期。

娄兆锋、曹冬英：《公共服务导向中基本公共服务与非基本公共服务之研究》，《中国行政管理》2015年第3期。

卢洪友、张楠：《政府间事权和支出责任的错配与匹配》，《地方财政研究》2015年第5期。

马庆钰：《关于"公共服务"的解读》，《中国行政管理》2005年第3期。

马英娟：《大部制改革与监管组织再造——以监管权配置为中心的探讨》，《中国行政管理》2008年第6期。

梅锦苹、杨光飞：《从公共服务民营化到政府购买公共服务——基于公共性视角的考察》，《江苏社会科学》2016年第6期。

缪小林、程李娜：《PPP防范我国地方政府债务风险的逻辑与思考——从"行为牺牲效率"到"机制找回效率"》，《财政研究》2015年第8期。

沈荣华：《公共服务市场化反思》，《苏州大学学报》（哲学社会科学版）2016年第1期。

沈亚平、李晓媛：《基本公共服务的疆域及其供给成效分析》，《河北学刊》2015年第1期。

石国亮：《公共服务合作供给的生成逻辑与辩证分析》，《江海学刊》2011年第4期。

舒晓虎、张婷婷等：《行政与自治衔接——对我国城市基层治理模式的探讨》，《学习与实践》2013年第2期。

孙建军、何涛等：《公共服务供给理论的发展脉络：基于供给模式的分析》，《中共四川省委党校学报》2010年第3期。

孙晓莉：《政府与市场关系视角下的购买公共服务监管》，《行政管理改革》2015年第8期。

唐娟、曹富国：《公共服务供给的多元模式分析》，《华中师范大学学报》（人文社会科学版）2004年第2期。

唐铁汉、李军鹏：《国外公共服务的做法、经验教训与启示》，《国家行政学院学报》2004年第5期。

唐兴霖、尹文嘉：《从新公共管理到后新公共管理——20世纪70

年代以来西方公共管理前沿理论述评》,《社会科学战线》2011年第 2 期。

田永贤:《公共服务供给的组织间合作网络》,《东南学术》2008 年第 1 期。

童光辉:《公共物品概念的政策含义:基本文献和现实的双重思考》,《财贸经济》2013 年第 1 期。

汪锦军:《公共服务中的公民参与模式分析》,《政治学研究》2011年第 4 期。

王彩云:《政治学视域中价值理性的回归》,《政治学研究》2013 年第 6 期。

王海龙:《公共服务的分类框架:反思与重构》,《东南学术》2008年第 6 期。

王俊豪、陈无风:《城市公用事业特许经营相关问题比较研究》,《经济理论与经济管理》2014 年第 8 期。

王乐夫等:《我国政府公共服务民营化存在问题分析》,《学术研究》2004 第 3 期。

王名、乐园:《中国民间组织参与公共服务购买的模式分析》,《中共浙江省委党校学报》2008 年第 4 期。

王诗宗:《地方治理在中国的适用性及其限度——以宁波市海曙区政府购买居家养老政策为例》,《公共管理学报》2007 年第 4 期。

王志华:《政府向社会组织购买服务的体制性嵌入》,《求索》2012年第 2 期。

魏娜:《我国志愿服务发展:成就、问题与展望》,《中国行政管理》2013 年第 7 期。

魏娜:《政府购买公共服务的边界及实现机制研究》,《中国行政管理》2015 年第 1 期。

吴玉霞:《公共服务链:一个政府购买服务的分析框架》,《经济社会体制比较》2014 年第 5 期。

项辉、汪锦军:《中国公共服务民营化改革的理论反思》,《浙江学刊》2014 年第 4 期。

项显生:《我国政府购买公共服务边界问题研究》,《中国行政管理》2015 年第 6 期。

徐阳光:《单一制、财政联邦与政府间财政关系》,《财政经济评论》2013 年第 1 期。

许宝君、陈伟东:《自主治理与政府嵌入统合:公共事务治理之道》,《河南社会科学》2017 年第 5 期。

杨安华:《回购公共服务:后民营化时代公共管理的新议题》,《政治学研究》2014 年第 5 期。

杨博、谢光远:《论"公共价值管理":一种后新公共管理理论的超越与限度》,《政治学研究》2014 年第 6 期。

杨宏山:《公共服务供给与政府责任定位》,《中州学刊》2009 年第 4 期。

杨华、吴素雄:《社区社会组织服务供给的非规模化约束与整合主体选择》,《浙江学刊》2013 年第 1 期。

杨龙:《府际关系调整在国家治理体系中的作用》,《南开学报》(哲学社会科学版)2015 年第 6 期。

杨雪冬:《压力型体制:一个概念的简明史》,《社会科学》2012 年第 11 期。

杨雪冬:《走向社会权利导向的社会管理体制》,《华中师范大学学报》2010 年第 1 期。

叶航、王国梁:《排他性机制的重构和准公共产品受益的均等化——一种实现包容性增长的新路径》,《浙江大学学报》(人文社会科学版)2011 年第 6 期。

叶托:《超越民营化:多元视角下的政府购买公共服务》,《中国行政管理》2014 年第 4 期。

郁建兴、张利萍:《地方治理体系中的协同机制及其整合》,《思想战线》2013 年第 6 期。

郁建兴:《中国的公共服务体系:发展历程、社会政策与体制机制》,《学术月刊》2011 年第 3 期。

曾保根:《基本公共服务供给机制的逻辑、误区与构想》,《中国行政管理》2013年第9期。

詹国彬：《需求方缺陷、供给方缺陷与精明买家——政府购买公共服务的困境与破解之道》，《经济社会体制比较》2013年第5期。

张定安：《全面推进地方政府简政放权和行政审批制度改革的对策建议》，《中国行政管理》2014年第8期。

张菊梅：《二战后英国公共服务供给模式变革及对中国的启示》，《学术论坛》2012年第2期。

张守文：《PPP的公共性及其经济法解析》，《法学研究》2015年第11期。

张菀洺：《政府公共服务供给的责任边界与制度安排》，《学术研究》2008年第5期。

张晓杰、王桂新：《基本公共服务供给的有限性与有效性研究》，《上海行政学院学报》2014年第1期。

张序：《公共服务供给的理论基础：体系梳理与框架构建》，《四川大学学报》（哲学社会科学版）2015年第4期。

张勇杰：《从多元主体到程序分工：公共服务供给网链化模式的生成逻辑》，《党政干部学刊》2015年第10期。

张云开、张兴杰：《地方政府公共服务供给能力：影响因素与实现路径》2010年第1期。

张兆曙：《城市议题与社会复合主体的联合治理》，《管理世界》2010年第2期。

赵聚军：《政府间核心公共服务职责划分的理论与实践——OECD国家的经验和借鉴意义》，《中央财经大学学报》2008年第11期。

周俊：《政府如何选择购买方式和购买对象？——购买社会组织服务中的政府选择研究》，《中共浙江省委党校学报》2014年第2期。

周庆智：《基层治理：一个现代性的讨论——基层政府治理现代化的历时性分析》，《华中师范大学学报》2014年第5期。

周学荣、沈鹏：《当代西方政府再造运动的兴起及其带来的启示》，

《当代世界与社会主义》2009年第1期。

朱光磊、张志红：《"职责同构"批判》，《北京大学学报》2005年第1期。

邹东升：《公共服务市场化并非政府责任市场化：对公交民营化改革的审思》，《理论探讨》2009年第4期。

三 外文文献

Bellone, C. J. and G. F. Goerl, "Reconciling Public Entrepreneurship and Democracy", *Public Administration Review*, Vol. 52, No. 2 (Mar. -Apr., 1992).

David L. Cingranelli, "Race, Politics and Elites, Testing Alternative Models of Municipal Service Distribution", *American Journal of Political Science*, Vol. 25, No. 4 (Nov. 1981).

David H. Rosenbloom, "Public Administration, Understanding Management. Politics, and Law in the Public Sector", N. Y. Mcgrae-Hill, 1993.

George Stigler, "The Tenable Range of Functions of Local Government", *Joint Economic Committee*, 1957.

Carolyn M. Hendriks, "Intergrated Deliberation, Reconciling Civil Society's Dual Role in Deliberative Democracy", *Political Studies*, Oct. 2006, Vol. 54, Issue 3.

Maloney, W., Smith, G. Stoker, "Urban Governance and Social Capital", *Political Studies*, Vol. 48, No. 4, 2000.

Paul A. Samuelson, "The Pure Theory of Public Expenditure", *The Review of Economics and Statistics*, Vol. 36, No. 4, 1954.

Richard M. Bird, Michael Smart, "Intergovernmental fiscal transfers: International Lessons for Developing Countries", *World Development*, Vol. 30, No. 6, 2002.

Ted Kolderie, "What Do We Mean by Privatization?", *Society*, Sep/Oct 1987, Vol. 24, Issue 6.

Terry L. Cooper, *The Responsible Administrator: An Approach to Ethics for the Administrative Role*, An Francisco: Josses Bass Publish Press, 1990.

Charles M. Tiebout, "A Pure Theory of Local Expenditures", *Journal of Political Economy*, Vol. 64, No. 5 (Oct., 1956).

附件 "城市公共服务供给满意度"调查

问卷以对城市的公共服务供给满意度为主要内容,共设计了三大主题,主要包括"对城市整体满意度""对各类公共服务的评价"和"市民社会参与"情况。问卷于2017年年初在杭州市7个城区(上城区、下城区、西湖区、拱墅区、江干区、余杭区和滨江区)发放,每个主城区数量以60份为基准发放,西湖区发放80份。问卷采取随机发放的形式,共发放440份,回收377份。问卷的相关统计结果在第二章和第三章中呈现。以下是问卷内容:

问卷编号:_____

城市公共服务供给满意度问卷调查

尊敬的先生(女士):

您好!

十分感谢您参与此次调查!我们的问卷主要是想更客观地了解城市公共服务供给的状况,以及民众对城市公共服务的满意度,以督促政府更好地提供服务。您的客观评价将对我们的结论具有十分重要的意义,希望您给我们提出宝贵的意见和建议。此次问卷采取匿名形式,我们对问卷的结果严格保密,再次感谢您的支持与合作!

附件 "城市公共服务供给满意度"调查

一 您的一些基本情况，请在括号内打"√"

1. 您的性别是：

女（ ）   男（ ）

2. 您的年龄在：

29岁及以下（ ）   30—40岁（ ）   40—50岁（ ）

50—60岁（ ）   60岁及以上（ ）

3. 您的受教育程度：

初中及以下（ ）   高中（ ）   专科（ ）

本科（ ）   本科及以上（ ）

4. 您住在本市的哪个区：

上城区（ ）   下城区（ ）   拱墅区（ ）   江干区（ ）

西湖区（ ）   滨江区（ ）   萧山区（ ）   余杭区（ ）

富阳区（ ）

5. 您的月收入情况是：

5000元及以下（ ）   5001—10000元（ ）

10001—15000元（ ）   15001—20000元（ ）

20000元以上（ ）

二 您对城市整体服务的满意情况，请在括号内打"√"

1. 您对本市的基础设施是否满意？

非常不满意（ ）   不满意（ ）   一般（ ）

比较满意（ ）   非常满意（ ）

2. 您对本市的交通管理是否满意？

非常不满意（ ）   不满意（ ）   一般（ ）

比较满意（ ）   非常满意（ ）

3. 您对本市的治安状况是否满意？

非常不满意（ ）   不满意（ ）   一般（ ）

比较满意（ ）   非常满意（ ）

4. 您对本市的卫生环境是否满意？

非常不满意（　　）　　不满意（　　）　　一般（　　）

比较满意（　　）　　非常满意（　　）

5. 您对本市的中小学教育是否满意？

非常不满意（　　）　　不满意（　　）　　一般（　　）

比较满意（　　）　　非常满意（　　）

6. 您对本市的医疗服务是否满意？

非常不满意（　　）　　不满意（　　）　　一般（　　）

比较满意（　　）　　非常满意（　　）

7. 您对本市提供的社会保障水平是否满意？

非常不满意（　　）　　不满意（　　）　　一般（　　）

比较满意（　　）　　非常满意（　　）

8. 您对本市的就业环境是否满意？

非常不满意（　　）　　不满意（　　）　　一般（　　）

比较满意（　　）　　非常满意（　　）

9. 您对本市的未来发展规划是否满意？

非常不满意（　　）　　不满意（　　）　　一般（　　）

比较满意（　　）　　非常满意（　　）

10. 您对本市政府对民众的态度是否满意？

非常不满意（　　）　　不满意（　　）　　一般（　　）

比较满意（　　）　　非常满意（　　）

11. 综合起来，您对本市的服务质量是否满意？

非常不满意（　　）　　不满意（　　）　　一般（　　）

比较满意（　　）　　非常满意（　　）

三　您对各类服务提供的评价，请在括号内打"√"

1. 您在平时生活中，与下面哪个机构打交道较多？

社区（村）（　　）　　街道（乡镇）（　　）

区政府（　　）　　市政府（　　）　　省政府（　　）

2. 您一个月大概与该机构打交道多少次？

几乎没有（   ） 3—5 次（   ） 5—10 次（   ）

10 次以上（   ）

3. 您所打交道的机构办事效率怎么样？

很低（   ）   不高（   ）   一般（   ）   较高（   ）

很高（   ）

4. 您所打交道的工作人员态度怎么样？

很差（   ） 较差（   ）   还可以（   ）   较好（   ）

很好（   ）

5. 您对该机构提供的服务是否满意？

非常不满意（   ）   不满意（   ）   一般（   ）

比较满意（   ）   非常满意（   ）

6. 您对当前的水、电、燃气费的价格是否满意？

非常不满意（   ）   不满意（   ）   一般（   ）

比较满意（   ）   非常满意（   ）

7. 您觉得社保、医疗、卫生、教育等民生服务由哪级政府提供最好？

区政府（   ）   市政府（   ） 省级政府（   ） 中央政府（   ）

8. 您一般看病去哪类医院较多？

离家近的社区医院（   ）   公立大医院（   ）

私立医院（   ）

9. 在您享受的服务中，您觉得哪一类服务最让您满意？

政府服务（   ）   企业服务（   ）   事业单位服务（   ）

志愿组织服务（   ）   邻里自我帮助服务（   ）

10. 在下列服务中，您觉得哪些组织提供的服务价格最低廉？

政府服务（   ）   企业服务（   ）

事业单位服务（   ）   志愿组织服务（   ）

邻里自我帮助服务（   ）

11. 在下列服务中，您更喜欢哪些组织提供的服务？

政府服务（　）　　　企业服务（　）

事业单位服务（　）　　志愿组织服务（　）

邻里自我帮助服务（　）

四　您对社会参与的评价，请在括号内打"√"

1. 您所在社区的休闲娱乐设施怎样？

没有（　）　　较少（　）　　还可以（　）

较多（　）　　很多（　）

2. 社区工作人员是否上门给您提供服务？

从来没有（　）　　偶尔（　）　　一般（　）

较多（　）　非常多（　）

3. 您经常参加社区组织的活动吗？

几乎没有（　）　　偶尔参加（　）　　一般（　）

经常参加（　）　　非常多（　）

4. 您觉得社区工作人员办事效率如何？

很低（　）　　不高（　）　　一般（　）　　较高（　）

很高（　）

5. 您觉得社区提供的服务是否能满足您的需要？

不能（　）　　还可以（　）　　能（　）

6. 您所知道的社区社会组织有多少个？

3个以下（　）　3—6个（　）　　6—10个（　）

10个以上（　）

7. 您参加了多少个社会组织？

从没参加（　）　1—3个（　）　　3—6个（　）

6—10个（　）　　10个以上（　）

8. 您周边的人参加社会组织的多吗？

不多（　）　　多（　）

9. 如果有时间，您愿不愿意参加一些志愿性社会组织？

不愿意（　）　　愿意（　）

10. 您是否参加过听证会?

从没有（　） 1—3 次（　） 3—6 次（　）

6—10 次（　） 10 次以上（　）

11. 如果有机会，您愿不愿意参加听证会?

不愿意（　） 愿意（　）

本次问卷调查结束，感谢您的支持和帮助，谢谢!